人類の意識を変えた20世紀

アインシュタインからスーパーマリオ、ポストモダンまで

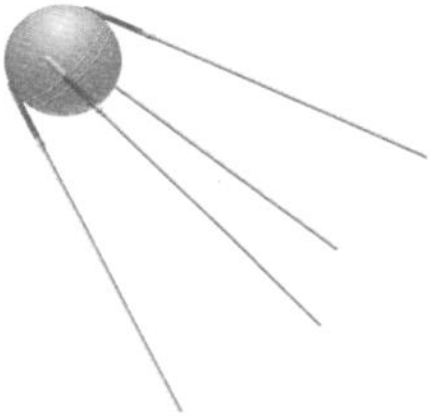

ジョン・ヒッグス
梶山あゆみ 訳

20 世紀のエンドロール後どんでん返し、ライアと
20 世紀のゲーム前カットシーン、アイザックへ
――愛を込めて、パパより

人類の意識を変えた20世紀

アインシュタインからスーパーマリオ、ポストモダンまで

【目次】

＊文中、〔　〕は訳者の注記です

INTRODUCTION

はじめに　暗い森を巡る冒険

二〇一〇年、ロンドンのテート・モダン美術館で、フランスの後期印象派の画家ポール・ゴーギャンの回顧展が開かれた。そこには、ゴーギャンによって美化された南太平洋の楽園が待ち受けていた。一九世紀末のタヒチに溢れる豊かな色彩と、罪悪感のない性。人も自然も聖なるものも、渾然一体となっている。何時間も巡り歩いて、展示室の出口に近づく頃には、「エデンの園もかくあるべし」という気持ちになったものだ。

その部屋から吐き出されて向かう先は、二〇世紀美術の展示室である。一つの世界から別の世界に足を踏み入れることが、これほどの衝撃を突きつけるとは。客は何の心の準備もないまま、荒々しい空間へと投げ込まれる。

そこには、ピカソ、ダリ、エルンストといった画家たちの作品が飾られている。とっさに照明が変だと思いたくなるが、そうではない。絵のせいで、部屋が冷たく感じられるのだ。使われている色は、圧倒的に茶、灰色、青、そして黒。ところどころに鮮やかな赤が散ってはいるものの、心安らぐ色の配置とは程遠い。ピカソ後期の肖像画を除いて、緑色と黄色は完全に欠如している。

ここに広がるのは異質な風景。理解不能な構造と悪夢の連続だ。数少ない人物像は抽象的で、様式化され、自然界と切り離されている。彫刻やオブジェも同じように敵意を剥き出しにしてくる。そのいい例が、アメリカの芸術家マン・レイの『贈り物』だ。アイロンの底の部分から、鉄の釘が何本も突き出ている。これでは服の皺を取るどころか、どんな生地をもずたずたに引き裂くだろう。ゴーギャンの理想郷に浸りきった精神状態で、いきなりこうしたすべてと対面すべきではなかった。この部屋には思いやりのかけらもない。論理と概念が支配する抽象の世界なのだ。心に語りかける作品から、頭に訴えることを目指した作品へ。この唐突な変化は、見る者に痛みすら感じさせる。

ゴーギャンの作品は、亡くなる一九〇三年に描かれたものまでが展示されていた。だとしたら、二〇世紀初頭の展示室に移動しても、もっと違和感を覚えずに済んでよさそうなものである。確かに、ゴーギャンの絵画は同時代の典型とは言い難く、広く評価されるようになったのは死後のことだ。それでも、一九世紀と二〇世紀との、この不快なまでの断絶感を目の当たりにすると、きわめて根本的な問題に悩まずにはいられない。それは、二〇世紀の初めに人間の精神にいったい何が起きたのか、である。こうした疑問を抱くのに、テート・モダン美術館はいかにもふさわしい場所だ。というのも、ここは二〇世紀の殿堂ともいうべきところだからだ。芸術の世界でいう「モダン」の意味は、未来永劫、二〇世紀と切っても切れない関係にある。そう考えると、この美術館が人気を博しているということは、私たちがいかにあの時代に魅了されているか、そしてそれをどれだけ理解したいと願っているかの表われと言えるだろう。

二つの展示室のあいだには、控えの間のような小部屋があった。その部屋で大きな位置を占めていたのが、ギリシア生まれのイタリアの前衛芸術家ヤニス・クネリスによる絵だ。一九世紀的な工場の町の様子が、壁にじかに木炭で描かれている。絵は簡素な線のみで構成され、人の姿はない。町の上にはコクマルガラスとハイイロガラスの死骸が一羽ずつ、矢で壁に留められている。クネリスが何を意図したのかは定かでないが、まもなく足を踏み入れる展示室に不吉な予感を抱かせるには十分だった。テートがあそこを一種の減圧室として使って、視覚芸術における潜水病をもっとしっかり防いでくれていたなら、なおさら親切だったろうに。

絵に付属する説明文には、カラスの死骸は「想像の自由が死の苦しみを味わっていることを象徴したものと見なされている」と記されていた。だが、ゴーギャンと二〇世紀のあいだに置かれていることを思えば、別の解釈が成り立つのではないか。つまり、町の上で死んでいるものが何であれ、それは「想像の自由」などではないということである。むしろ、化け物が深みから姿を現わそうとしているのだ。

先日、私はクリスマスプレゼントを買おうと、地元の書店でルーシー・ワースリーの本を探した。ワースリーは歴史学者で、私の十代の娘のお気に入りである。十代の娘にお気に入りの歴史学者がいるというのは、なんともありがたいことだ。歴史に興味を持てと、口を酸っぱくして言い聞かせる必要がないのだから。

書店の最上階である四階の片隅に歴史書はあった。まるで歴史が、狂気に陥った祖先たちの物語であって、『ジェーン・エア』（新潮社）の登場人物さながら屋根裏部屋に隠さなくてはいけない存在であるかのように。欲しかった本の在庫がなかったため、ネットで注文しようと私は携帯電話を取り出した。ところが、新聞のアプリを閉じたあとで間違ったアイコンに触れてしまい、数時間前に行なわれたオバマ大統領の演説の動画がたまたま流れ出した。その日は二〇一四年の一二月。ソニー・ピクチャーズ・エンターテインメント社に対するサイバー攻撃は北朝鮮の仕業であり、戦闘行為と見なすべきだと大統領が訴えている。

二一世紀に生きるというのはなんて奇妙なんだろうと、折に触れてしみじみと感じずにいられない。こうしてイングランドのブライトンで、韓国製の薄いガラスと金属を手に、アメリカ製のソフトウェアを走らせ、合衆国大統領が北朝鮮の最高指導者を威嚇するさまを眺めている。今が二〇世紀末だったら、この出来事の何が一番信じがたいものだったろうか。こんな装置が存在すること？　クリスマスプレゼントを買いながらアメリカ大統領の姿を拝めること？　戦争の定義が大きく変わって、今やソニーのお偉方に恥をかかせるのもその一つに含まれること？　それとも、いきなり大統領がしゃべり出したのに、買い物客の誰一人としてそれを不思議と思っていないこと？

そのとき私は、二〇世紀に関する歴史書が並ぶ書棚の脇に立っていた。私たちが大まかにしか知らない二〇世紀のさまざまな出来事を、事細かに綴った大部の素晴らしい本もあった。こうした本はロードマップのようなもの。今私たちが暮らす世界にたどり着くまでに、人間がどんな道筋を歩んできたかがつまびらかに記されている。本のなかでは、地政学的な勢力図がいかに大きく塗り替えられてきたかが明快に語られている。第一次世界大戦、大恐慌、第二次世界大戦、アメリカの世紀、ベルリンの壁の崩壊。だが、なぜかそうした物語は、私たちが今置かれている状況につながってこない。絶え間ない監視と、持続不可能な競争と、些末な情報の洪水と、たぐい稀な機会が織りなすネットワークのなかに、なぜ私たちが漂うことになったのかがそこからは見えてこないのだ。

どうしてそんな断絶感が生じるのか。それは、二〇世紀が私たちから隠されているからではない。この世紀について私たちが知りすぎているからだ。二〇世紀を、目の前に広がる一つの風景だと考えてみてほしい。さまざまな史実は山や川や、森や谷だとしよう。この風景のなかには、真珠湾攻撃や、タイタニック号の沈没や、南アフリカのアパルトヘイトといった山・が存在するのを誰もが理解している。真ん中には荒涼たるファシズムと、先の見えない冷戦が横たわっているのもわかっている。この土地に住む人々は残忍にもなれば自暴自棄にもなり、恐怖に怯えながら暮らしもする。その理由もまた明確になっている。この地域はすべてが余すところなく地図に記載され、分類整理され、記録されている。ぐうの音も出ないほどの徹底ぶりだ。

私の前にある歴史書は、本によって異なる道を旅しながらこの土地を描写している。しかし、その違いは人が思うほど大きくない。歴史書の多くは政治家や政治ジャーナリストによって書かれ、そうでなくても圧倒的に政治寄りの視点から語られている。要するに、この波乱の世紀を方向づけたのは政治家だ、というスタンスを取っているわけだ。だから、その意図にかなう道を通って物語を綴っている。芸術や科学技術の道筋をたどった本もあって、そちらのほうが実用性は上かもしれないが、人間の営みとはかけ離れた抽象的なもののようにも思える。それに、道が違っているとはいえ、踏み固められた幹線道路を外れていない点ではまったく同じだ。

それ以外の道を見つけようとすれば、並大抵の覚悟では足りない。二〇世紀を振り返る旅はまるで壮大な冒険物語のようなものだ。敢えてこの旅に挑む勇者は、まず三巨人と格闘しなくてはならない。その名も、アインシュタイン、フロイト、そしてジョイスだ。それから、量子力学という不確定性の森を抜け、コンセプチュアル・アートの砦を突破する。ジャン＝ポール・サルトルとアイン・ランドがゴルゴンの目で人（の体ではなく心）を石に変えようとするのをかいくぐり、カール・ユングやアレイスター・クロウリーというスフィンクスが投げかける謎を解く。その先には困難が待ち受けている。最後の試練は、どうにかしてポストモダンの沼を渡りきることだ。率直に言って、けっして心そそられる旅ではない。

二〇世紀に挑んでポストモダンを通り抜けられた勇者はほとんどいない。たいていは敗北を認め、ベースキャンプへと退却している。ベースキャンプとはすなわち、一九世紀末の世界観だ。二〇世紀との境界線をわずかに越えれば、そこは心穏やかにいられる味方の領土である。そのときまでになされた大発見なら、私たちは何の問題もなく向き合える。電気や民主主義といった新機軸はわかりやすく、苦もなく扱える。だがそんな場所に甘んじていて本当にいいのだろうか。一九世紀の目で見ている限り、二一世紀の意味など絶対に掴めない。

二〇世紀という世界には、暗く深い森が点在している。すでに敷かれている立派な道は、その森を迂回していることが多い。束の間かすめることがあっても、関わるのを恐れるかのように急いで離れていく。その森とはたとえば、相対性理論、キュビスム、ソンムの戦い、量子力学、イド、実存主義、スターリン、サイケデリック、カオス理論、気候変動などである。いずれも悪名高い分野だ。一見するとただ難しいだけかに思えて、学べば学ぶほど人を惑わす一方だからである。どれも、初めて登場したときにはあまりにも過激で、受け入れるにはそれまでの自分たちの世界観を大きく改める必要があった。

かつては恐怖すら与える存在に思えたが、今はもうそんなことはない。私たちは二一世紀の住人だ。すでに昨日を乗り越え、まもなく明日へと足を踏み入れようとしている。今なら暗い森をよける必要はない。

そこでこんな計画を立ててみた。これから私たちは幹線道路を降りて、その暗い森を巡りながら二〇世紀を旅していこうと思う。「世紀」などというのは何の客観的な根拠もない勝手な線引きだと重々承知している。歴史学者は「長い一九世紀」(フランス革命が始まった一七八九年から第一次世界大戦が勃発した一九一四年まで)とか「短い二〇世紀」(一九一四年からソビエト連邦崩壊の一九九一年まで)といった時代区分を設けているくらいで、どちらにもはっきりとした始まりと終わりがある。だが、私たちが旅をする分には「二〇世紀」という区切り方で十分だろう。物事が理解不能になりだした時代から出発して、今の私たちがいる場所にたどり着けばそれでいい。

ちゃんと旅を終えたければ、訪ねる場所を選ばないといけない。二〇世紀を語ろうと思ったら、取り上げるに値する話題はいくらでもある。しかし、懐かしいからといって好きな場所にばかり寄り道していたら、遠くまでは進めない。すでに膨大な文献で議論し尽くされているような物事については、たとえ目に入っても心を鬼にして背を向けよう。そこで足止めを食っている場合ではないのだ。私たちは呑気な船旅をしようというのではない。使命を帯びている。歴史家としてではなく好奇心旺盛な旅人として、あるいは目的をもった冒険家として、私たちは旅に出る。というのも、何に目を向けるかはすでにはっきり決まっているからだ。

私たちは、予想だにできなかったまったく新しい過激な概念を見ていく。その概念の登場によって、どんな余波が広がったかには深く立ち入らない。だから、そのどれもが物議を醸し、怒りを買い、体制側からの痛罵を浴びたと理解しておくに留める。もちろん、そうした余震も歴史の一部として重要だ。だがそこに焦点を当てすぎると、それらの過激な概念に共通するパターンを見落とすおそれがある。私たちが注目するのは、その新しい概念がどういう方向を指し示していたかだ。じつは、どれもおおむね同じ方角を向いているのである。

記憶が歴史に変わる瞬間はどんな世代にも訪れる。二〇世紀は遠のきつつあり、そろそろ全体を俯瞰できるところにまできた。あの世紀に起きた出来事は、もう「歴史」の範疇に括ってよさそうに思える。立ち止まって評価するには絶好のタイミングと言えるだろう。

つまり本書は、今までになかった道を通って二〇世紀という風景を旅するものである。旅の目的は、ほかのすべての道と同じだ。その目的に導かれるままに、私たちは進んでいこう。

RELATIVITY

第1章 相対性 世界のヘソが消えた

グリニッジ爆破未遂

一八九四年二月一五日の午後、フランス人アナーキストのマルシャル・ブルダンが、ロンドンのフィッツロイ通りに借りていた部屋をあとにした。手製の爆弾と大金を携えている。空はよく晴れて、空気が乾いていた。ブルダンはウェストミンスターから、天井のない馬車鉄道に乗り込んだ。テムズ川を越え、グリニッジに着く。

ブルダンは鉄道を降り、グリニッジ公園を歩いて王立天文台を目指す。ところが、目的地にたどり着かないうちに爆弾が破裂してしまう。この爆発によって、ブルダンの腹部のかなりの部分と左手が滅茶苦茶になったが、天文台はかすり傷一つ負わなかった。倒れている男を何人かの学童が見つけたとき、男は何が起きたかわからない様子で、家に連れて帰ってほしいと頼んだ。のちに、体の一部と血痕が六〇メートル近く離れたところで確認されている。結局、ブルダンは爆発の三〇分後に息を引き取った。いったい何がしたかったのか、何の説明も残さぬままに。

ポーランド生まれのイギリスの作家ジョゼフ・コンラッドは、この事件に触発されて小説を書き、一九〇七年に『密偵』（岩波書店）として発表した。世間がこの事件にどれほど当惑していたかを、コンラッドは作品のなかでこう端的に表現している。「血塗られた狂気もここまで馬鹿げたものになると、どれだけ理詰めで考えても、いやどれだけ非合理的な思考過程をたどってみても、なぜそうなったのかが見当もつかない。……アナーキズムとも何ともつかない、思想のかけらも感じられないもののために、男一人が木端微塵《こっぱみじん》になったという事実がそこにあるだけだ」

コンラッドを悩ませたのはブルダンの政治信条ではない。「アナーキズム」の定義は二〇世紀のあいだに変化し、今では「ルールが存在しない状況下で誰もがやりたいようにできる」などという意味として理解されている。だがブルダンの時代には「無政府主義」を表わし、個人の解放と自由を求めるというよりも政治的権力を拒絶することに主眼を置いていた。一九世紀のアナーキストは完全なる自由が欲しかったわけではなく、支配されない権利を要求した。彼らのスローガンの一つにあったように、「神も主人もいらない」と考えていたのである。キリスト教の神学からすれば、七つの大罪の一つ「傲慢の罪」を犯していることになる。それは悪魔の叛逆であり、ルシファーが天から落とされた理由にほかならない。つまり「ノン・セルヴィアム」――「我は仕えず」だ。

コンラッドは、ブルダンが爆弾を仕掛けようとしたことが理解できなかったわけでもない。当時はアナーキストによる爆破事件が頻発していた。この暴力的な時代は、一八八一年にロシア皇帝アレクサンドル二世が暗殺されたのを皮切りに、第一次世界大戦が勃発するまで続くことになる。ダイナマイトが簡単に手に入るようになったうえ、「行為によるプロパガンダ」というアナーキズム的な概念が広まったことが、暴力の連鎖に油を注いだ。「行為によるプロパガンダ」とは、個人が暴力行為を実行すること自体に価値を認める考え方だ。それに刺激を受けてほかの人間が続くからである。実際に触発された一人がアナーキストのレオン・チョルゴッシュで、一九〇一年九月にアメリカ大統領ウィリアム・マッキンリーの暗殺に成功している。

コンラッドが首を捻ったのは、つまりこういうことだ。アナーキストが爆弾を持って自由にロンドン市内を動き回れるのなら、なんでグリニッジの王立天文台などに向かったのか。爆破の標的にしたくなるような何が天文台にあったのだろう。バッキンガム宮殿や国会議事堂を狙ったってよさそうなものである。どちらもグリニッジよりはブルダンの住まいに近く、知名度も高い。国家権力の象徴でもある。なぜそちらを選ばなかったのだろうか。たぶん王立天文台にはブルダンにとって重要な特徴があって、命を賭してでも破壊しなければならないと感じていた。そうとしか思えないのである。

狙われたグリニッジのほうが注目されることはほとんどなかったものの、この爆破事件をきっかけにさまざまな出来事や物語が生まれた。コンラッドが事件を小説化し、その本がアメリカ人テロリストのテッド・カジンスキー(「ユナボマー」という通称のほうが有名)に影響を与えた。映画監督のアルフレッド・ヒッチコックはコンラッドの『密偵』を映画化し、一九三六年に『サボタージュ』として公開している。映画のなかでは、爆破犯が馬車鉄道ではなくもっと近代的なバスを利用したことにしており、爆弾はバスがストランド街を走っているときに爆発した。これは不気味な予言だったかもしれない。というのも、その六〇年後にIRA(アイルランド共和軍)のテロリストがバスに乗っていて、所持していた爆弾が偶発的に炸裂して自爆死したのが、このストランド街のすぐ近くだったからである。

天文台を狙った理由がコンラッドには不可解だったからといって、ブルダンが何の意味もなくその場所を選んだということにはならない。サイバーパンクSFの旗手として知られるアメリカの作家ウィリアム・ギブスンが、のちにこんなことを言っている。「未来はすでにここにある。ただ、均等に行き渡っていないだけだ」と。思想もまた均等に行き渡るわけではなく、しかも思いもよらぬ速さで伝わっていく。もしかしてブルダンには、コンラッドの目には映らなかった思想のかけらが見えていたのではないか。二〇世紀が幕を開けると、ブルダンの意図が少しずつ浮かび上がっていった。

オンパロス

地球は凄まじい勢いで天空を突き進み、その表面では紳士たちが懐中時計を何度も確かめていた。時は一九〇〇年一二月三一日。地球は太陽の周りを公転し、時計の長針が文字盤の上を回る。長針と短針がともに一二を指すとき、地球は何億キロもの旅を終えて新たな一年のサイクルを始める場所へとやって来る。その瞬間、二〇世紀が始まる。

古代には「オンパロス」という考え方があった。オンパロスとは世界の中心のことである。いや、正確には、それぞれの文化によって世界の中心と見なされた場所、と言うべきだろう。宗教的な意味合いでいくと、オンパロスは大地と天をつなぐ地点でもあった。「世界のヘソ」と表現されることもあれば、「世界軸」と呼ばれることもある。そして、オンパロスは柱や石といった物体によって具現化されていた。

オンパロスに相当するシンボルはほぼすべての文化に存在するものの、どの場所を中心とするかは文化によって異なっている。古代から日本においては富士山だった。スー族にとっては、サウスダコタ州とワイオミング州にまたがるブラックヒルズ山地である。ギリシア神話によると、ゼウスは二羽の鷲を放って世界の中心を探させた。すると二羽はデルフォイの上空で出会い、そこがギリシアのオンパロスとなった。古代ローマでは、すべての道が通じたローマそのものがオンパロスである。後年のキリスト教徒は、エルサレムを中心にして地図を描いた。

一九〇〇年の大晦日、世界のオンパロスはロンドン南部のグリニッジ王立天文台だった。

王立天文台は優美な建物である。一六七五年にチャールズ二世によって創立され、当初の設計を担当したのは建築家のクリストファー・レン卿だ。一九〇〇年の世界は、この建物を南北に通る線を基準にして測定されていた。この国際基準が合意されたのは一八八四年のこと。アメリカの首都ワシントンで開かれた会議に二五か国の代表が集まり、グリニッジを本初子午線〔経度〇度〇分〇秒の基準子午線。現在、国際的に使用される本初子午線は天文台より約一〇〇メートル東にある〕とすることが投票で決まったのだ。サントドミンゴ（現ドミニカ共和国）は反対票を投じ、フランスとブラジルは棄権している。もっとも、会議は形式的な色合いの濃いものだった。グリニッジを経度〇度とする海図を世界の船舶の七二パーセントが用いていたし、アメリカはすでにグリニッジを基準にして標準時を定めていた。

だとすれば、グリニッジはまさしく世界の中心だったと言える。王室の庇護を受けた科学の中枢。史上最大の帝国にあって、首都たるロンドンのテムズ川を見下ろしている。天文台の時計が宣言しない限り、二〇世紀は始まらない。なぜならその時計は、天文台の真上にある恒星の位置に基づいて調整されていたからだ。つまり、天文台は今風の科学的なオンパロスでありながら、大地と天を結ぶという古来の役割も失ってはいなかったわけである。

今の時代、夕暮れ時か夜間にこの天文台を訪ねれば、本初子午線を表わす緑色のレーザー光線が真っ直ぐ空を切り裂いているのが見える。光線は天文台を出発し、〇度の経線と完全に重なっている。もちろん、一九〇〇年にレーザー光線はなかった。当時の経線は概念であり、頭のなかにあるその線を実世界に投影していた。ここを始まりとして、同様の経線が東西にどこまでも連なっていき、地球の曲面を回って反対側で出会う。似たような線に緯線がある。赤道を基準に一方は北へ、他方は南へと続きながら、経線と交差している。この概念上の網目構造に基づいて作られたのが世界の標準時間帯と測位システムであり、おかげでどこにいる誰もが同じ時刻に同じことをすることができるようになった。

一九〇〇年の大晦日、世界中で人々は町に繰り出し、新世紀を喜びとともに迎え入れた。そのほぼ一〇〇年後、新しい千年紀《ミレニアム》の到来を祝うイベントは、二〇〇〇年ではなく一九九九年の大晦日に行なわれた。それだと厳密に言って一年早く、間違っている。だが気にする者などほとんどいなかった。実際には二〇〇一年の一月一日にならないと二一世紀は来ないとグリニッジ天文台がコメントしても、細かいことをごちゃごちゃ言うなと相手にされなかったほどである。しかし、二〇世紀が始まろうという時代には天文台に権威があり、世界はその命に従った。グリニッジは重要な場所だった。だから、ビクトリア時代の市民が自分の時計を気にしながら正しい時を待ち、新時代の誕生を目の当たりにしたとき、その胸には少なからぬ満足感が込み上げていた。

想像できないほど奇妙な

表面的には、秩序と体系が支配する時代に見えた。当時の世界観を支えていたのは四本の柱。君主制、教会、帝国、そしてニュートンである。

どの柱も堅牢に思えた。大英帝国はその後の数年で、全世界の四分の一を版図に収めるまでになる。ボーア戦争では屈辱を味わったとはいえ、帝国がどれだけ深手を負ったかに気づく者はけっして多くなく、帝国の崩壊が近いことを悟る者となればなおのこと少なかった。教会の地位もまた盤石に見えた。確かに科学は進歩を遂げ、地質学上の発見やダーウィンの進化論によって聖書の権威に疑問が投げかけられてはいる。だが、そうした問題に立ち入りすぎるのは失礼だというのが、世間一般の姿勢だった。ニュートンの法則はすでに徹底的に検証されている。その法則が示すのは、宇宙が時計仕掛けのように整然としているということであり、そこに疑問の余地はなさそうだった。とはいえ、科学者の頭を悩ませる例外がまったくなかったわけではない。たとえば水星の軌道は、法則から導かれるものと若干異なっている。そのうえ、エーテルの件もあった。

エーテルとは宇宙の織り地とも呼ぶべき理論上の物質であり、その存在は広く受け入れられていた。光が波として伝わる現象はすでに実験で何度も確認されていた。波だとすれば、何かのなかを通っていかなくてはならない。海の波には水が、音の波には空気が必要なように。だから、太陽から地球へと光の波が旅するからには何かの物質が宇宙空間を満たしているはずであり、その何かがエーテルだとされた。問題は、さまざまな実験を試みてもエーテルを発見できずにいたことである。だがそれも深刻な痛手とは見なされていなかった。さらに研究を進めて、気の利いた実験を考案しさえすれば、解決するに違いない、と。エーテルの発見を待ち望む空気は、CERN（欧州原子核研究機構）の大型ハドロン衝突加速器の建設前にヒッグス粒子発見への期待が高まっていたのに似ている。科学の英知を傾けた結果としてエーテルが存在すると結論が出たのだから、実験にどれだけ費用がかかろうと突き止める価値があるというわけだ。

新しい世紀が始まったとき、科学者たちはどこか自信ありげに見えた。すでに強固な知識の枠組みを確立したのだから、この先そこに追加や修飾があっても揺らぐことはないと確信していた。イギリスの物理学者ケルヴィン卿などは、一九〇〇年の講演で次のように話したと伝えられている。「物理学においては、発見すべき新しいものはもう存在しない。あとは測定に磨きをかけて、より正確にしていくだけだ」。当時はそうした見方が大勢《たいせい》を占めていて、それも無理からぬことだった。一九〇三年には、プロイセン生まれのアメリカの物理学者アルバート・マイケルソンが、「物理学の重要な基本法則や事実はすべて明らかにされた」と記している。「それらは今や確固たる真実とされており、新発見によって覆される可能性はますます低くなっている」。アメリカの天文学者サイモン・ニューカムは、一八八八年にこう語ったと言われている。「たぶん我々は、天文学について知り得ることの終わりに近づいているのではないか」

ドイツの偉大な物理学者マックス・プランクは、フィリップ・フォン・ヨリーという名の指導教官から、物理学の道には進まないほうがいいと忠告を受けた。なぜなら、「ほぼすべてがすでに発見されていて、あとは些細な穴を埋めるだけ」だからだという。プランクは、自分は新しい発見をしたいわけではなく、既知の原理をより深く理解したいだけだ、と答えた。「神様を笑わせたければ、自分の計画を話してみるといい」という古い金言を知ってか知らずか、プランクはのちに「量子物理学の父」となる。

科学者が待ち望む新発見がないではなかった。電磁スペクトルに関するマクスウェルの研究は、スペクトルの両端に新しい形態のエネルギーがいずれ見つかることを物語っている。ただし、その新エネルギーもやはりマクスウェルの方程式で説明できるものと予想された。メンデレーエフが作成した元素の周期表も、発見と命名を待つ物質がどこかに存在することをほのめかしている。だが同時に、新物質も周期表に整然と納まってそのパターンに従うという期待を抱かせた。パストゥールの細菌説とダーウィンの進化論はどちらも未知の生物の存在を指し示してはいるものの、実際に見つかった暁にはそれを正しく分類してくれそうでもある。要するに、この先の新発見は素晴らしくはあるが、意外なものではなかろうと考えられていたのだ。二〇世紀に得られる知識も、一九世紀の延長線上にあると見なされていた。

一八九五〜一九〇一年にかけて、H・G・ウェルズは『タイムマシン』(光文社)、『宇宙戦争』(早川書房)、『透明人間』(偕成社)、『月世界最初の人間』(早川書房) といった小説を立て続けに発表した。これらの作品が礎となってサイエンス・フィクションという新ジャンルが誕生し、その発想と科学技術に関する空想を二〇世紀は大いに歓迎することになる。一九〇一年にウェルズが書いた『予想——予言の実験 (*Anticipations: An Experiment in Prophecy*)』というエッセイ集は、来るべき未来の予想を試みたもので、当代きっての未来派作家としての名声を確固たるものにする役割を果たした。今の目でこのエッセイ集を眺め、極端に人種差別色の強い箇所を赤面しながら読み飛ばしてみると、かなりの数の予言が的中しているのがわかる。たとえば、空飛ぶ機械が作られることも、空中で戦闘が繰り広げられることもウェルズは予測している。列車や自動車の普及によって、人口が都市部から郊外に流出することも見通している。ファシズムに基づく独裁国家が登場することや、一九四〇年頃に戦争が勃発すること、欧州連合の誕生、さらには男女ともがもっと自由な性生活を謳歌するようになるとまで予言している。この最後の予言については、自らそれを裏づけるべく大勢の女性と婚外関係を結んだ。

その一方で、ウェルズには予測できなかった物事もたくさんある。相対性理論、核戦争、量子力学、マイクロチップ、ブラックホール、ポストモダンなどがそうだ。これらは予期していなかったというより、予期することが不可能だったと言える。ウェルズの予言は、当時の科学界の期待と通じるところが大きい。つまり、すでに明らかになっている物事の延長線上で推測したという点においてだ。実際には、イギリスの天体物理学者アーサー・エディントン卿のものとされる言葉通り、宇宙は単に我々の想像以上に奇妙なのではなく、「我々には想像すらできないほど奇妙」だったと判明することになる。

こうした予見不能の新発見がなされていくのはグリニッジでもイギリスでもない。この国では、集まったお歴々が世界の秩序に満足しているだけだ。少なくともしばらくのあいだはアメリカでもない。もっとも、だいたいこの時期にテキサス州で油田が次々に発見され、それが来るべき世界に大きな影響を及ぼしていくことにはなる。二〇世紀の幕開けの時代、過激なアイデアを議論したり検証したりすることに本気で取り組んでいたのは、ドイツのカフェや大学や学術誌、そしてスイスやオーストリアに住むドイツ語を話す人たちだった。

二〇世紀が産声を上げた町を一つだけ選ぶとするなら、それは間違いなくチューリッヒだ。スイス・アルプスのすぐ北側に位置し、リマト川の両岸にまたがる古い都である。一九〇〇年の時点では大いに栄え、並木道と建物が威風と可憐さをともに醸し出していた。この町のチューリッヒ工科大学で、二一歳のアルベルト・アインシュタインとガールフレンドのミレヴァ・マリッチは、クラスの落ちこぼれになろうとしていた。

当時のアインシュタインに有望な前途が開けているとはとても思えなかった。この若者は、何物にも縛られない自由な精神と反骨心を備え、すでにユダヤ教という自分の宗教もドイツの市民権も捨てている。半年前の一八九九年七月には、物理学の実験室で不手際から爆発を起こし、右手を傷めてしばらく大好きなバイオリンが弾けなくなった。慣習に囚われない性格が災いして大学側と衝突したばかりか、ようやく卒業できたときにも物理学の研究職に就くことができない。この血の気の多い頑固な若者にいずれ科学界が注目することになるわけだが、当時はそんな片鱗すら感じさせなかった。

アインシュタインは一九〇三年にマリッチと結婚する。アインシュタインの初期の業績にこの女性がどんな役割を果たしたかについては、さまざまな議論がなされてきた。とりあえず、二〇世紀初頭の社会が好意的な目を向けるような女性でなかったことは間違いない。女性でありながら数学と物理学を学ぶのは、ヨーロッパではほとんど例がなかった。スラブ系の出であるうえに、片足を引きずって歩いていたこともあって、根深い偏見にもさらされている。しかし、アインシュタインはそうしたくだらない物の見方にはいっさい頓着しなかった。この女性が放つ激しさに惹かれていたのである。何通ものラブレターが示すように、アインシュタインの目に映るマリッチは「小悪魔」であり、「町の野生児」であった。そして、少なくとも数年のあいだは、二人にとって互いの存在がすべてだった。

マリッチはアインシュタインの才能を信じていた。女神《ミューズ》というものは芸術家だけでなく、科学者のなかからも天賦の才を引き出せるものである。アインシュタインがしようとしていたのは、若さゆえの稀有な傲慢さがなければ目論むことすらできないようなものだ。だが、マリッチの愛に後押しされて己の正しさを疑うことなく、また、学者になっていたらけっして得られなかった自由な知性をもって、アルベルト・アインシュタインは私たちの宇宙観を書き換えた。

正しい枠組みのない世界

一九〇五年五月、友人で数学者のコンラート・ハビヒトに宛ててアインシュタインは手紙を書いた。「さて、凍った鯨にして、干からびた燻まみれの哀れな君、近頃はどうしているのかな？　我々のあいだにあまりに重々しい沈黙が下りていたので、畏れ多くもくだらないおしゃべりでもさせてもらえないかと思ってね……」

アインシュタインはこの「くだらないおしゃべり」のなかで、自分が取り組んでいる四本の論文の内容を何気ない調子で説明している。どれ一つとっても、科学者としての将来が約束されるような偉大な研究成果だ。その四本をあれだけの短期間で執筆したのだから、信じがたいことである。このため、科学史家は一九〇五年をアインシュタインの「奇跡の年」と呼ぶようになった。科学史家が「奇跡」という言葉に手を伸ばすのは、よほどのことである。

アインシュタインの一九〇五年は、アイザック・ニュートンの一六六六年を思い起こさせる。その年、ペストが流行してケンブリッジ大学が閉鎖されたため、ニュートンはリンカンシャーの田舎町にある実家に疎開した。この間を利用して微分積分法を編み出し、色彩に関する理論を打ち立て、万有引力の法則を発見した。それによって、イギリスで最も偉大な天才科学者という不朽の名声を得ることになる。だが、アインシュタインの業績のほうが目を見張るべきものがあると言えそうだ。ニュートンが林檎の木の下でぶらぶらしていたのに対し、アインシュタインはフルタイムの仕事をこなしていたからである。物理学者になれなかったせいで、当時はベルンにあるスイス特許庁で働いていたのだ。その四本の論文を片手間に書いたのだから、驚くしかない。

「最初の［論文］は放射線と、光のエネルギー特性に関するもので、まさに革命的な内容だ」とアインシュタインは手紙に記している。この言葉はけっして誇張ではない。光がばらばらの単位（現在私たちが光子と呼ぶもの）で構成されていることと、エーテルが存在しないことを論文は主張していた。あとで見るように、この論文がはからずも量子物理学の土台を築いた。そこから生まれる宇宙像が、あまりに直感に反した奇妙なものであったため、アインシュタイン自身は生涯の大半を費やしてそれを否定していくことになる。

「二番目の論文では、分子の本当の大きさを決定する方法を扱っている」。これは四本のなかで最も異論の少ない論文である。すでに確立した概念を覆すこともないし、実用的な物理学と言える。この論文でアインシュタインは博士号を取得した。三本目の論文は、目に見える粒子が水中でどう動くかを統計分析し、原子や分子が存在することを疑問の余地なく証明している。原子や分子の存在は広く受け入れられてはいたものの、決定的に証明されたことは一度もなかった。

アインシュタインの最も重要な発見は、一見矛盾するように思える二つの物理法則について考察しているときに生まれた。「四本目の論文はまだ草稿の段階であり、時空間理論を修正することによって移動体の電気力学を説明したものだ」。これがのちの「特殊相対性理論」である。この理論と、より広範な「一般相対性理論」（二〇年後に発表）が、ニュートンの記述した優美な時計仕掛けの宇宙をひっくり返した。

相対性理論からわかるのは、私たちの住んでいる宇宙が想像以上に奇妙で複雑な場所だったということだ。そこでは時間も空間ももはや固定されておらず、質量や運動によって伸び縮みする。それは歪んだ時空とブラックホール〔アインシュタイン自身はブラックホールの存在は数学的な話にすぎないと考えていたのだが〕から成る宇宙であり、私たちの日常世界とはほとんど接点がないかに思える。相対性理論は、理解不能な概念の代名詞であるかのように言われることが多いが、その核となる考え方を掴むのは驚くほど簡単だ。

宇宙の奥深くにある、真っ暗で何も存在しない空間を思い浮かべてほしい。恒星からも、惑星からも遠く離れ、何物の影響も受けない場所だ。この宇宙最深部の真空のなかにあなたは浮かんでいる。宇宙服を着ているから、暖かくて快適だ。ただし、自分がまったく動いていない姿を想像してほしい。それが大事なポイントである。

そこへ、紅茶の入ったカップがゆっくり漂ってきて、やがて彼方へ消えていったとしよう。一見すると、理にかなった光景に思える。ニュートンの第一法則によれば、静止している物体、あるいは等速の直線運動をする物体は、外からの力が作用しない限りその状態を持続する。あなたとカップのふるまいを表わすものとして、これほど完璧な説明はない。

だが、アインシュタインならこう尋ねるだろう。あなたが静止していると、どうして言い切れるのか。止まっていたのはカップのほうで、あなたがそこを通り過ぎたのかもしれないではないか、と。あなたの目には、どちらの状況もまったく同じに映る。カップの視点に立った場合もそうだ。

一六三〇年代、ガリレオ・ガリレイは、地球が太陽の周りを回っているはずがないと批判された。なぜなら、地上にいる私たちにはそんな風に感じられないからである。しかしガリレオは知っていた。同じ速度で運動を続け、加速も減速もしていなければ、そして動いていることを示す視覚的・聴覚的な手がかりがなければ、人は自分が動いていることに気づかないものだ。自分たちが「止まって」いると言い張りたいなら、外部の何らかの基準点と比較する必要がある。さもなければ、運動している物体と静止している物体を区別することはできない。

こんな話を聞くと、細かいところをあげつらって煙に巻こうとしているだけだと思うかもしれない。周りに何もなくても、自分が動いているかそうじゃないかはわかる。なのに、それをおかしいとか無意味だとか、なぜ傍《はた》からとやかく言われなければならないのか。

学校では、グラフを描いて物体の位置を示すやり方を教わる。空間の幅・高さ・奥行きの三つの要素について、固定点からの距離がどれだけあるかで表わすものだ。三つはそれぞれx軸、y軸、z軸で、固定点は原点と呼ばれるのが普通である。原点はオンパロスであり、すべての距離はそこを起点にして測定される。このx軸、y軸、z軸で区切られる領域を「ユークリッド空間」という。静止しているのが宇宙飛行士なのか紅茶のカップなのかは、この枠組みのなかでは簡単に区別がつく。ユークリッド空間内でのそれぞれの座標が、時間とともにどう変化していくかを追っていけばいいからだ。

だが、このグラフをアインシュタインに見せたらどうなるか。きっと消しゴムを取り出して、原点も、x軸もy軸もz軸も消してしまうだろう。

「空間」そのものをなくすわけではない。空間を定義するときに私たちが用いる、基準の枠組みを取り払うのだ。なぜそんなことをするかと言えば、実際の世界はそんな風にはできていないからである。

ユークリッド空間という枠組みは、グリニッジから伸びる経線と同じ。私たちの頭のなかにのみ存在し、それを世界に当てはめることで理解を容易にしているだけである。実在するものではない。しかもその枠組みは、客観的な根拠をもとに決まったものではない。どこが中心であっても構わないのだ。

直感で考えると、何か絶対的な「背景」のようなものと比較しさえすれば、自分とカップのどちらが動いているのかがはっきりしそうなものだ。しかし、絶対的な背景などというものが存在するとしたら、それはいったいどこなのだろうか。

普段の暮らしを送っている分には、足の下の固い地面が基準点だ。私たちは無意識のうちに、それを基準にしてさまざまなことを判断している。これだけ明快な固定点に慣れていると、それがない状態を想像するのは難しい。だが、その地面はどれだけ固定されているだろう。プレートテクトニクス理論が一九六〇年代に受け入れられて以来、大陸が少しずつ移動しているのを私たちは知っている。だとすれば、地面は固定点ではない。

では、地球の中心を基準にして自分たちの位置を決めてはどうか。いや、これもまた固定されてはいない。地球は時速一〇万キロあまりという猛スピードで太陽を公転している。ならばと太陽を基準にしたいところだが、太陽は天の川銀河の中心の周りを秒速約二二〇キロで回っている。そしてその天の川銀河も、宇宙のほかの部分に対して秒速五五二キロほどで移動している。

それなら宇宙自体はどうだろう。いささか行きすぎの感は否めないものの、これが最後の頼みの綱である。宇宙の中心が私たちのオンパロスだと、言い切ることはできないだろうか。答えはやはりノーだ。あとで見るように「宇宙の中心」など存在しない。それに、基準として使うには馬鹿馬鹿しいほど非現実的だというだけでも、とりあえず却下するには十分な理由だろう。

では、自分の位置や紅茶のカップの位置について断言できることは何もないのだろうか。もちろん、本当の意味での「固定点」が存在しないにしても、自分たちの基準の枠組みを当てはめるのは自由だ。たとえば自分自身を中心にした枠組みを作れば、紅茶が移動している。逆に紅茶を基準にした枠組みにすれば、私たちが動いていることになる。ただ、どちらかの枠組みが正しいとか、どちらの妥当性が高いなどと言うことはできない。紅茶のほうが通り過ぎたと考えるのは、自分は生まれながらに紅茶差別的な偏見の持ち主だと宣言しているようなものだ。

アインシュタインが一九一七年に発表した著書『特殊および一般相対性理論について』（白揚社）を巡っては、どの枠組みも正しいとは言えないことを如実に示す事例がある。元のドイツ語版では、基準点の例としてベルリンのポツダム広場が使われていた。それが英語に翻訳されると、ポツダム広場はロンドンのトラファルガー広場に変わる。本の著作権が切れて電子書籍がダウンロードできるようになる頃には、基準点はニューヨークのタイムズスクエアになっていた。編集者の言葉を借りるなら、「現代に生きる英語圏の人々にとって、そこが最も有名でわかりやすいから」だそうである。つまり、基準点は絶対的なものではなく、誰かが都合のいいように定めるものなのだ。実際問題としてはどこであってもいい。

そこが重要なポイントである。つまり、物体の位置について何を言うにせよ、どういう基準の枠組みを用いているかを併せて明確にしない限り何の意味も持たないということ――その点を受け入れるのが、相対性理論を理解するための第一歩だ。どんな枠組みを選んでもまったく構わないが、一つの枠組みがほかより正しいと考えることはできない。

　そこのところを頭に置いたうえで、一九一四年のチューリッヒに戻るとしよう。

伸び縮みする空間と時間

　アインシュタインはチューリッヒから蒸気機関車に乗り、ベルリンに向かう。妻のマリッチと、まだ生きている二人の子供（長女は早世したと言われている）を残し、従姉妹《いとこ》とともに新しい生活を始めるためだ。この従姉妹がのちに二人目の妻となる。その列車が一直線に、時速一〇〇キロの速度を絶えず維持しながら走っているとしよう。ある地点でアインシュタインは立ち上がり、ソーセージを一本握って頭の高さに持ち上げ、そこから床に落としたとする。

　この状況からは二つの疑問が浮かぶ。一つ、ソーセージはどれだけの距離を落下するのか。二つ、なぜ妻と別れるのか。アインシュタインなら一つ目の疑問を何より面白いと思うだろうから、私たちもそちらに注目するとしよう。

　仮にソーセージを床から一五〇センチの高さに持ち上げて、そこで手を離したとする。ソーセージは予想通り手の真下に着地する。擦り切れた靴のすぐそばにだ。落ちた距離はきっかり一五〇センチだと言っていい。ただし、今しがた見てきたように、そうだと断言するにはどういう基準の枠組みで判断しているかを明確にしなくてはいけない。この場合は、列車の車両内にいるアインシュタインを基準にしている。その基準点からは、一五〇センチ落下したことになる。

　ほかにどんな基準の枠組みが考えられるだろうか。たとえば、一匹のネズミが線路に入り込んでいて、その上を列車が無事に通過した瞬間にアインシュタインの手からソーセージが離れたとしよう。このネズミを基準にした場合、ソーセージはどれくらいの距離を落ちるだろうか。

ソーセージがアインシュタインの手から靴のそばに落下することに変わりはない。だがネズミにすれば、ソーセージが落ちているあいだも列車は自分の頭上を走っていることになる。そのため、アインシュタインの手を離れてから床を打つまでの時間に、ソーセージは線路に沿って一定の距離を移動しているはずだ。ソーセージが着地するときのアインシュタインの靴の位置は、ソーセージを離したときの手の位置より先に進んでいる。ソーセージが縦に一五〇センチ落下したことに変わりはないものの、同時に列車の進行方向に向かって横の移動をしたことになるわけだ。出発点の手から着地点の床までをネズミの基準で測るとしたら、その落下の道筋は垂直ではなく斜めになり、したがって一五〇センチより長くなる。

これは、直感を逆なでするような衝撃的な結末だ。基準とする枠組みが異なると、ソーセージの移動距離が変わるのである。アインシュタインの視点より、ネズミの視点からのほうがその距離が長い。しかも先ほど見たように、どちらの枠組みのほうが妥当性が高いかを判断することはできない。だとすれば、距離について確かなことなど語れるはずがないのだ。これこれの基準の枠組みで測定すればソーセージはこれだけ落下するが、別の基準で測れば答えは違ってくる。私たちに言えるのはそれだけだ。

ずいぶん厄介なことになってきたが、これはまだほんの序の口である。今度は、ソーセージが床に着くのに要する時間を考えてみよう。おわかりの通り、落ちる距離が一五〇センチより長ければ、きっかり一五〇センチ分を落下するより時間はかかるはずだ。すると、いささか背筋が寒くなるような結論が待っている。アインシュタインを基準にするよりネズミを基準にするほうが、ソーセージの落下時間は長くなるのだ。

私たちは、つねに地面という基準点とともに生きているために、時間についてもどこかで普遍的な時計が動いていると信じている。ウェストミンスター橋の上を通勤者が行き交うところを思い浮かべてほしい。顔を上げれば国会議事堂と、ビッグベンの文字盤が見える。スーツを着た人たちの遥か上で、時計は完璧な規則正しさで時を刻み、下界の暮らしに左右されることはない。私たちは本能的に、時間とはそういうものだと思い込んでいる。私たちとは切り離されたところに存在し、誰が何をしようとそれによって変わることはないのだと。しかし、そうでないことにアインシュタインは気づいた。空間と同じように時間もまた、状況に応じて伸び縮みするのである。

だとすればややこしい事態になる。どういう基準の枠組みを用いるかで時間と空間の測定結果は変わり、しかも頼りにできる「正しい」「絶対的な」枠組みなど存在しない。誰が観測するかによって、観測される対象が多少なりとも影響を受ける。一見すると、これは絶望的な状況だ。何を測ったとしても相対的な答えしか得られず、どれが確かだとも、どれが「正しい」とも言うことができないのだから。

この落とし穴から逃れ出るために、アインシュタインは数学に手を伸ばした。

常識を超えた数学

物理学の定説によれば、真空中では光（およびその他すべての電磁放射線）はつねに一定の速度で進む。具体的には秒速三〇万キロ近くだ。これを数学者は「c」で表わし、それ以外の人は「光速」と呼ぶ。

だが、基準の枠組みが異なれば測定値も違ってくるのだとしたら、なぜ「つねに一定」と言えるのだろうか。

とくに悩ましいのが「速度の合成則」との兼ね合いだ。たとえばジェームズ・ボンドの映画で、ボンドが悪党の手下に銃で撃たれたとしよう。ボンドの命の心配はしなくていい。手下は射撃が下手と相場が決まっている。そんなことより、弾丸がボンドにかすりもせずに頭上を飛んでいくとき、どれくらいの速度が出ているかを考えてみよう。発射された弾丸自体の速度は時速一五〇〇キロで、手下はスノーモービルでボンド目がけて突進しながら銃を放ったとする。スノーモービルのスピードが時速一三〇キロだとしたら、弾丸の速度はその二つを足して時速一六三〇キロとなる。そのときボンドがスキーを履いていて、時速三〇キロで敵から逃げていたとしたら、そのことも考慮に入れないといけない。そうればボンドからすると、弾が時速一六〇〇キロで向かってくることになる。

さて、ここでアインシュタインの蒸気機関車に戻ろう。今やアインシュタインはソーセージをたいまつに持ち替えて、食堂車の端から端まで進行方向に向かって歩いている。アインシュタインの視点からは、たいまつから放たれる光子は光速で移動している（厳密に言うとそのためには列車内が真空状態になっていないといけないのだが、アインシュタインが窒息するといけないので些細な点には目をつぶろう）。ところが、先ほどのネズミや、近くの木の下にいたアナグマや、列車の外で静止している観測者からすると、光子は「光速＋列車の速度」で進んでいくように見える。だとすれば明らかに光速とイコールではない。一方で電磁波はつねに光速で伝わるという法則があり、他方では速度の合成則がある。これは物理法則の根本的な矛盾ではないだろうか。

どこかがおかしい。速度の合成則に何らかの不備があるのか、それとも光速が不変だという言い分のほうが間違っているのか。アインシュタインはこの二つの法則を眺めて、どちらにも問題はないと判断した。そして、驚愕すべき結論に達する。光速が秒速約三〇万キロであることがおかしかったのではない。「秒」と「キロ」のほうに問題があった。物体が高速で移動すると、空間が縮んで時間がゆっくり流れることにアインシュタインは気づいたのである。

この大胆な気づきを裏づけるため、アインシュタインは数学の世界を探った。主に用いたのは「ローレンツ変換」と呼ばれる手法である。これを使うと、別の基準の枠組みから得られた測定値を変換できる〔具体的には互いに等速度で運動する二つの慣性系を結びつける時空座標の変換〕。枠組みの違いという要因を数学的手法で除外してしまえば、時間と空間を客観的に語ることができ、それらが運動によって具体的にどう影響を受けるかを示すことができた。

ここから話がさらにややこしくなるのだが、時間と空間を伸び縮みさせるのは運動だけではない。重力にも同様の効果があることを、アインシュタインは一〇年後の一般相対性理論のなかで明らかにしている。アパートの一階で暮らしている人は、二階に住んでいる人よりゆっくり年を取る。なぜなら、わずかではあれ重力は地面に近いほど強くなるからだ。もちろんこの影響は微々たるものである。八〇年生きるとして、その違いは一〇〇万分の一秒にも満たないだろう。それでも、相対性理論が示す影響があるのは紛れもない事実であり、実世界でもきちんと測定されている。たとえば、高速移動との関連では、きわめて正確な同一の時計を二個手に入れて、一個を飛行機に乗せ、もう一個はそのまま動かさずに置いておく。すると、高速で飛んだ時計のほうが、静止していた時計より短い時間しか経過していないことを示すのだ（つまり時計が遅れる）。カーナビが頼りにしている人工衛星にしても、地球の重力の影響と自分の速度を考慮に入れているからこそ位置を正しく計算できている。私たちの宇宙を正確に記述できるのは、ユークリッド空間に関する私たちの常識的な見方ではない。アインシュタインの数学なのだ。

平たい生き物

アインシュタインが「時空」と呼ぶその数学的な世界を、数学者ならぬ人間はどうすれば理解できるだろうか。私たちは、日常の世界を認識するための基準の枠組みに囚われている。そこを逃れて、アインシュタインと同じ一段高い数学的視点に立てれば矛盾は氷解するのだが、それができない。だとすれば、上ではなく下を見るのが得策だ。私たちにもわかりやすいような、もっと制約のある視点に立って、それを手がかりに時空がどういうものかを想像してみよう。

二次元の平らな世界を思い浮かべてみてほしい。そこには縦幅と横幅はあるが、高さというものが存在しない。ビクトリア時代の教師エドウィン・アボット・アボットは、『フラットランド』（講談社）という素晴らしい中編小説でそんな世界を描いている。この本を知らなくても、目の前に紙を一枚広げれば、そこに暮らす住人のことはたやすく想像できるはずだ。

アボットの小説のように、その紙に小さな平たい生き物が住んでいるとしたら、あなたが紙を持っていることに彼らは気づかない。私たちのような三次元の世界を理解することができず、「上」という概念が存在しないのだ。たとえあなたが紙を曲げても、やはり彼らは何の変化も感じない。そうした変化が起きている次元について何も知らないわけだから、その平たい生き物にしてみれば世界は嬉しいほど平らに見えている。

では、その紙を丸めて筒にしたらどうなるか。平たい友人たちはやはり何かが起きたとは思っていない。ただし、さぞびっくりはするだろう。なにしろ、一方向に向かってずっと進んでいくと、世界の終わりに着く代わりに、元いた場所に戻ってしまうようになったのだから。彼らの二次元世界が筒や球の形（たとえばサッカーボールの表面の皮のように）をしているとしたら、旅が終わらないというこの謎をどう説明するのか。私たちにはサッカーボールもあったし、球体という概念も理解できるから恵まれていたはずだが、それでも自分たちが丸い惑星に住んでいると受け入れるにはずいぶん時間がかかった。なのに、この平たい生き物には丸いという発想そのものがないわけだから、何の手がかりも得られないことになる。かくなるうえは、アインシュタインの平たいバージョンが現われるのを待つしかない。そうすればそいつが奇妙で難解な数学を駆使し、自分たちの平らな世界はもっと高次元の宇宙のなかに存在するに違いないと説くだろう。その宇宙で、三次元のおかしな生き物が、知りようもない理由によって平らな世界を曲げてしまったのだ。ほかの平たい生き物たちは、その説明を聞いても何のことやらさっぱりわからない。だが、やがて自分たちで測定や実験を行ない、何度も長時間歩いてみるうち、その結果が平たいアインシュタインの予言通りであることに気づく。どんなに馬鹿馬鹿しく感じられても、想像すらできないことであっても、高次の次元というのは本当にあるのだと、そのとき腑に落ちるのだ。

私たちはこの平たい生き物と似たような立場にある。私たちが得ているさまざまな測定結果やデータは、時空の数学を使わないと説明がつかない。それでも時空そのものは、私たちの大多数にとって理解不能なままだ。科学者は、相対性理論とは何かや、それがこの世界とどう関連しているかを解説するより、相対性理論の不思議な側面のほうを嬉々として語りたがる。たとえば、あなたがブラックホールに落ちるところを誰かが遠くから眺めていたとすると、その人にとってあなたはほとんど動いていないように見えるのに、あなた自身はあっというまに落下していくように感じる。一生のあいだにはほとんどの人が一度はこうした事例を聞くだろう。物理学者はその手の話が大好きだ。人を惑わせるのが快感なのである。しかし、そんな話をどれだけされたところで私たちが時空を理解する助けにはならないし、惑わされて喜ぶ者ばかりではない。

人間の視点からすると、確かに時空は非常に奇妙な場所だ。そこでは時間がほかの次元と同じようにふるまいながらも、私たちが知る意味での「未来」や「過去」の概念が当てはまらない。それでも時空の素晴らしいところは、ひとたび理解してしまえば、奇妙さが減りこそすれ増えることがない点だ。水星の軌道〔近日点移動のずれ〕や、巨大恒星の周囲で光が曲がるといった異常な測定結果から、謎と矛盾が消え失せる。深宇宙で人とカップのどちらが通り過ぎたのかという問題も、完全に明解になって異論のつけ入る余地はなくなる。静止しているものなど存在しないのだ。そう定義されていない限りは。

一般相対性理論の発表によって、アインシュタインは世界的な名声を得た。ぼさぼさの頭に、皺だらけの服。優しい笑みを湛えた瞳。新聞に載ったその写真は、たちまち大衆の心を掴んだ。ほかの者には見えないものを見る、ヨーロッパ大陸から来た「愉快な小男」。これは好感の持てるイメージであり、アガサ・クリスティはそれをうまく利用して、一九二〇年に名探偵ポアロというキャラクターを作った。アインシュタインがドイツ系ユダヤ人だという点も、関心を高めるのに一役買った。

アインシュタインと相対性理論に対する世間の反応を見ると、理論の中身より人物に対する興味のほうが大きかったことがうかがえる。自分には相対性理論が理解できないと、さも嬉しげに宣言する作家も大勢いて、一般人にはまったく歯の立たない理論との見方がすぐに定着した。当時のメディアは、相対性理論をちゃんと把握できている人間は世界に一二人しかいないと報じた。アインシュタインが一九二一年にアメリカの首都ワシントンを訪問したとき、上院は相対性理論について議論したほうがいいと考えたが、大勢の上院議員が自分たちには訳がわからないと訴えた。時のハーディング大統領は、自分にもお手上げであることを喜んで認めている。のちにイスラエルの初代大統領となるハイム・ヴァイツマンは、アインシュタインと一緒に大西洋を渡る船に乗ったことがある。「航海のあいだ、アインシュタインは毎日私に相対性理論の説明をしてくれた」。ヴァイツマンはそう振り返っている。「アメリカに着く頃には私にもすっかり確信が持てた――彼がこの理論を本当に熟知していると」

アナーキストのマルシャル・ブルダンにとって、相対性理論の登場は遅すぎた。ブルダンがグリニッジ王立天文台を破壊したかったのは、それが大英帝国と、そこから地球全体に広がる秩序体系を象徴するオンパロスだったからである。だが、オンパロスは好きなように決めていいことをアインシュタインは教えてくれた。ブルダンが一般相対性理論の発表を待っていれば、爆弾など作らなくてもいいのだと悟ったかもしれない。必要なのは、そもそもオンパロスなど虚構にすぎないと気づくことだったのだ。

MODERNISM

第2章 モダニズム 割れた視点

エルザ男爵夫人と『泉』

一九一七年三月、フィラデルフィアを拠点にするモダニズムの画家ジョージ・ビドルは、四二歳のドイツ人女性をモデルに雇った。モデルが仕事場にやって来たので、画家は裸を見てみたいと告げる。相手は深紅のレインコートの前をさっと広げた。コートの下はブラジャー一つで、それもトマトの空き缶二つと緑色の紐で作られている。首からぶら下げているのは、見るも哀れなカナリヤの入った小さな鳥籠。あとは、最近ワナメーカー百貨店から盗んできた大量のカーテンリングを片腕にびっしりと嵌《は》め、ニンジンやビーツなどさまざまな野菜で飾った帽子を頭に載せているだけだ。

気の毒なビドル。自分は芸術家で、目の前の女性はモデルだと思っていたはずだ。だが女性は、自分こそが芸術家であってお前は観客にすぎないのだと、コートの前を素早くはだけるだけで宣言してみせたのである。

モデルの女性はエルザ・フォン・フライターク＝ローリングホーフェン男爵夫人。ニューヨークの前衛芸術家のあいだでは知らぬ者のいないパフォーマンス・アーティストであり、詩人であり、彫刻家であった。ケーキの帽子をかぶり、耳からはスプーンを下げ、口紅は黒、顔には化粧代わりの切手を貼りつける。極貧にあえぎながらも、アパートでペットの犬やネズミたちに囲まれ、それらに餌と元気を与えながら暮らしていた。また、万引きや公然猥褻などの罪を犯しては、たびたび逮捕されて投獄されていた。女性の外観はかくあるべしという社会の制約がやっと緩み始めたばかりの時代に、エルザは頭を剃ったり、髪を朱色に染めたりしていた。

エルザの活動は小説家のアーネスト・ヘミングウェイや詩人のエズラ・パウンドによって支持された。エルザは、マン・レイやマルセル・デュシャンといった芸術家たちとも親交があり、一目見たらなかなか忘れられない人物である。ところが、二〇世紀初頭の芸術界について書かれた文章には、エルザ男爵夫人のことがほとんど触れられていない。当時の書簡や雑誌にその存在が垣間見られることがあっても、そこには、この女性が気難しいとか、冷淡だとか、明らかな精神異常などと記され、体臭についてもたびたび言及されている。その若い時代についてわかっていることは、主に一九二五年にベルリンの精神病院で当人がしたためた回想録の草稿に基づいている。執筆の二年後にエルザは世を去った。

男爵夫人と出会ったほとんどの人の目には、その生き方や芸術がまったく意味不明のものに映った。時代を先取りしすぎていたのかもしれない。現在はアメリカにおけるダダイストの先駆者と認められているが、六〇年早すぎた最初のニューヨーク・パンクと言ってもよさそうだ。女性解放を訴えるダダイストとしてエルザが認知されるのは、ようやく二一世紀に入ってからのことである。活動が再評価されたことに伴い、興味深い可能性が浮上した。何かと言うと、エルザ・フォン・フライターク＝ローリングホーフェン男爵夫人がいなければ、二〇世紀を代表する重要な美術作品が生まれなかったかもしれないのである。

エルザ男爵夫人は、一八七四年にエルゼ・ヒルデガルデ・プレッツとして、プロイセン王国のスヴィーネミュンデ（現ポーランドのシフィノウイシチエ）というバルト海に臨む町で生まれた。一九歳のときに母をがんで亡くし、粗暴な父から暴力を受けたことをきっかけに家を捨ててベルリンへ出る。そこでモデルやコーラスガールなどの仕事を見つけた。その後はさまざまな性体験を試みる向こう見ずな時期が続き、おかげで梅毒にかかって入院する羽目になる。その後、メルヒオール・レヒターという女装趣味のグラフィック・アーティストと親しくなり、前衛芸術家の集団に加わり始めた。

この頃から、生活と芸術の区別がしだいに曖昧になってくる。当時のヨーロッパの芸術界は、性的なものと知的なものを明確に分けておくのが無難だというスタンスだった。だが自らの詩が物語るように、エルザにはそんな線引きなど眼中になかった。しだいに両性具有的な服装をするようになったエルザは、結婚や恋愛を繰り返す。相手がホモセクシャル、あるいは性的不能者ということもままあった。ある時期の結婚では夫の偽装自殺に手を貸し、その事件がきっかけとなって最初はカナダへ、その後はアメリカへと渡る。さらに、レオポルト・フォン・フライターク＝ローリングホーフェン男爵との結婚で「男爵夫人」の称号を得た。もっとも、この男爵は無一文でウェイター見習いだったのだが。二人が一緒になってまもなく、第一次世界大戦が勃発する。夫は戦闘に加わるためヨーロッパに戻った。そのとき妻の有り金すべてを持ち出し、ほどなくして自ら命を絶っている。

その頃エルザは、フランス生まれの芸術家マルセル・デュシャンと出会い、この男にすっかりのぼせ上がった。エルザは即興的なパフォーマンス・アートを行ない、デュシャンの絵画『階段を下りる裸体』についての記事の切り抜きを自分の体にくまなくこすりつけ、その有名な裸体のイメージと自らの裸体とを結びつけた。それから詩を朗読し、そのクライマックスで「マルセル、マルセル、死ぬほど愛してる」と叫んだ。

デュシャンはエルザの性的な誘いを丁重に断った。スキンシップが苦手な性質《たち》で、触れられるのを好まなかったのである。しかし、エルザの芸術の重要性と独創性を認めていたのは確かだ。一度こう語ったことがある。「［男爵夫人は］未来派の芸術家ではない。未来そのものだ」

デュシャンはコンセプチュアル・アート（概念芸術）の生みの親として知られる。一九一二年にはキャンバスを捨て、大きな板ガラスに絵を描き始めたが、完成までには一〇年の歳月を要した。デュシャンが真に求めていたのは、従来の絵画や彫刻の枠に収まらない芸術を創造することである。一九一五年には新しい着想を得て、それに「レディ・メイド」と名づけた。これは、ボトルラックや雪掻きシャベルといった日用品も、芸術作品として提示し得るという考え方である。スツールに自転車の車輪を一つ取りつけた一九一三年の作品が、遡ってレディ・メイドの作品第一号と分類された。これらは、すでに確立した既存の芸術への挑戦状である。芸術家が自分の見出した物を展示するという行為自体が、その物を芸術作品と見なす根拠となるのではないか。そう疑問を突きつけているのだ。いや、より正確には、見つけた物体を提示することで主流の芸術に挑戦しようという意図自体が注目に値するものであり、その意図を芸術作品と呼ぶにふさわしい、と言うべきかもしれない。この筋書きに従えば、そのような発想こそが芸術なのだ。物体自体はただの記念品として、美術館や収集家が披露したり投資したりすればいいだけのものになる。

デュシャンの最も有名なレディ・メイドの作品は『泉』だ。これは、背面が下になるように置かれた男性用小便器で、一九一七年のニューヨーク・アンデパンダン展にリチャード・マットという偽名で出品されたものである。この展覧会は、応募のあった作品をすべて展示すると銘打っていた。そこでデュシャンは便器を提出することで、それが芸術作品であることを認めさせようと目論む。だが実行委員会はこれを拒んだ。便器がどうなったかは定かでないものの、会場に展示されなかったのは間違いない。おおかたガラクタのなかにでも放り込まれたのだろう。デュシャンは抗議の意をこめて委員を辞す。


『泉』の展示が拒否されたことは、その後の展覧会に暗い影を落とした。

一九二〇年代にデュシャンは創作活動をやめ、チェスにのめり込む。ところが、『泉』の評価が徐々に高まり、五〇年代から六〇年代にかけて新世代の芸術家たちによってデュシャンは再発見された。残念ながら、オリジナルの作品はほとんど残っていなかったため、デュシャンは自分の代表作を複製し始める。『泉』のレプリカも一七個作られ、現在はどれも世界中の美術館から引く手あまただ。もっとも、大勢の美術学生が「芸術に参加しよう」とそのなかに放尿したため、アクリルガラスのケース入りで展示するのを余儀なくされてはいるが。二〇〇四年、美術の専門家五〇〇人による投票で、デュシャンの『泉』は二〇世紀で最も影響力を持つモダンアート作品に選ばれた。

だが、『泉』は本当にデュシャンの作品なのだろうか。

一九一七年四月一一日、デュシャンは妹のスザンヌに宛てた手紙にこう記している。「女友達の一人がリチャード・マットという偽名を使い、彫刻作品として磁器製の男性用小便器を送ってきた。別にいかがわしいものではないので、撥ねつける理由もなかった」。そもそもデュシャンは『泉』を本名で出品していたわけではないのだから、妹相手に「女友達」のことで嘘をつく必要があったとは思えない。この友人として最も可能性の高いのがエルザ男爵夫人だ。当時エルザはフィラデルフィアに住んでおり、新聞記事にはリチャード・マットはフィラデルフィア在住だと書かれていた。

もし『泉』が男爵夫人の作品なら、使われた偽名は言葉遊びだったことがわかる。折しもアメリカは第一次世界大戦に参戦したばかりで、エルザは反ドイツ感情の高まりにも、戦争に対するニューヨーク美術界からの反応の鈍さにも憤っていた。小便器には「R.Mutt 1917」と署名されていた。ドイツ人が見れば「R.Mutt」は「Armut」とも読め、これは「貧困」を意味する。展覧会という文脈で考えれば、「知的貧困」を表わすとも解釈できるだろう。

エルザが町でさまざまな物を見つけ、それを芸術作品だと言い放っていたのは、デュシャンが「レディ・メイド」を思いつくよりずっと前からだった。日付を確実に特定できる作品として最も古いものは、『永遠の装身具』と題した直径一〇センチあまりの錆びた金属の輪だ。エルザが一九一三年一一月一九日に、レオポルド男爵との婚礼に向かう道すがら拾ったものである。のちのデュシャンと違って、そうした発想に名前をつけたり知的な説明を加えたりはしなかったにせよ、エルザのほうが先にそれを実践していたのは間違いない。

見つけた物を自分の彫刻作品だと宣言するだけでなく、エルザはたびたびそれらを宗教的な名や霊的な名、あるいは元型的な名で呼んだ。たとえば、ただの木片を『大聖堂』（一九一八年）と命名したり、鋳鉄製の排水用S字管を木箱に取りつけて『神』と名づけたりもしている。『神』は長らく、モートン・リヴィングストン・シャンバーグという芸術家の作品であるとされていた。だが今では、モートンはS字管を木箱に固定する仕事をしただけとの見方が受け入れられている。宗教と便器のつながりは、エルザの人生に繰り返し現われるテーマだ。元をたどれば、虐待癖のある父が母の信仰をあざけって、日々の祈りを毎日の排便に喩えていたことに行き着く。

批評家はしばしば『泉』の両性具有的な特徴を高く評価する。それは、男性用の硬い物体を倒すことによって、女性器の陰唇のように見せているからだ。デュシャン自身、一九二〇年代の初めに両生具有の世界に分け入ったことがあった。ローズ・セラヴィという変名を使い、女装姿をマン・レイに撮影させてもいる。しかし、両性具有的な性格がより強く表われているのは、デュシャンよりも男爵夫人の作品のほうだ。

一九二三年か二四年、エルザは友人や芸術家仲間から見放されたように感じた時期があり、そのとき『私はこの雨傘のようにあなたから忘れられている――なんて不実なバーニス！』と題した物悲しい絵を発表した。絵には歩き去る人物の足が描かれ、それはエルザのもとを離れていったすべての人を表わしている。この絵にもやはり男性用小便器が登場し、そこから水が溢れて床の本が水浸しになっている。そして、便器の縁でバランスを取っているのが、デュシャンのパイプだ。男性用小便器は、デュシャンを指すものと解釈されるのが普通だ。しかし『泉』がエルザの作品なら、便器の縁に置かれたデュシャンのパイプはより深い意味を持ってくる。二人の関係が壊れたことを象徴するものになるからだ。『泉』は卑俗で、粗野で、挑戦的で、滑稽な作品だ。それは一般にデュシャンらしいとされる特徴ではなく、まさに男爵夫人とその作風そのものと言える。この点こそが何にも増して、『泉』がエルザの作品であることの強力な証拠ではないだろうか。エルザはフィラデルフィアからデュシャンに宛てて、展覧会に出品してほしいとこの作品を送ったのだ。それをデュシャンは三〇年以上たってから、自分の作品だと主張した。その頃には、エルザも、元の作品を撮影した人物もともに亡くなっている。さらに付け加えると、デュシャンはニューヨーク市五番街のＪ・Ｌ・モット鉄工所から自分で男性用小便器を買ったとされていたが、この会社はそもそも件《くだん》のデザインの便器を作ってもいなければ、売ってもいないことがのちの調査で確かめられている。

アメリカの画家ウォルター・キーンは、妻のマーガレットが一九五〇年代に描いた大きな目の浮浪児の絵を、自分の作品と偽って発表した。だがデュシャンの場合、そういうかたちでエルザの功績を意図的に横取りしたわけではないと思う。今では、人の記憶の正確さが時とともにどのように低下するかについて解明が進んでいて、それを示したグラフは「エビングハウスの忘却曲線」として知られている。とくに、他者との会話のなかで良いアイデアが生まれて興奮すると、人はそれを自分の考えだと思い込みやすい。『泉』を展覧会に出品してから三〇年以上もたてば、デュシャンが本当にそれを自分の発案だと信じ込んだとしてもまったくおかしくはないだろう。

『泉』はデュシャンの最も有名な作品とされているのに、もしも本人の考えたものではないとしたら、その芸術家としての立場にはどんな影響があるだろうか。

デュシャンの作品を読み解く鍵は、友人だったアメリカの芸術家ジャスパー・ジョーンズが亡きデュシャンに捧げた賛辞のなかにある。ジョーンズはデュシャンが「基準の枠組みを執拗に破壊しようとした」と語ったのだ。ジョーンズが言う基準の枠組みとは、伝統的な芸術のあり方を指す。つまり、絵画は画家の才能によって創造され、それを観衆がありがたく拝見する、という図式だ。大量生産で作られた品物をデュシャンが芸術として提示したのは、芸術作品とは何かという理解に疑問を投げかけ、最終的にはその土台を崩したかったからである。

デュシャンは床にキャンバスを置き、その上に何本か紐を落として、落ちた場所にその紐を貼りつけるという実験的な試みもしている。どういう見映えになるかは運次第で、才能は関係ない。デュシャンがこんなことをしたのは、作品の出来栄えは芸術家の手柄にできるという考え方にメスを入れるためである。デュシャンは多作ではなかったものの、絵を描くのをやめたあとの作品には一貫した意図があった。そして、芸術は芸術家が生み出したものとは言えない、との見方を追求し続けた。その理由について、一九五七年にこう語っている。「創造的な行為は芸術家一人によってなされるものではない。作品の内なる特質を鑑賞者が汲み取って解釈することで、作品は外界と触れ合う。それにより、鑑賞者もまた創造的な行為に貢献するのだ」。デュシャンが「基準の枠組みを執拗に破壊しようとした」のは、芸術が存在するうえで鑑賞者も一役買っていることを明らかにし、観察されるものは観察者が作っている面もあることを証明したかったからだ。

こう考えてくると、私たちはややこしい疑問に突き当たる。この男が本当は『泉』の生みの親ではなく（たとえ本人がそう思っていても）、また、芸術は芸術家が作るものだという単純すぎる図式を拒もうとしていたのだとしたら、『泉』が自分の作品だと名乗ることでデュシャンの芸術家としての価値は上がるのだろうか、それとも下がるのだろうか。

キュビスム、モンタージュ、無調

「基準の枠組みを執拗に破壊しようとした」のはデュシャンだけではない。この姿勢は、二〇世紀初頭の芸術に共通して見られたものである。

キュビスムは、画家のパブロ・ピカソとジョルジュ・ブラックによって一九〇七年以降に創始された。当時の絵画はすでに写実的な表現から離れ始めていたとはいえ、これほど衝撃的で訳のわからない作品を抵抗なく受け入れられる者などほとんどいなかった。キュビスムの絵は異様で、角張った抽象的な画像を特徴とし、色使いも単調で生彩がない。これらを形容するのによく用いられた言葉は「割れた」である。なぜなら、割れた鏡の断片をイメージしているように見えるものが多かったせいだ。

キュビスムの画家は一つの明確な認識から出発している。それは、私たちが何かの対象を見るとき、その対象を客観的に把握できる正しい視点や枠組みなど存在しないということだ。この気づきはアインシュタインと驚くほどよく似ている。結果としてキュビスムの画家は、適当に選んだ一つの視点から対象をキャンバス上に再現するようなことはしなかった。逆に、対象をできるだけ多くの異なる角度から眺め、それを一つの画像に合体させたのである。この意味で、「割れた」という言葉は使い勝手はいいものの誤解を招く。割れているのは絵の対象自体だと思われがちだが、実際はそうではない。観察する側の視点が「割れて」いるのだ。つまり、ひどく異様な物体をそのまま描写したわけではなく、ごく普通の物体を複数の視点で捉え、それを二次元の四角いキャンバスに集約しようとした結果なのである。

キュビスムの画家は、対象の選び方が過激だったのでもない。それまでの画家たちと同様、果物やワインといった静物の集合や、裸婦を描くことで十分に満足していた。ただ、おなじみのものを、より真実に近い新しい方法で表現しようとしたところに過激さがあった。かつてピカソはこう述べている。「私は見たままに描くのではなく、思ったままに描いている」

キュビスムと同時代に誕生した表現主義は、これとは正反対の試みだ。表現主義の代表的な絵画と言えば、やはりノルウェーの画家エドヴァルド・ムンクの『叫び』だろう。その絵には、自然を貫く果てしない叫びにおののいて橋の上で耳をふさぐ男が描かれている。キュビスムと違って、表現主義は一つの視点にこだわる。それをよしとすることができるのは、その一つの視点が主観的なものだと認めているからにほかならない。表現主義は、対象に対する画家の感情の動きに光を当て、それを作品の軸とする。したがって、画家の見方が私的なもので客観性とは程遠いことを承知しつつも、その限界を超えようとするのではなく、それを進んで受け入れている。

新しい手法で物事を捉えたいという欲求は、二〇世紀初頭のほかの芸術全般にも共通している。映画制作における「モンタージュ」の発達もその一例だ。この技法は主に、一九二〇年代にロシアの映画監督セルゲイ・エイゼンシュテインによって考案された。モンタージュの特徴は、時間や空間の自然な流れを断ち切るところにある。通常なら時間的・空間的に連続したショットで構成すべきところを、いくつもの個別の映像を監督の意図に沿って並べていくのだ。エイゼンシュテインは一九二八年に映画『十月』を公開した。これは、一九一七年のロシア十月革命を描いた作品である。このなかでエイゼンシュテインはロシアの教会を映し、そこにまずキリスト像の映像を挿入した。その後ヒンドゥー教の神像、ブッダ、アステカの神々、部族のトーテム像など、しだいに時間的・空間的に遠ざかりながらさまざまな宗教的アイコンを挟み込んでいく。このモンタージュによって、当時のロシアの宗教が、人類共通の宗教的精神の一つの発露であることを表現している。そして続けざまに、ロシア共和国軍のラーヴル・コルニーロフ将軍の映像とナポレオン像を交互に切り替えた。そうすることでこの将軍もまた、過去に繰り返されてきた同様の歴史の一部であることを観客に否応なく知らしめている。

キュビスムの画家がキャンバスという空間を舞台にするのに対し、エイゼンシュテインのモンタージュは時間を舞台に繰り広げられるものだ。そのため、異なる複数の視点を一つの絵として合体させるのではなく、順番につなぎ合わせることができた。エイゼンシュテインは映画を作るうえでこの多角的な視点のぶつかり合いを利用し、リズムや象徴性など、さまざまな効果を生み出した。

アルノルト・シェーンベルク、アルバン・ベルク、アントン・ヴェーベルンらは一九〇八年以後ウィーンで無調音楽を始め、キュビスムとよく似た驚きと違和感を世界に与えた。無調音楽では、作曲が主音と調性に基づかなければならないという考え方が拒絶されているからである。

伝統的な音楽作品では、音の流れは耳に心地よく響くよう互いを補い合っている。というのも、すべての音の高低は作曲家が選んだ調の主音と結びつき、それによって決まっているからだ。主音がなければ、ほかの音は基準を失う。そうなれば私たちは、イギリスの音楽教授エリック・リーヴァイが「主音のない奈落」と呼んだもののなかで彷徨うことになる。これは、アインシュタインがユークリッド空間からx軸、y軸、z軸を排除したのと似ている。なぜ排したかと言えば、それが宇宙の本質的な特性などではなく、私たちが勝手に作った枠組みを宇宙に当てはめているだけにすぎないからだ。そうは言っても、核となる主音なしに曲を作るのは、相当な難題だったに違いない。

音楽の世界では、相対性理論を思わせる動きがほかにもいくつか見られた。たとえば、イーゴリ・

ストラヴィンスキーは一九一三年の傑作『春の祭典』でポリリズムを多用している。ポリリズムとは、関連のない二つの異なるリズムがぶつかり合い、同時に奏でられるものだ。それは聞く者を混乱させ、キュビスムの絵画を見たときのような感覚をもたらす。

『ユリシーズ』と『グランド・セフト・オートV』

意図的な難解さと評されることにかけて、たぶん絵画や音楽の上を行くのが二〇世紀初頭の文学だろう。ジェームズ・ジョイスの『ユリシーズ』（集英社）、エズラ・パウンドの『詩編（*The Cantos*）』（『エズラ・パウンド詩集』［角川書店］に抄訳所収）、あるいはT・S・エリオットの『荒地』（岩波書店）といった作品は、とにかく親しみにくい。いったいどうしてだろうか。

散文において読者の道しるべとなるのは、筋書きや物語の進展だ。話がもっぱら一人の登場人物の視点で綴られていようが、神のようにすべてを見通す第三者の語り手が用いられていようが、それは関係がない。あるいはブラム・ストーカーの『吸血鬼ドラキュラ』（角川書店）のように複数の語り手がいても、やはり何の問題もない。『吸血鬼ドラキュラ』では、多様な視点が使われているからといって読者が混乱することがないのだ。それは、エリオットの作品と違ってそれぞれの視点が明確に切り離されているというのもあるが、話者が変わっても全員が同じ話を語っているという理由によるところが大きい。散文ではこうして物語が進展していくことが、すべての出来事を理解する手がかりになる。伝統的な音楽における主音や、ユークリッド空間のx軸、y軸、z軸が果たす役割と同じだ。

ジョイスやエリオットやパウンドのような文学者たちは、このように語りの枠組みがたった一つしか存在しないことを拒否した。語り手を頻繁に入れ替えるやり方も、ブラム・ストーカーのものとはまるで違っている。たとえば『荒地』の第二部では途中から詩の声がいきなり切り替わり、夫の復員に気を揉むイギリスの居酒屋《パブ》での女性たちの会話になる。女性たちについての紹介はいっさいなく、詩の内容とも直接の関係がないように思える。結果として生じるのは、不調和と混乱の感覚だ。なぜなら、この場面転換に意味をもたせるような軸となる物語がないからである。

この詩にはもともと『あの子は警官をいろんな声でやってくれるの（*He Do the Police in Different Voices*）』というタイトルがついていて、チャールズ・ディケンズの小説『我らが共通の友』（筑摩書房）のなかの一行に由来する。この小説のなかで、ベティー・ヒグデンという女性が自分の養子について次のように語る。「あんたはそう思わないかもしれないけど、スロッピーは新聞を読むのがすごく上手なのよ。あの子は警官をいろんな声でやってくれるの」。いろいろな声を切り替えるというのが、エリオットの試みのなかで重要な位置を占めるのは間違いない。だがタイトルとしては『荒地』のほうが優れている。というのも、視点を変化させること自体がこの詩の主眼ではないからだ。

『荒地』は死を詠んだものであり、具体的には人生における死の自覚だ。『荒地』がアーサー王伝説に言及しているのは渇ききった精神状態を暗示し、それは死そのものではないにせよけっして生とは言えないものである。首尾一貫した物語という道しるべが存在することを読者は期待する。だが、エリオットは敢えてそこから逃れることで、いくつもの異なる角度から対象を自由に眺めることができた。さまざまな文化、さまざまな時代からいろいろな光景を切り取ってきて並べ、その光景のあいだを好きなように跳び回る。そうして、相通ずるテーマが響き合う瞬間に焦点を当てたのだ。

ジェームズ・ジョイスの『ユリシーズ』の大半は、ダブリンに住むレオポルド・ブルームのある一日を取り上げ、その意識の流れを綴ったものだ。『ユリシーズ』は二〇世紀を代表する小説の一つと見なされているが、どれほど熱心なファンでも、これを素晴らしい物語と評するのをためらうだろう。もともと素晴らしい物語を書くことがジョイスの狙いではなかった。その意図を友人のフランク・バッジェンにこう説明している。「私はダブリンの風景を細大漏らさず描き出したい。そうすればこの町がにわかに地上から消えても、私の本をもとに復元できるだろう」。つまり、小説という媒体を使って、あらゆる角度からダブリンを捉えようとしたのである。ジョイスが一台のタイプライターと大量の紙だけを使って二〇世紀初頭のダブリンに対して試みたことは、ロックスター・ノース社（ビデオゲーム『グランド・セフト・オートV』を開発したスコットランドのゲームメーカー）が二一世紀初頭のロサンゼルスに対して行なったことと同じだったのだ。『グランド・セフト・オートV』のなかでは、映画や文化、ソーシャルメディアやテクノロジー、人種間の関係、株式市場、法律、企業文化などを含む町のあらゆる部分が再現され、諷刺されている。『ユリシーズ』が『グランド・セフト・オートV』と比べられることがあまりないのは確かだが、両方をよく知る人ならその類似に納得してくれるはずだ。

新世界を映すだけではなく

このように二〇世紀初頭には、人間のほぼすべての表現形態において革新的な手法がほとばしり出た。今ではこの現象を総称する言葉として「モダニズム」が使われている。モダニズムがとりわけ顕著に現れたのが、文学、音楽、美術、映画、そして建築の分野だ。キュビスム、シュルレアリスム、無調音楽、未来派などはどれも、モダニズムの一側面と見なされている。

正直なところ、モダニズムという名称自体が古びてきているのは否めない。一〇〇年前の作品を「モダン（現代的）」と表現するのは、どうしたって少し間が抜けて聞こえる。もちろん、当時としては新しいもの、つまりその時代に現代的だったものを指しているから「モダニズム」なのだろうし、それはある程度までは正しい。自動車、飛行機、映画、電話、カメラ、ラジオ、その他数々の驚異が新たに文化に加わり、芸術家たちはそれらが日々の生活を大きく変えていくさまをなんとか受け入れようとしていた。

モダニズムのなかには、新しさを賛美することに主眼を置いたものも間違いなくあった。そのいい例が未来派である。未来派はスピード、科学技術、そしてエネルギーを視覚的に表現し、それを賞讃しようとするものだ。未来派の運動はイタリアから興ったことがはっきりしている。エンツォ・フェラーリ（自動車メーカー、フェラーリの創設者）のような人物が国民的英雄の仲間入りをする国だけあって、スタイルとスピードを組み合わせることに憑かれた画家たちを輩出したのだ。

モダニズム建築も、新しいものに恋した運動の一つである。専門的に言うと、板ガラスや鉄筋コンクリートといった新しい素材を用いた建築をモダニズム建築と呼ぶ。建築家のル・コルビュジエは家を「住むための機械」と称し、そこでは「形が機能に従う」と述べた。飾りや装いの入り込む余地などいっさいない世界観である。ル・コルビュジエはある文章のなかで、一九二四年の秋の夕暮れにパリの町を散策していたとき、車の流れが途切れずシャンゼリゼ通りを渡れなかったと書いている。それは今までにない出来事だった。「学生時代を思い出す。あの頃のシャンゼリゼ通りは私たちのもので、道の真ん中で歌を歌ったものだ」。だからといって、目にした変化に腹を立てたわけではない。それどころか、こう記している。「この交通量。車だらけで何と速いこと！　人は熱狂し、喜びに……力という喜びに心を奪われている。これは、力のなかに、強さのなかにいるという単純で無邪気な喜びだ」。ル・コルビュジェのような建築家たちにとって、狂乱とエネルギー渦巻く新しい世界は閃《ひらめ》きの源だった。ちなみに、通りを横切れないという目新しさがやがて薄れたのかどうかについては、ル・コルビュジェは何も語っていない。

このように、未来派の画家やモダニズムの建築家は、ふと気づくと驚くべき文化のただなかにいたことに興奮を隠さなかった。しかし、単にその素晴しい新世界を映し出すことだけがモダニズムではない。モダニズムの画家にしても、かつて馬の絵を描いていたようにして車の絵を描いたわけではなかった。モダニズムの作品は、現代的な生活を賛美するのと同じくらい批判することもある。ピカソがアフリカの仮面や像を取り入れたように、原始主義《プリミティビズム》の要素を含む作品も存在した。原始主義とは、工業化以前の自然な生活を盲目的に崇拝する思想である。それに、モダニズムと同時代に制作されても、モダニズムとは見なされない芸術作品もある。たとえばガーシュウィンの『ラプソディー・イン・ブルー』や、喜劇役者ローレル＆ハーディの映画などがそうだ。つまりモダニズムは、自らを生み出した時代を肯定する以上のことを成し遂げようとしていたのである。

フローと至高体験

ジョイスは禁酒法時代のアメリカで『ユリシーズ』の出版を試みたものの、結果的に猥褻裁判を起こされることになる。当初『ユリシーズ』はニューヨークの『リトル・レヴュー』誌に、エルザ・フォン・フライターク＝ローリングホーフェン男爵夫人の詩と並んで連載されていた。今の目には男爵夫人の詩のほうがよほど露骨な性的表現に映るが、卑猥だとして槍玉に挙げられたのはジョイスの作品だった。この裁判に対するジョイスの反応を見ると、この作家が敢えて『ユリシーズ』を難解な作品にしようとしたことがよくわかる。

一九三三年に行なわれた「アメリカ合衆国 vs.『ユリシーズ』という名の書籍」の裁判では、作品が真面目な意図に基づくものであって猥褻文学ではないとの判決が最終的に下された（その理由を裁判官のジョン・ウルジーは次のように表現している。「［ジョイスの］作中人物の心中で性行為という主題が繰り返し現われることについては、作品の舞台がケルト人地域であり、季節が春であることをつねに念頭に置かねばならない」）。このとき、作品が不謹慎なものではないことを示す証人として、ジョイスが召喚されて説明を求められた。とくに作品の構成が、書名の由来である古代ギリシアの叙事詩『オデュッセイア』（主人公オデュッセウスの英語名が「ユリシーズ」）と呼応している点が焦点となった。ジョイスはこの成り行きに対して強い不満を露わにする。「この場で［その解説を］すべてしゃべってしまえば、私は自らの永遠性を失うことになる。この作品には非常に多くの謎や難問を仕掛けているので、学者たちは私の真意を巡ってこの先何世紀も議論に明け暮れるだろう。作家が永遠の命を確実に授かる方法はそれしかない」

ジョイスは研究されることを望んだ。『ハーパーズ』誌のインタビューではこう述べている。「私が読者に求めるのは、私の作品を読むことに生涯を捧げることだ」。だとすれば、ジョイスの辞世の言葉はいささか哀しく響く。「誰も理解していないのか？」

ジョイスの作品は、いい意味で噛み応えがある。言葉にめりはりがあり、文法や語彙の定石をわざと無視する遊び心もある。紙の上の文字と、それが描き出す対象とのあいだに隔たりが存在することを、不思議と際立たせる文章にもなっている。読者からすると、たとえ作者の言わんとするところが掴めず、これといった筋の進展がないように思えても、読み続けたくなる言葉のリズムを持っている。だが、そうするには集中力が、それも持続する集中力が必要だ。ジョイスの作品は、注意力散漫な二一世紀人向けに書かれたものではない。しかし、それこそが重要なポイントだったように思える。

一心に集中すると言って思い浮かぶのが、神秘主義者のゲオルギイ・グルジェフである。グルジェフは、口ひげが印象的で威圧感のあるロシア人で、二〇世紀の初頭から半ばにかけて活躍した。グルジェフの考えによれば、ほとんどの人は「目を開いたまま寝ている」ような半睡状態で人生を送っている。そこから覚醒させ、瞑想家やスポーツ選手の集中力が最高潮に達したときと同じ意識状態にもっていくことはできる。ただ、経験したことがない人にそれを説明するのは歯がゆいほどに難しい。その状態に到達すると、集中力、理解力、能力、解放感、幸福感などが著しく高まる。目覚めていることと眠っていることが違うように、その意識状態は通常の意識とは異なるとも表現される。心理学の分野では、これによく似た精神状態が存在することがしだいに認知されてきており、それを「フロー」と呼んでいる。

あいにく、この精神状態に至るのは並大抵のことではなく、そうそう達成できるものではない。グルジェフによると、強い集中力を持続させることがそれを誘発するコツだという。だから弟子たちには専心と献身を求め、広大な芝地を小さなハサミで刈り込むといった単調な作業を課した。あまりの単調さに自我が抵抗しそうになるのを意志の力で抑えつつ、弟子たちは自分を無理やり芝刈り作業に集中させる必要があった。こうすれば、フローのような状態に入るための高い集中力レベルに向かうというのがグルジェフの考えである。グルジェフの言葉を借りて別の言い方をするなら、そうすることで「人間としての潜在能力が余すところなく目を覚ます」のだ。芝刈りバサミを置いて何時間か『ユリシーズ』を読んだ場合も、同じ効果があるだろうかとつい考えたくなる。

イギリスの作家コリン・ウィルソンは実際にこの状態を経験した。ウィルソンと言えば、処女作『アウトサイダー』（中央公論新社）によって、「怒れる若者たち」と呼ばれる一九五〇年代の文学的潮流を作った一人である。グルジェフが予言したように、ウィルソンの体験も集中力が高まったことで引き起こされた。ウィルソンは一九七九年の元日、学生たちを大勢車に乗せてデヴォン州の田舎道を走り、講演会場へと向かっていた。雪が降りしきり、道路はきわめて危険な状態だった。ウィルソンはこう振返っている。「どこまでが道路で、どこからが側溝なのかよくわからなかった。だから過剰なまでに全神経を集中してハンドルを握らなければならなかった」。なんとか溝に落ちないようにしながら車を走らせること約二〇分、ウィルソンは頭のなかに温かい感覚が湧き上がってきたのに気づく。これがウィルソンが言うところの「至高体験」となり、旅が終わったあとも続いた。「二時間注意力を集中させた結果、何らかの仕組みで私の意識が高次の覚醒状態に〝固定〟された。そしてまた、途方もなく楽観的な気分になった。おかげで、人間の問題の大半は、曖昧、怠惰、不注意が原因だという確信が持て、断固たる努力をすればすべてはいとも簡単に克服できると信じて疑わなくなった」。努力と集中力が一時的に高まった結果、ウィルソンはまったく新しい目で世界を見るようになったのである。

モダニズム文学は難解であり、やはり読者が強烈な集中状態に入ることを求めた。モダニスト自身の言葉からも明らかなように、見る側の努力が作品にとって不可欠なのである。難しいからこそ得るものも大きく、大きいからこそ苦労が報われた。

ロマン派の芸術家たちも、一八世紀末の啓蒙主義への反発から、人はただ一つの見方に縛られるべきではないと考えていた。自ずと主観的になってしまうからである。イギリスの詩人ウィリアム・ブレイクは、一八〇二年に書簡のなかで次のように記している。「神よ、我らを遠ざけ給え／単一の見方とニュートンの眠りから！」。だが、これを実践するためにロマン派が取った手法は、あまりに曖昧で奇抜すぎた。少なくともモダニストの目からすればそうである。モダニストは、自分たちが高次の視点を獲得できるだけでなく、見る者にも同じ経験をさせることができると信じていた。

ただ、それが一筋縄ではいかないというだけである。

より高次の枠組み

さて、すでに一つのテーマが浮かび上がってきたのにお気づきのことと思う。

そのテーマとは、対象のあらゆる面を表現したり描写したりするには単一の視点からでは不十分だということであり、モダニズム文化の広い範囲にわたってそれが繰り返し現われた。私たちはすでにこの考え方をよく知っている。アインシュタインの革命的理論の核となる発想と同じだ。つまり、たった一つの見方を取り上げて、それを正しいとか真実だとか決めることはできないし、対象について何が言えるかはどの視点に立つかで変わってくる、ということである。

だとすればモダニズムは、創造的な人々がアインシュタインの影響を受けて生み出したものだったのだろうか。そう考えたくなる例がいくつもあるのは間違いない。たとえば、シュルレアリスムの画家サルバドール・ダリが一九三一年に『記憶の固執』を発表するまで、溶けた時計の登場する絵画はいっさい存在しなかった。時間は伸びるという概念が一般に浸透して初めて、現われたイメージである。ダリはアインシュタインの影響を否定し、溶けたカマンベールチーズから着想を得たとしている。しかし、溶けるチーズを見たことから、溶ける時計を描こうと決めたことへの無意識の飛躍に、アインシュタインの影響がまったくなかったと片づけるのはやはり無理がある。

作品の制作時期から見ると、ダリがアインシュタインの影響を受けていてもおかしくはない。一九三一年の時点ですでにアインシュタインは世界的な名声を得ており、特殊相対性理論がおおよそどういうものかは（滑稽に誇張されていたとはいえ）大いに広まっていた。だが、一九〇五年にこの理論が発表された当初からそうだったわけではない。当時の物理学界は、化学などの同類の科学と比べて遥かに小さかった。それを言うなら科学界全体が、二〇世紀末とは比較にならないほどの微々たる規模でしかない。アインシュタインの論文を読んだ科学者たちでさえ、その重要性をすぐに認めたわけではなかった。特殊相対性理論では重力を扱えないこともあって、明らかな革命と認識されるより、珍奇な発想という受け取られ方をしていたのである。

アインシュタインが重要であることは、一九一五年の一般相対性理論の発表でようやく定まった。とはいえ、主流派から認知されるには第一次世界大戦の終結を待たねばならなかった。潮目が変わったのは一九一九年のこと。その年、イギリスの天体物理学者アーサー・エディントン卿が、アインシュタインが正しいことを初めて観測によって証明したのだ。これを機に、アインシュタインは一躍その名を轟かせることになる。

モダニズムの偉大な作品の数々も戦後のこの時期に発表されたため、アインシュタインの影響があったとする説は一見すると説得力がある。だが、ピカソ、ジョイス、エリオット、ブラック、シェーンベルク、ストラヴィンスキー、カンディンスキーなど大勢のモダニストたちは、モダニズム的発想が明確に現われた作品をすでに戦前に生み出していた。またアインシュタインより前の時代にも、前モダニズムと言うべき作品があった。たとえばゴーギャンの初期の静物画には、キャンバスの隅に人物の顔が描かれていて、それが絵の対象物を眺めている。『ラヴァルの横顔のある静物』(一八八六年)や、『果物のある静物』(一八八八年)などがそうだ。静物とは、観察されている物体の集合を言うのだから、画家がそれを本当にありのままに示したければ、実際に見られているところを表現するのが当然と言えば当然だろう。

どうやらアインシュタインとモダニズムの芸術家たちは、時を同じくして同じ一歩を別々に踏み出したようである。どちらも、私たちが単一の視点に縛られていることを認識しただけでなく、時空やキュビスムといった、より高次の枠組みを見出した。その高次の枠組みを用いれば、単一の視点につきものの主観的な見方は克服される。一八七八年にフリードリヒ・ニーチェは、「絶対的な真実がないように、永遠の事実もない」と書いた。アインシュタインもピカソも、ニーチェの嘆きに対して自らの答えを示したのである。

こうして、見る側の重要性は認められた。これほど奇妙な発想が、創造的な芸術と物理学の両方の分野で同時期に花開いたのだから、驚くよりほかない。なにしろ、アインシュタインとエルザ男爵夫人のようにまるで違う者同士が、同じ問題に取り組んでいたのだ。だとすればそれは、より深いレベルで変化が進行していた証しである。何か大きなことが起きていたのだ。それが私たちの文化に及ぼした影響は多岐にわたった。

とりわけ注目すべきは、同じ考え方が国際政治の騒然たる混沌から立ち現われようとしていたことである。

WAR

第3章　戦争 ● 帝国の崩壊とテクノロジー

アメリカ合衆国の皇帝

一八五九年九月一七日、ジョシュア・A・ノートンはサンフランシスコの新聞各紙に書簡を送りつけた。書き出しはこうである。「大多数の合衆国市民からの断固たる要請と要望により、喜望峰のアルゴア湾より来りて過去九年一〇か月はサンフランシスコに居住せる我、ジョシュア・ノートンは、自らが合衆国皇帝であることをここに宣言し、布告する」

一九世紀半ばは、グローバリゼーションと移住の波が高まりつつあった時代である。ノートンはその両方を体現する存在だった。イギリスに生まれ、南アフリカで育ち、実業家として財を成したものの、米相場の買い占めに失敗し、何年も苦しい法廷闘争を繰り広げたあげくに破産を宣告される。当時はすっかり落ちぶれて下宿屋に暮らしていた。書簡には「合衆国皇帝、ノートン一世」の署名があった。書簡は新聞にしかるべく掲載され、皇帝としてのノートンの人生が始まる。

皇帝就任宣言のあと、ノートンは金の肩飾りのついた青い軍服を身につけるようになった。帽子に孔雀の羽根を一本挿し、ベルトには皇帝の剣を帯び、ステッキを手に散歩する。自らの肩書に「メキシコの守護者」を加えたものの、メキシコを守るのはいささか手に余ると気づき、一〇年後にはその肩書を取り下げている。今も残るノートンの写真を見ると、凝った形の髭と少しくたびれた軍服が相まって、堂々たる皇帝であると同時に頭のおかしなホームレスであるかのような雰囲気を醸し出している。

ノートンは次々と布告を発していった。共和党と民主党の廃止を求めたものもあれば、市民の嫌う「フリスコ」の俗称でサンフランシスコを呼ぶ者に二五ドルの罰金を科すと宣言したものもある。こうした布告は当時の市民から人気を博した。それはきっと現代でも同じだったろう。ノートンはほとんど無一文だったにも関わらず、サンフランシスコでも指折りの高級レストランでただで食事ができた。市の交通機関も無料で利用でき、この男のためにいくつもの劇場が特別席を用意した。ノートンは自身の通貨も発行し始め、なじみの酒場ではそれが使えた。一度、ノートンが「狂気のかどで」逮捕されたことがある。すると、市民からの激しい抗議を受けて警察は謝罪を余儀なくされ、以後はこの男を町で見かけるたびに警官が敬礼をするようになった。さらには、第三三級フリーメイソンの位階を授けられ、制服が古びてきたときにはサンフランシスコ市から新しいものを提供されてもいる。二〇年あまり皇帝の座にあって一八八〇年に亡くなったときには、三万人の市民が通りを埋め尽くして葬列に加わった。マーク・トウェインはノートンをモデルにして『ハックルベリー・フィンの冒けん』（研究社）の「王様」のキャラクターを作り、それによって皇帝は永遠の命を得た。

この男はいささか謎めいた存在である。詐欺目的や冗談で皇帝を自称したとは思えない。自分が正当な皇帝だと心から信じ、そうであるからには地位にふさわしい生き方をする義務があると本気で考えていた。ノートンに対する市民の反応からも、ただ変わり者に調子を合わせてやるという以上の心理が働いていたことがうかがえる。アメリカの風刺的な哲学者グレッグ・ヒルは、「ディスコルディア会ジョシュア・ノートン秘密結社」を創始して自らが唯一のメンバーとなった人物で、一九六九年に次のように嘆いている。「ミッキーマウスは誰もが理解する。ヘルマン・ヘッセを理解する者は少ない。アインシュタインを理解する者はほとんどいない。そしてノートン皇帝を理解する者は一人もいない」

ヒルにとっては腹立たしいことに、ノートン一世がアメリカ合衆国皇帝として公認されることはなかった。その状態に最も近づいたのは一八七〇年の国勢調査のときで、この際にはノートンの職業が「皇帝」と記載されている（ただし狂人であるとも付記されている）。アメリカは大英帝国に反旗を翻すかたちで建国したので、皇帝という概念に抵抗を感じていた。そして二〇世紀半ばに至るまで、自国の対外政策は孤立主義だとの立場を強調していた。ウッドロー・ウィルソン大統領が一九一六年に再選を果たしたときも、「彼は我々を戦争に行かせなかった」というスローガンを掲げて自らの孤立主義的姿勢をアピールしたほどである。もっとも、アメリカが一八九八年の米西戦争に勝利したあとにフィリピンなどの島国を併合したのは、帝国主義的な行為としか表現のしようがない。それに、パナマ運河の建設に先立つ一九〇三年に、コロンビアからパナマを分離独立させようと画策したのも、孤立主義の典型的事例とはとうてい言いがたいものだ。ただ、たとえ実際の行動が帝国主義の誹《そし》りを受けるべきものだったにせよ、それは自らの建国の神話となじまない。だからこの国は皇帝を認めるわけにはいかなかったのだ。どれほどそれらしく見えようとも。

アメリカの東海岸にやって来た最初の入植者たちは帝国主義的な欲求を抱いていたものの、自らに縛りをかけるような言い訳でそれを正当化していた。彼らの唱えた「自明の運命《マニフェスト・デスティニー》」とは、北米大陸全体に領土を広げることだ。今そこに誰が住んでいようが、誰が土地の所有権を主張しようが、そんなことはお構いなしである。ただしそれは太平洋に達するまでのこと。帝国の領土が大西洋から太平洋にまで及んだ暁には、もはや拡張するつもりはない。次は、量ではなく質を高めることに集中する。目的はあくまで、聖書にある「光り輝く丘の上の町」〔清教徒《ピューリタン》が築こうとした理想社会〕になることだ。人類が成し得る最高の国家を築きたいのであって、最大になりたいわけではない。このスタンスが、二〇世紀初頭の世界においてアメリカを例外的な存在にしていた。

というのも、アメリカの外に目を転じれば、当時の世界にはまだ帝国と皇帝がひしめいていたからである。

オスマン帝国は、現在のアルバニアやマケドニアからトルコにかけて広がり、南はイラク、シリア、パレスチナを通ってアフリカにまで版図が及んでいた。その北側に横たわるのがオーストリア＝ハンガリー帝国である。領土は現代におけるいくつもの国家にまたがり、北はチェコ共和国から南はボスニア・ヘルツェゴビナまで、西はイタリアの一部地域から東はルーマニアとウクライナの一部地域までを覆っていた。地理的に見ると、オーストリア＝ハンガリー帝国はヨーロッパで二番目に大きい国家だった。これを上回るのは東に控える広大なロシア帝国だけで、当時の皇帝はニコライ二世である。北西には、ヴィルヘルム二世のドイツ帝国が、そしてその向こうには、高齢のヴィクトリア女王が治める領土がある。「グレートブリテンおよびアイルランド連合王国女王ならびにインド女帝」というのがその正式な肩書だ。中国では西太后が政治の実権を握り、名称は変われど二〇〇〇年以上続いてきた統一王朝に君臨していた。日本の明治天皇はまだ神聖なる存在とされ、国の統治権者だった。

帝国の歴史において、植民地主義は比較的新しい思想である。植民地主義にしろ帝国主義にしろ、言葉を厳密にどう定義するかは今も学者のあいだで激しい議論が戦わされている。だが本書では、地理的に隣接していない国境外の地域に帝国の版図を広げること、という意味で捉えようと思う。この考え方が登場したのは一五世紀のこと。当時、十分な武装をしたヨーロッパの兵士を世界の遥か彼方に船で運べるようになった。スペインとポルトガルの支配者たちは、南米とアフリカのかなりの土地を領土だと主張する。インドは、それ自体がムガル人の帝国主義の産物だったが、一九世紀にイギリスの統治下に入った。一九世紀を迎える頃には、ヨーロッパのさまざまな国がアフリカの諸地域を好きなようにつまみ食いするようになっており、そうしないことのほうが異常に思えた。しまいにはフランスのような共和国までもが植民地主義に染まり、普通なら帝国主義と言いたくなるほどの領土の掴み取りに耽ることになる。

歴史を振り返ると、世界はつねにこういう方法で自らを組み立ててきた。ほかのやり方があったことを示す証拠はほとんど見当たらない。マケドニアのフィリッポス二世は紀元前三三六年、息子のアレクサンドロス大王にこう話したと伝えられている。「息子よ、自ら新たな王国を求めるがよい。余が譲り渡すものはそなたには小さすぎよう」。アレクサンドロスは、知られていた世界すべてを征服するのは叶わなかったにしても、相当に頑張ったことは間違いない。戦略と、強い意志と、優れた軍隊によって、自分のものではない領土を次々と手中に収めていった。これは当時のみならず後世においても、賞讃されるべき立派な行為とされた。数千年の歳月が流れるあいだも、アレクサンドロス大王が盗人《ぬすっと》呼ばわりされることもなければ、殺人鬼やサイコパスのレッテルを貼られることもない。それは、ローマやペルシャやエジプトを治めた皇帝たちについても同じである。アレクサンドロスが生まれるずっと前から、皇帝は人間社会の当然の一部として存在していた。だとすれば、未曽有のレベルで人が世界中を移動していた一九世紀には、ノートンが名乗った皇帝の称号に象徴的な効力がまだ残っていたとしても、驚くにはあたらないのかもしれない。

ところが、その体制は幕を閉じた。

皇帝という概念は世界の歴史の隅々にまで深く刻み込まれていたのに、わずか数年で崩れ去ったのである。第一次世界大戦が始まったのは一九一四年七月二八日。そして、一九一八年一一月一一日に終戦を迎える頃には皇帝の名声は地に堕ち、もはや失地回復の見込みもない。いつの時代も皇帝こそが世の中のルールだったのに、それがまたたくまに消えてしまった。

ロシアのニコライ二世と家族全員は、一九一八年にボリシェヴィキが権力を握ったあとにエカテリンブルクの館の地下室で銃殺された。中国の統一王朝も、清朝が数年の内紛ののちに一九一二年に滅亡して終焉を迎え、代わって中華民国が樹立された。オーストリア＝ハンガリー帝国は一九一八年の終戦とともに崩壊し、オスマン帝国は一九二二年に解体されている。ドイツ帝国のヴィルヘルム二世は、連合国側に引き渡されて絞首刑に処せられる道は回避できたものの、余生を亡命者として過ごすことを余儀なくされた。二〇世紀の幕開けに世界の主要な帝国を治めていた西側の王朝の皇帝や女帝のうち、銃声が止んだときもまだ玉座に留まっていたのはイギリスの王だけである。とはいえ、大英帝国もその後の数十年で徐々に縮小と消滅の道をたどった。同様の運命に見舞われたのが大日本帝国である。第一次世界大戦は無傷で切り抜けたが、その命脈は第二次世界大戦の終わりまでしかもたなかった。

どうしてこれほど急激な変化が起きたのか。第一次世界大戦の複雑にもつれた余波を解きほぐす前に、まず一歩後ろに下がって、なぜ皇帝がこれほど普遍的な存在になったのか、そしてその没落をもたらしたのがどんな変化だったのかを考えてみたい。そのためには、二〇世紀についての本とは思えないくらい前の時代に遡る必要がある。だが我慢してついて来てほしい。なぜなら、人間を組織するためにこれだけ長く続いてきた仕組みが唐突に終わった理由を考えると、すでに見てきた科学者や芸術家たちが向き合った問題と意外な類似点が浮かび上がってくるからだ。

二つの世界大戦の違い

人間の社会の発展を一本の物差しだと考えてみてほしい。人口が増えるほど、社会は複雑になっていく。

物差しの片方の端に位置するのが小規模な狩猟採集の一団だ。人数はせいぜい数十人程度である。こうした集団には階級制度や指導組織のようなものがなく、あるとしても、家族生活における普通の人間関係のなかから生まれるものの域を出ない。財産は共有され、意思決定も皆で行なうので、形式的な組織など作らなくていい。

数十人だった集団が数百人規模に膨れ上がると、その一団は部族となる。まだ意思決定のプロセスは平等だとはいえ、部族のなかには「親玉」的な存在が現われるようになる。親玉は正式な肩書を持つわけではないが、争いの解決や計画の立案に積極的に関わることが多い。そういう役目を担うことになるのは、その男性(ときに女性)の資質や性格によるものだ。必要なときに、その仕事に最適な人物が立ち上がるわけである。だからといって、この人物が何らかの特別な報酬を受け取るわけではない。服装もほかと変わらず、同じ量の作業をこなし、似たような小屋や住居に暮らしている。

数百人から成る部族社会が数千人規模の首長社会へと発展すると、軋轢が生じる余地がかなり大きくなる。日々目にする人間のほとんどを知っていた時代はもはや昔のことだ。進化生物学者のジャレド・ダイアモンドは次のように指摘している。「七五〇〇年ほど前に首長社会が誕生したとき、人々は史上初めて、見知らぬ人間を頻繁に見かけても殺そうとせずにいるにはどうすればいいかを学ばなくてはならなかった」

この規模の集団では作業の分化が進み、富の分配も以前ほど公平ではなくなってくる。ついに、ほかの者たちとは別個の存在である「首長」という正式な役割が必要になった。首長は一般とは異なる服装をし、より贅沢な暮らしを送り、象徴的な意味で首長社会そのものである。集団を代表して決断を下し、近隣部族の思惑といった内部情報にも往々にして通じ、それを集団の面々と分かち合うことはない。首長は集団の同意のもとに支配し、いつ他者に取って代わられてもおかしくないのが普通だ。一七世紀の海賊船長や、現代の暴走族リーダーと似たようなものである。

人口が増加するにつれて通貨や交易が形を成していくと、意思決定の権限を持つ首長は自ら財を蓄えることが可能になる。権力が富や特権と結びついたとたん、首長の責任を進んで肩代わりしようとする者が大勢現われた。指導者が長く命脈を保ちたければ、自分の統治を民に支持してもらわなければならない。それを大いに助けたのが文化や宗教の組織であり、世襲制や重武装した護衛だった。だが、一番重要だったのは保護の原則である。民衆が担ぎ上げたくなるのは、内外の脅威から自分たちの利益を守ってくれる指導者だ。首長（この頃にはすでに「領主」「国王」「君主《スルタン》」といった仰々しい肩書がついている）がそれを実現するには、法律を提供する必要があった。

これは支配する側とされる側の取引であり、フランス語で言うところの「ノブレス・オブリージュ」だ。つまり、特権には義務が伴うという認識である。権力者が安定と安全をもたらし、公正で平等な法律を与えてくれるなら、お返しに民衆は忠誠を誓う。この忠誠が後ろ盾となって、支配者は自らが渇望する富や、権力や特権を追求しても許されるようになる。王が本心で望んでいるのは、戦争をしてほかの王たちを服従させることだ。王がほかの王を自らの保護下に置いたとき、もっと荘厳な肩書を名乗れるようになった。それが皇帝であり、ドイツ語ならカイザー、ロシア語ならツァーリである。

もちろん、民衆の支持を得ていた帝国ばかりではない。浪費に明け暮れたり、不当な仕打ちをしたりする帝国はその最たるものだ。だが、それでもある程度の存在価値はあった。たった一人の支配者が広大な領土を治めていると、よくある地域間の小競り合いや権力闘争をしたところで意味がない。結果として、安定と成長の時代が訪れる。モンティ・パイソンの映画『ライフ・オブ・ブライアン』のなかで、過激派集団の「ユダヤ解放戦線」がこんな疑問を投げかけたのを思い出す。「俺達のためにローマ人がいったい何をしてくれたって言うんだ？　……下水設備と医療と教育と灌漑と公衆衛生と道路と真水の水道と風呂と治安以外に？」

帝国の大きな問題は、民が個人として見てもらえなかったことである。代わりに、帝国の巨大な階級制度のなかの役割として存在していた。誰もが「分をわきまえる」ことを期待されている。たまたま自分の役割が領主や主人ではなく農奴や小作農だったとしたら、それをどうにかする手立ては無きに等しい。一七世紀後半に啓蒙思想が台頭し、合理性や人権という概念がしだいに受け入れられるようになるにつれ、この状況は波乱の火種となっていった。

法律と安定と正義を提供する義務を支配者が果たせなかったとき、体制の欠陥が露わになる。それが小さな首長社会で起きていた分には、やたらと強そうな護衛一人が首長の地位を（つまり首長の首を）守るだけだったからまだよかった。ところがその支配者が皇帝であり、強大な軍隊を意のままに動かせるとなると、玉座から追い出すのは相当に難しくなる。小規模な集団ではうまく行っていた仕組みが、規模が大きくなるにつれて根本的な不備を抱えていたことが露呈するわけだ。

民衆が支配者を排除できないところまで王国の規模が大きくなると、公正に統治しなければならないという義務感が薄れてくる。結果的に支配者は、「王の神権」というような教義に惹かれていく。要は、支配する権利は神からじかに下されたものだから、王は民衆の意志でどうこうできる存在ではないということだ。それを民衆が信じたとき、平等な統治という概念はすべて崩れ去った。支配者は生まれながらに民より優れていることになるからである。少なくとも支配者自身と、その権力によって金銭的な恩恵を受ける人々の目にはそう映った。大神学者が養豚農家の神権について語らなかったのも無理はない。

この体制は二〇世紀に入っても続いた。代表議会制の発展によって多少は帝国色が薄まったにせよ、世界を第一次世界大戦へと向かわせたのは皇帝たちである。

一九世紀には、少なくともヨーロッパでは比較的平穏な時期が続いていた。ナポレオンが敗れたあとも、普仏戦争や第二次イタリア独立戦争のような戦争はあるにはあったが、いずれも期間は短い。数週間とは言わないまでも、ほとんどはせいぜい数か月で終息を見ている。一九世紀に戦争が長引いたのは北米だけだ。しかもそれは内戦であって、領土拡張を図る帝国主義的なものではない。一九一四年八月に英国外務省がドイツとの開戦を発表したとき、大勢の民衆がバッキンガム宮殿の前に詰めかけて王に歓呼の声を送った。この戦争がこれまでと違うものになるなどと、考える理由はほとんどなかったからである。政治家のなかには、内心ひそかに戦争の長期化を危惧する者もないではなかった。しかし、志願して入隊した大勢のヨーロッパ人の思いは別で、それをイギリス北ランカシャー愛国連隊の一兵士ジョー・アームストロングが端的に代弁している。「そうですね、私もみんなと同じ気持ちでした。みんなこう話していたんです。〝クリスマスまでには終わるだろうから、そしたらすぐに帰ってこないと、いろんなものを見損なう〟って」

志願兵の登録所では歓喜の声が響き渡り、この戦争に対する民衆の意気込みが相当なものだったことがうかがえた。イギリスでは「仲良し部隊」なるものが結成された。これは、同じ工場で働く仲間同士や、サッカーチーム、あるいはほかの何らかの組織のメンバーが一緒に志願すると、全員が同じ部隊に配属されるというものだ。おかげで、この戦争がちょっとした冒険であるかのような感覚が醸し出されていた。仲良し部隊には、「リバプール・パルズ（リバプールの仲間たち）」「グリムズビー・チャムズ（グリムズビーの親友たち）」「フットボール・バタリオン（サッカー大隊）」「ブリストルズ・オウン（ブリストル自身）」といった学生のサークルめいた名前がつけられ、それを見ると、このあと待ち受ける悲劇的な運命がなおのこと胸に迫る。志願兵募集のポスターの調子（「君はもちろん国王と国のために戦うだろう？　少年たちよ、一緒に来たまえ、まだ間に合ううちに」）は、来るべき恐怖とはあまりにもかけ離れている。それを言うなら、当時のイギリスの女性が行なっていたことも迫りくる現実と乖離していた。彼女たちは、制服を着ていない男性に卑怯者の目印として白い羽根を手渡したのである。戦時のイギリスは伝統的に職業軍人に頼っていたので、一〇万人の志願兵を募りたいという一九一四年八月の議会請願は前代未聞のものだった。だが蓋を開けてみれば、九月末の時点で七五万人以上の志願兵が入隊していた。こうした兵士たちは戦車など見たことも聞いたこともなく、空中戦や化学兵器という概念もない。戦争が全世界を巻き込み得ることなど、想像の外である。前例のない出来事が始まろうとしていた。

今振り返ると、開戦を正当化する根拠があれほど薄弱だったのに、よくもこれだけ熱狂できたものだと思う。イギリスが参戦するのはベルギーを守るためであり、そのベルギーはフランスとロシアへの進軍を目論むドイツに脅かされていて、なぜドイツがそうするかと言えばロシアがオーストリアに宣戦布告したからであり、そのオーストリアは、自国民がボスニアでセルビア人に射殺されたのを受けてセルビアに侵攻している最中だった。まったくもってややこしく、歴史学者はその後一世紀にわたってどうして大戦が始まったのかと議論に明け暮れることになる。ドイツのフリッツ・フィッシャーに代表されるように、ドイツ帝国の拡張主義に原因があるとする歴史学者はいるが、帝国の拡張主義という話になればほかの交戦国も完全な白ではあるまい。ケンブリッジ大学の歴史学者クリストファー・クラークは、この戦いの主唱者たちは底知れぬ深みへと夢中歩行していたのだと指摘している。「自分たちが世界にどれほどの恐怖をもたらすことになるのか、その現実に少しも気づかぬままに」。この大戦に関しては、事の責任を一人の悪人に負わせることはできない。クラークはその点を次のように表現している。「一九一四年の大戦勃発は、アガサ・クリスティの戯曲とは違う。クリスティの物語なら、温室に転がった死体を見下ろすように犯人がピストルを手にして立ち、銃からは煙が上がっているという光景が最後に待っているだろう。……こういう切り口で考えると、大戦の勃発は一つの悲劇だったのであって、犯罪ではなかった」

そもそも、大戦の引き金を引いた最初の銃撃事件自体が滑稽なものだった。暗殺犯は、ガヴリロ・プリンツィプという名のボスニア出身の民族主義者である。プリンツィプはオーストリアのフランツ・フェルディナンド大公の暗殺を狙っていたが、仲間の手榴弾が的を外れて殺害しそびれたために、いったんは諦めてカフェに向かった。よく言われるのは、このときプリンツィプがサンドイッチを食べていたというものである。もしそうなら間違いなく史上最も重要なサンドイッチだったろうが、実際は何も腹に入れずにカフェの外に立っていたというのがありそうな話だ。このとき大公の運転手が道を間違え、まったくの偶然からそのカフェのある通りに入ってきてしまい、プリンツィプの前に車を止めた。暗殺犯は相当に面食らっただろうが、おかげでフェルディナンド大公と妻のゾフィー（通称ホーエンベルク公爵夫人）を射殺することができた。この暗殺が巡り巡って、三七〇〇万人あまりの命を奪うことになる。

一世代あとに、ヨーロッパは世界を二度目の世界大戦へと向かわせた。第二次世界大戦からは、固い意志と果断さに貫かれた前向きな調子の芸術や文学が生まれている。「ウィール・ミート・アゲイン」といった曲もそうだし、『暁の出撃』や『プライベート・ライアン』などの映画もそうだ。そのどれもが強調しているのは、異論の余地のない明確な目的意識である。そしてその根底には、どれほどの犠牲を払おうともファシズムを止めなければならないという認識があった。それとは対照的に、第一次世界大戦から誕生したのは、エーリッヒ・マリア・レマルク作の『西部戦線異状なし』(新潮社)のような小説と、ジークフリード・サスーンやウィルフレッド・オーエンの戦争詩である。いずれも、あまりの恐怖と衝撃で途方に暮れた兵士の視点から戦争を考察している。第一次世界大戦の兵士たちにとっては、いくら歴史を振り返っても、自分たちが経験したことを説明してくれるような類似の事例が見つからない。レマルクは、サスーンやオーエンと相対する側で戦ったが、兵士を苦しめた疑問はどちらの側でも同じだった。第一次世界大戦に加わった兵士たちは、すべてが同じ気持ちで戦争を受け止めたように思える。それは、塹壕のどちら側にいようと関係がなく、サスーンのような上流階級の詩人に語られようが、アイヴァー・ガーニーのような労働者階級の詩人に綴られようが変わらない。とくに重要な作品は、終戦後数十年が過ぎてから発表されたものが多い。戦争が終わってかなりの年月が経っても、自分たちの身に起きたことの意味を誰もがまだ掴みかねていたのである。

第一次世界大戦と第二次世界大戦を取り巻く雰囲気の違いは、二本の傑作戦争映画を比べると際立つ。どちらもおおむね似たようなあらすじで、捕虜になった将校が捕虜収容所から脱走するという話だ。この二本の特徴がいかに異なるかは、タイトルを見るだけでも歴然としている。一方は、ジョン・スタージェス監督による一九六三年公開の映画で、第二次世界大戦を舞台に連合国の捕虜の脱走を描き、そのタイトルは『大脱走』。もう一方は、ジャン・ルノワール監督による一九三七年公開の映画で、第一次世界大戦で捕虜となったフランス軍兵士の物語であり、そのタイトルは『大いなる幻影』だ。

ドイツ空軍のエースパイロットだったレッド・バロンは、泥と塹壕の日々とはかけ離れた雲のなかで八〇機を撃墜する活躍をした。だがこうした空の男たちを除けば、第一次世界大戦からは大衆の人気を博すような夢のある物語が生まれなかった。むしろ物語としてではなく、静止した視覚的シンボルの連なり――激戦地のフランドル地方に咲き乱れていた赤いポピー、ぬかるんだ戦場、影絵のような兵士、塹壕、墓――として戦争が記憶されている。物語らしきものに一番近づいたのが、自然発生的に始まった非公式のクリスマス休戦だ。このとき両軍ともが塹壕から出て打ち解け、一緒にサッカーをしたりした。この休戦が第一次世界大戦の忘れ得ぬ思い出として庶民のあいだで語り継がれてきたのは、戦い自体ではなく戦いとは正反対の出来事だったからである。それはそうだろう。ガリポリの戦いや、パッシェンデールの戦いや、ソンムの戦いで起きたことなど、美しい物語にしようがないのだ。戦闘がいかに無意味なものだったかを示す好例がある。兵士たちが塹壕に行進していくとき、「蛍の光」のメロディに載せ、泣き言を排したユーモアを込めてこんな歌を歌っていたのだ。「俺達がここにいるのはここにいるから、なぜってここにいるから、なぜってここにいるから……（We're here because we're here, because we're here, because we're here...）」

レマルクやサスーンといった兵士作家や、ヴェラ・ブリテンのような看護師作家は、自分たちの利益のために制服を着たのではない。国王やカイザーや皇帝がそうしろと言ったからだ。ほとんどは愛国心と忠誠心に燃え、戦争に対する民衆の圧倒的支持を背に志願して入隊した。戦いが長引いて一九一四年のクリスマスを過ぎると、自分たちは価値あることをしているという思いが揺らぎ始める。一九一七年を迎える頃には、それは消え失せていた。初期の戦争詩には、当然ながら名誉や栄光といった概念を扱ったものもある。たとえばルパート・ブルックの「兵士」などがそうだ（「もしも僕が死んだら、僕を思い出すときにこのことだけを考えてほしい／異国の戦場の片隅に／永遠にイングランドの土があるのだと」）。だが、戦争の現実が白日のもとにさらされたとき、兵士詩人たちはこうした姿勢を捨てた。ブルックがガリポリの戦いに向かう途中で一九一五年に亡くなったのに対し、彼らはさまざまなことを目の当たりにできるほど長く生きたのだ。

戦争の工業化と民主主義

第一次世界大戦の現実が当初の期待とこれほど違ったのはどうしてだろうか。戦争の性質からいって、クリスマスまでに終結するとの見方が当時は大勢《たいせい》を占めていたのに、なぜそうならなかったのか。答えの一端は科学技術にある。史上初めて戦争が工業化されたのだ。

二〇世紀より前の時代、科学技術は進歩をもたらすものと認識されていた。確かに、新しい発明による影響を恐れて抵抗する動きはあった。たとえば一九世紀初頭のイギリスでは、伝統産業に機械を導入することに反発する集団（「ラッダイト」と呼ばれた）が機械の打ち壊しに及んだ例がある。しかし一般には科学技術の進歩はプラスの力になると信じられ、経済成長を促すとともに、人類が自然界を手なずけた証しと見なされることが多かった。科学技術を利用すれば、私たちにできることの幅は大きく広がる。蒸気機関によって重い物も運べるようになり、自動車や自転車によって移動時間が短縮できる。望遠鏡や顕微鏡は、肉眼では捉えられない世界を見せてくれた。科学技術は力や正確さを与える道具であり、しかも私たちの命《めい》に従ってくれる。ところが、二〇世紀が幕を開ける頃から、科学技術は人間の支配をすり抜け始めた。豪華客船タイタニック号が処女航海で沈没したり、ドイツの旅客飛行船ヒンデンブルク号の凄まじい爆発炎上で乗客が焼き尽くされたりといった大惨事は、進歩が持つ負の側面を浮き彫りにした。今や科学技術は、自然災害並みに恐ろしい災禍を生み出す存在となったのである。優生学という疑似科学が登場し、特定の遺伝形質を好むことで人種の質を「向上」させようとし始めると、進歩というものが、共感や思いやりといった人間の感情を歯牙にもかけないことが明らかになっていく。

第一次世界大戦時の職業軍人は、馬術や剣術といった伝統的な戦争技術の訓練を受けて前線に赴いた。ところがまもなく騎兵隊は、戦車や毒ガス、あるいは機関銃に取って代わられる。徴集兵や志願兵の数は、すぐに職業軍人を上回っていった。もはや兵士は、雄々しく馬にまたがって敵兵目がけて戦場を疾駆するのではなく、ぬかるんだ塹壕のなかに隠れるようになる。その塹壕は何か月も、場合によっては何年も同じ場所から動かず、兵士たちはネズミに悩まされながら、食料や物資の深刻な欠乏にも耐えねばならない。さらにそこへ襲ってきたのが砲撃である。

兵士たちは、何時間も何日も何週間も続く砲撃の下で暮らした。近くに着弾すれば、耳をつんざくような音が炸裂し、遠くで爆発すれば重低音が轟いてくる。どの砲弾も何の前触れもなく、どこからともなく降ってくる。いつ何時、直撃を食らうかもわからない。飛び散った体の一部や死体は、泥や弾痕に紛れて見えなくなり、あとで別の爆弾が落ちるとようやく再び表面に現われる。この砲撃が残したものの一つが、世界中に点在する無名戦士の墓だ。墓は戦後に建てられたもので、そこに埋められた名もなき骨は、命を落としたすべての兵士を象徴している。遺族は悲嘆に暮れつつ、誰のものともつかない亡骸を訪ねて墓に詣でた。この大戦は、戦争からこれほどまでに人間性を奪ったのである。

砲撃が原因で神経衰弱状態に陥ることを指して、「砲弾ショック」という言葉が作られた。当時はこの状態が十分に理解されておらず、患者は臆病者呼ばわりされたり、「意気地なし」として片づけられ緊張病《カタトニア》に近いることもあった。以後、私たちはこの現象についてよく知るようになっている。症状は、ものから、パニックを起こして逃げ出すなどさまざまだ。現在では「戦闘ストレス反応」と呼ばれている。平たく言えば、科学技術のせいで、戦争が兵士にとって心理的に耐え難いほど悲惨なものに変わったのだ。志願兵の登録所が歓喜に沸いてからわずか数年で、このような世界戦争は二度と起こしてはならないという固い決意が芽生えていた。第一次世界大戦が「戦争を終わらせるための戦争」と呼ばれていただけに、人々はなおさらこの点を肝に銘じるようになった。戦争は歴史に深く刻み込まれ、つねに存在してきたものである。なのに、それを二度と繰り返してはならないなどという思い切ったことを人々が考えるようになったとき、人類の精神は間違いなく新しい段階に入った。

帝国主義的な世界を生み出したのも終わらせたのも、程度の大きさである。かつて人口増加によって平等な社会構造が壊れたとき、帝国が誕生した。そして科学技術の発展によって、戦争がもはや許し難いものへと変わったとき、帝国は幕を閉じた。歴史の大半を通して、帝国という体制は議論の余地のない避けがたいものだと信じられていたが、実際にはそうではなかったことが暴かれる。本当は、人類と科学技術が発展する過程で、一定の期間しか機能しない仕組みだったのだ。

工業化された世界で戦争をするのがもはや許容できないのだとしたら、皇帝にもツァーリにもカイザーにも、今手にしている権力をそのまま預けておくわけにはいかない。奴らは愚かにも世界を恐怖へと導いた。一度そうしたのなら、もう一度やるかもしれない。こうして、人類の歴史につねに存在してきた皇帝という概念は用済みとなった。ノートンが皇帝を名乗ったのが第一次世界大戦のあとだったら、食べ物や衣服を恵んでもらったうえにただで乗り物に乗れるなど、まったく考えられなかっただろう。

王を弑逆《しいぎゃく》する際の伝統的な手法は、絞首刑でも火あぶりでもなく斬首刑だ。イングランドのチャールズ一世が清教徒革命のあとで、またフランスのルイ一六世がフランス革命のあとで不幸にも気づいたように、国王を殺したければ首を斬り落とす必要がある。この行為は象徴的な意味合いが強い。実際の頭部を切り離すだけでなく、政治的な階層構造の「頭」を叩き落とすのである。絶対君主はオンパロスであり、それを中心にして社会が方向づけられていた。大臣たちと些細な諍いはあったにせよ、法律も、ときには宗教でさえも、皇帝が命じる通りのかたちを取ってきた。仮に皇帝のやり方が気に食わなくても、権力は皇帝のものだというのが人々の暗黙の了解だった。階層構造における自らの役割を認識し、それに従って自分の位置を決める。ところが、皇帝というオンパロスが消えたとき、社会は相対的でばらばらな個々の視点の寄せ集めと化し、そのどれもが信用と政治権力を勝ち取るべく争うようになった。

これこそが、二〇世紀初頭の数十年間に起きた変化の注目すべき特徴である。地球上のいくつもの広大な地域から皇帝たちが唐突に姿を消したことで、固定されたたった一つの絶対的視点が取り除かれた。これは、すでに本書で見てきたように、さまざまな分野で繰り広げられたのと同じ構図である。芸術と物理学、そして地政学的構造が、一見すると何の関連もなさそうな理由で、ほぼ同時期に同様の革命を経験したのだ。政治家たちは、アインシュタインやピカソや、シェーンベルクやジョイスが突き当たったのと同じ難問と格闘していた。つまり、あらゆる見方を服従させるような絶対的な視点が存在しないとわかった今、どうやって社会を続けていけばいいかということだ。相容れない立場同士を和解させるにはどうすればいいのか。それまでの考え方に根本的な欠陥が見つかったとき、どうやって前に進めばいい?

グリニッジ天文台の爆破を目論んで吹き飛んだアナーキストのマルシャル・ブルダンが、生きてこうした動向を目の当たりにしていたら、さぞ喜んだことだろう。だが、帝国が崩壊しつつあったとき、社会を再構築する手段として無政府主義に頼ろうという人間はほとんどいなかった。早急に求められたのは安定である。オンパロスというヘソを消したとき、あとに残るのは複数の視点という混沌たる雑音だ。この状況を乗り切るには、民主主義のような制度が必要になる。

限定的な民主主義ならば何世紀も前から発展を続けていたが、参政権は地主のような上流階級に限られることがほとんどだった。今や、普通選挙権を求める長年の運動がついに実を結ぶ時がきた。普通選挙権とは、教育や性別や財産に関係なく成人に選挙権を与えるというもので、一九一八〜一九年にかけてヨーロッパのさまざまな国(イギリス、ドイツ、オーストリア、ハンガリー、ポーランド、オランダなど)で導入されていった〔なお、フィンランド、ノルウェー、デンマークなどでは一九〇六〜一九一五年に実現〕。アメリカでは一九二〇年に実現したものの、南北戦争時に旧南部連合国だったいくつかの州では黒人を除外する制度を設けた(これはのちに違憲と判断されている)。女性が完全な参政権を勝ち取るのは男性より長くかかることが多かった。たとえばイギリスでは、一九一八年に成人男性全員が選挙権を得たのに対し、女性による年齢制限のない権利は一九二八年まで待たねばならなかった〔一九一八年の時点では、女性は三〇歳以上で戸主か戸主の妻が条件だった〕。フランス、アルゼンチン、日本などでは、第二次世界大戦が終わるまで女性に投票権はなかった。こうした差異はあるにせよ、帝国が崩壊しつつある世界を脱するのに共産主義の道を選ばなかった国々にとって、進むべき方向は明確だった。

工業化された戦争をすることのできる世界では、絶対的な支配者に権力を委ねるわけにはいかない。皇帝による単一の見方よりも、民主主義による複数の視点のほうが安全だ。皇帝たちが去ったあと、こうして政治権力は個人の手へと再配分された。

INDIVIDUALISM

第4章 個人主義 男も女も一人ひとりが一個の星

汝の意志することをなせ

アレイスター・クロウリーはイギリスの詩人にして登山家であり、オカルティストでもある。そのクロウリーが一九〇四年四月、一冊の本を口述筆記した。クロウリーによればそれは、人間ではない「アイワス」という知性体から授けられたものである。アイワスはクロウリーの聖守護天使であり、「知性と力の化身にして、人間と呼び得る何がしかよりも遥かに鋭敏で偉大なもの」だった。

霊、天使、不可思議な生命体など、人間ならぬ存在からメッセージを受け取ったと言い張る者はいつの世にも少なからずいる。それは二〇世紀初頭も例外ではなかった。一九一三年には、スイスの精神分析医カール・ユングが幻を見て、フィレモンという名の存在の声を聞いた。フィレモンは、雄牛の角とカワセミの翼を持つ年老いた男性の姿をしており、精神の本質についてユングと深遠な議論を交わしたのだという。一九二五年には、アイルランドの詩人W・B・イェイツと妻のジョージーが、自動書記を通じて霊と交信している。霊は交信の準備が整うと、イェイツの家をミントの香りで満たして知らせてくれるのだ。

クロウリー、イェイツ、ユングがそれぞれ授かったメッセージを読んでみると、不思議とクロウリー、イエイツ、ユングが書いた文章そのものに見える。完全に外部の何者かと交信したとはどうも思えない。もっとも、人間以外の何かが、人間の精神を真似してそれを揶揄するためにわざわざコンタクトを取ってきたというなら話は別だが。だとしても、そういう存在がなぜそんな奇妙なユーモアのセンスの持ち主なのかは、いまだ解けない謎である。

クロウリーがアイワスの言葉を聞き書きしたというその本は、一般に『法の書』(国書刊行会)と呼ばれている。というのも、正式名称の『二二〇の姿のもとに九三＝418から六六六に伝えられたエルもしくは法の書 (*Liber AL vel Legis, sub figura CCXX, as delivered by XCIII=418 to DCLXVI*)』は、いかにも冗長だからだ。この本はカイロの宿に三日間滞在して完成させたもので、全三章から成り、それぞれが一時間ほどで書かれた。文章は力強く、不穏な調子に貫かれ、ところどころ背筋が寒くなるような箇所がある。また一語一語が短く、飾り気がない。そのため全体に断言的で、歯切れのいい語り口になっている。声に出して読むとそれがなおさら際立つ。その簡潔な文体は、最も有名な次の一文によく現われている。

「汝の意志することをなせ。それが法のすべてとなろう」

クロウリーが妻のローズとともにカイロの熱い喧噪に足を踏み入れたのは、一九〇四年二月のことである。モスクと城塞で有名なこの古い都には、ちょうど開発と近代化の波が押し寄せていた。繁華街の一部はパリを模して再建され、広々とした優美な大通りにガス灯が並ぶ。ほかの街区はまるで対照的で、曲がりくねった狭い通りが続き、市場が人でごった返している。時は植民地時代の最盛期。当時のカイロはイギリスの統治下にあり、素晴らしい戦利品と見なされていた。裕福なヨーロッパの旅行者はこの地のロマンに惹かれ、古代の世界七不思議のうち唯一現存するギザのピラミッドを探検するのに憧れた。クロウリーがこの地を訪れた目的は、現地の宗教を学んでゴルフを楽しむこと。そして宝石を散りばめたターバンを巻いて絹の外衣をまとい、金襴《きんらん》の外套を羽織って、ペルシャの王子よろしく街を闊歩することだ。ところがあるとき、ローズが思いがけないことを言い出す。何者かが自分に交信してきて、ホルス神に関する不思議な金言のようなものを語っている。そしてホルス神はあなたに言葉を伝えたがっている、と。

ローズはエジプトの宗教になど何の関心も持っていなかっただけに、クロウリーはなおさら驚いた。そこで、妻の知識を試そうとブーラーク博物館（現エジプト考古学博物館の前身）に連れて行き、ホルス像を見つけてみろと促す。ローズは一目でそれとわかるホルス像の前を何体も素通りして、二階へ向かった。そこですぐさま、遠くの小さな展示ケースを指差して叫ぶ。「あそこよ！」。二人がケースに近づくと、普通なら気にも留めないような第二六王朝時代の木碑が収められていた。木碑には本当にホルス神が描かれ、棒を手にした鷹頭の男性の姿で玉座に座っている。ケースには六六六番という展示番号が付されていた。

クロウリーはこれにただならぬ意味を感じる。六六六はクロウリーにとって重要な数字であり、自らを「獣６６６」と呼んでもいた。だからローズが、いくつか指示を与えたい、と言ったとき、クロウリーは一言一句たがわずそれに従った。

クロウリーは、人気《ひとけ》のない寺院に部屋を借り、三日のあいだきっかり一二時から一時間そのなかに籠るよう命じられる。言われた通り三日間、毎日書き物机に向かい、聞こえてきたことをそのまま紙に写していった。相手は特段の訛りのない英語で話し、声は背後から響いてくるようである。クロウリーの言葉を借りるなら、その声は「深みのある声音《こわね》にして音楽的で表情に富み、口調はときに厳かに、ときに官能的に、柔らかいかと思えば激しく、伝える内容にふさわしい雰囲気を帯びる」。これはアイワスの声で、アイワスとはホルス神の使者である。こうしてクロウリーは『法の書』を一日一章ずつ書き上げていった。

クロウリーによれば、『法の書』は人類の精神が新たな段階に進化したことを告げている。人類はクロウリーが言うところの「ホルスの時代」に入ろうとしているのだ。その前の「オシリスの時代」は父権主義的な性格を持ち、帝国主義の時代に対応している。オシリスの時代には、人は階級制度のなかで自分の分をわきまえることを求められ、上の者に従うのが当然とされていた。それとは対照的に、ホルスの時代には子供のようにしていられる。自由奔放な自然体で、自分中心に生きて構わない。個人個人の意志を実行することこそが何よりも優先される時代なのだ。アイワスが語ったように、「汝の意志することをなせ」というよりほかに法などないからである。

クロウリーが高らかに宣言したのは、旧来のものに代わる新しいオンパロスの誕生だ。そしてそれこそが、二〇世紀を特徴づけていくことになる。つまり「個人」だ。階級制度の縛りが解かれたとき、無数のばらばらな個人が持つ複数の視点が残された。個人主義の哲学においては自己こそが中心であり、より大きな社会よりも優先すべき存在とされる。

個人主義をよしとする考え方は、何世紀もかけて少しずつ醸成されてきてはいた。その大元をたどれば、ルネサンスや清教徒革命にまで遡る。個人主義は啓蒙運動に後押しされ、フランソワ・ラブレーやマルキ・ド・サドといった作家たちの作品のなかにも見られる。しかし、それをとことん推し進めて、必然的な帰結にまで行き着かせようとした者は無きに等しかった。

クロウリーはキリスト教の伝統のもとに育ちながらも、それを乗り越えようとしていた。キリスト教は帝国主義と同じで、自分より階級の高い「主人」に服従するシステムだった。主人は自分に従う者を保護して助けるが、自分の命に背けば裁きや罰が待っていると脅しもする。キリスト教は時代の政治体制を忠実に移す鏡だったわけだ。まさに万物照応、「上の如く、下も然り」である。神聖ローマ帝国以来、西洋の王や皇帝たちがこの宗教を押しつけようと躍起になったのは、けっして偶然の一致ではない。そう考えると、帝国主義世界が終焉を迎えれば、西洋の霊的な規範も否応なく影響を受けることがわかるだろう。

クロウリーは、自ら開いた新しい宗教を「セレマ」と名づけた。セレマは新しい時代の産物であり、何人《なんぴと》に対しても跪《ひざまず》くことを求めない。その点で、キリスト教とは大きく一線を画していた。『法の書』の言葉にあるように、「男も女も一人ひとりが一個の星」なのである。

個人が何物にも勝ると宣言することは、人が所属したり支持したりしている社会集団の重要性が下がることも意味する。個人主義は当然の流れとして人を孤立させる性質を持つ。個人を中心に据えれば、より広い社会的なつながりにはおのずと焦点が当たらなくなる。そうなれば自分以外のすべては、切り離された別個の存在に分類される。自分をいい奴だと思っている人間にとっては、つい自分以外を悪と見たくなる誘惑に駆られることにもなる。このように、個人主義には自他の分離という側面があることをクロウリーは十分に認識していた。こう記している。「私は一人きりだ。私のいるところに神はない」

アイン・ランドと著名な信奉者たち

個人主義を重視するという点において、アメリカにはとりわけ豊かな土壌があった。前章でも取り上げたように、この国は帝国の厳格な階級制度とはどうしてもなじまない。アメリカ人の精神のなかに個人主義がどれほど深く根づいているかは、現代の都市計画を見てもわかる。ヨーロッパ式の環状交差点が敬遠されているのだ。実際には環状交差点のほうが信号機のある交差点より時間を食わず、事故が少なく、ガソリンも節約できる。なのに、それは胡散臭いまでにアメリカ的でないと考えられている。『ウォールストリート・ジャーナル』紙の自動車コラムニスト、ダン・ニールはこう指摘する。「これは自由と個人主義に基づく文化であって、自発的な協調は難しく、厳しい統制は反発を招く。……ハンドルを握っているとき、私たちが秩序正しい合流の仕方を忠実に守る見込みは薄い。たとえ全体にとっては環状型のほうが速いのだとしても、個人にとっては減速したり、ましてや譲り合ったりしなければならず、そんなことはまっぴらごめんなのだ」

F・スコット・フィッツジェラルドは一九二五年に小説『偉大なギャツビー』(集英社)を発表した。主人公の名はジェームズ・ガッツ。ノースダコタ州の粗末な小屋で極貧の幼少期を過ごす。一七歳のときに自分の過去を捨てようと、ジェイ・ギャツビーと改名した。やがて第一次世界大戦に服役中、デイジー・ブキャナンに出会う。デイジーはギャツビーとは対極の上流社会に属し、社交界にデビューしたばかりだった。ギャツビーは二人のあいだに社会的な溝があることを認めようとしない。そして、酒の密売で得た利益と意志の力で自らを仕立て直し、ロングアイランドの富裕層の仲間入りをして人も羨む暮らしを送る。

小説のなかでギャッツビーは何度か、入江の向こうの緑の灯りを自宅からじっと見つめる。灯りはブキャナンの屋敷と、それに象徴される理想的な上流社会を表わしている。ギャッツビーはこの灯りを執拗に追い求め、それを自分自身のオンパロスに据えた。そして、人生を賭けてそれを掴み取ろうとした。何としても手に入れたいというこの願いと、思い通りの自分になることをいかなる社会構造にも阻ませないという決意が、ギャッツビーという人物像の根幹にある。だから「自分の分をわきまえる」ことも、自分の目標を他人に決めさせることも頑として拒む。夢を叶えても、結局は過去の影を完全に断ち切ることができなかったわけだが、それでも「自分の腕一本で成功した男」になろうとするひたむきさが、やはりギャッツビーを「偉大」と呼ぶにふさわしい存在にしている。クロウリー同様、ギャッツビーの魂の中心にあるのは己《おのれ》自身の意志なのだ。

個人の自由を文字通りに徹底追求することを肯定して最も大きな影響を与えたのは、おそらくロシア生まれのアメリカの小説家アイン・ランドだろう。ランドは一九〇五年にサンクトペテルブルクに生まれ、本名をアリーサ・ジノヴィエヴナ・ローゼンバウムという。幼い頃、家は裕福で、実業家として成功したユダヤ人の父は薬局とそれが入った建物を所有していた。ところがランドが一二歳の一九一七年、幸せな少女時代は暗転する。十月革命が起きたのだ。これを境に父の財産は没収され、ランドの十代は先の見えない不安と絶望と、貧困にあえぐ日々となる。この経験からランドのなかには、共産主義や社会主義のような集産主義的思想への深い憎悪が根を下ろした。そうした思想はみな、自らの力で富を得て正当な蓄財をしている人々から、それを奪う口実にすぎないと感じたからである。

ランドはアメリカに移住し、脚本家として身を立てようとしたがうまく行かず、『賛歌（*Anthem*）』という中編小説を書いた。『賛歌』には、全体主義が支配する暗澹たる未来社会が描かれている。その社会では「私」という言葉の使用が禁じられ、代わりに「私たち」が用いられている。主人公は初め「平等七‐二五一二号」と呼ばれていたが、のちに自らをプロメテウスと称し、この集産主義の専制政治と対決することを誓う。「私は〝私たち〟という怪物とはもう決別する。なぜならそれは、隷属、略奪、貧窮、欺瞞、恥辱を意味する言葉だからだ。今の私には神の顔が見える。この神を大地の上に掲げよう。この神は、人間がこの世に現われて以来ずっと探し求めてきたもの。この神は、人間に喜びと平和と、そして誇りを与えてくれるもの。この神、それはこのたった一つの言葉――〝私〟だ」。平等七‐二五一二号がこのように宣言したとき、個人主義が本質的に自他を切り離すものであることを十分に理解していた。「私が人々のなかから選ぶのは、奴隷でもなく主人でもない。友だ。自分を喜ばせてくれる者だけを選ぼう。私はその友を敬愛するが、決して命令せず、従いもしない。互いが欲するなら手をつなぎ、互いが望むなら一人で歩く。なぜなら、心のなかの神殿では誰もが一人きりだからだ」

ランドは、他者の幸福に配慮するために個人の自由が制限されるようなことがあってはならないと信じていた。人目を引く短い黒髪、刺すような冷たい視線、そしてつねにタバコをくわえた姿から、ランドはたちまち熱烈な信奉者を獲得する。ランドは自分の個人主義的な哲学を「オブジェクティビズム」と名づけ、自ら言うところの「利己主義の美徳」を追求すべきだと説いた。クロウリー同様、ランドはキリスト教に代わる新しい道徳律を打ち立てることが自分の使命だと考えた。この点については、一九五九年に放映されたＣＢＳテレビのマイク・ウォレスとのインタビューでも明言している。ウォレスはこう尋ねた。「あなたは、現代アメリカの生活様式を支えるほぼすべての柱を壊そうとしていますね。ユダヤ教とキリスト教の伝統が結びついた文化しかり、政府が調整する修正資本主義しかり、多数派の意志による統治しかり。あなたが教会や神の概念を蔑視しているとの声も聞かれます。こうした批判は当たっていますか？」。ランドは答える。「ええ。私は新しい道徳規範を作ろうとしているのですから」

この頃クロウリーはすでに隠居し、サセックス州のヘイスティングズで下宿暮らしをしていたが、やはりランドを信奉する一人だった。一九四七年、亡くなる数か月前に、クロウリーはランドに手紙を送っている。「［ランドの小説］『水源』（ビジネス社）は、今までに読んだ小説のなかでも傑出しています。アメリカにいる友人たちは、主人公と私が重なると盛んに言います」。ランドの哲学は、のちにアントン・ラヴェイという悪魔教会の教祖をも感化することになる。ラヴェイの著書『サタンの聖書（*The Satanic Bible*）』は、当時の悪魔崇拝に最も大きな影響を与えた一冊であり、現在までに一〇〇万部以上売れている。ラヴェイの悪魔崇拝は、オブジェクティビズムに比べると人間より山羊に重きを置くきらいがあるものの、自分の宗教は単に「アイン・ランドに装飾を施したもの」にすぎないとラヴェイは進んで認めていた。

ランドの信奉者には悪魔崇拝者ばかりか、アメリカのキリスト教右派や実業家もいる。ロナルド・レーガンもその一人だった。また、連邦準備制度理事会の議長を一九年間務めたアラン・グリーンスパンは、ランドの私的な集まりのメンバーだった。さらに、共和党下院議員のポール・ライアンは二〇〇五年にこう語っている。「私はアイン・ランドを読んで育った。ランドの本には、自分が何者であるか、自分の価値体系は何か、そして自分の信ずるものとは何かについて教えられることが多かった。おかげでたくさんの気づきを得ることができた。だから、事務所の研修生や職員全員に対して、ランドの本を必読書に指定している。皆が最初に取り組む一冊は、[ランドの最も長い最後の小説]『肩をすくめるアトラス』(アトランティス刊)だ」

アメリカのキリスト教徒とランドの崇拝者とが重なっているのは不可解な気もするが、その理由はアメリカのキリスト教とヨーロッパのキリスト教の違いにあるのかもしれない。二〇世紀にはヨーロッパ各地で礼拝の参加者が激減し、その状況は北部のプロテスタントでも南部のカトリックでも変わらなかった。教会へ通うことは、かつては大多数の市民が普通に行なう習慣だったのに、少数の高齢者たちの特殊な関心事となった。ヨーロッパのキリスト教はつねに、階級制度に基づく帝国主義体制を映す鏡だった。したがって、帝国主義の崩壊した震源地で二〇世紀の教会が衰退したとしても、驚くにはあたらない。

アメリカの場合は違った。アメリカのキリスト教は、ヨーロッパ出身者を中心とする移民の文化のなかで発展してきた。移民たちは、より良い暮らしを求めて地球の反対側へ旅しようという進取の気質を持つと同時に、産業革命後のヨーロッパに誕生した権力構造が人を締めつけて管理しようとすることに反感を抱いていた。アメリカのキリスト教が、個人の自由を望む声にヨーロッパより理解を示すようになったのは当然の流れである。キリスト教徒がアイン・ランドに賛同できると聞くと、ヨーロッパの人間にとっては不思議であるし、アメリカのキリスト教徒の大多数にとっても信じがたいことに変わりはない。それでも、アメリカのキリスト教社会には、聖書から『肩をすくめるアトラス』へと問題なく移行できる一派が確かに存在する。ただし、「利己主義の美徳」は、「隣人を自分のように愛しなさい」という教えと相容れないのは間違いない。

ファシズムと意志の力

晩年が近づくと、クロウリーは自らの宗教「セレマ」の哲学の骨子をまとめ、一ページの明快で簡潔な文書を記して『オズの書（*Liber Oz*）』と名づけた。『オズの書』は短い五つの段落から成り、次のような文章で始まる。「人は自らの法に従って生きる権利を有する。すなわち、思い通りに生き、働き、遊び、休み、自分が望む時期と方法で死ぬことができる」。どれもたいそう魅力的に聞こえる。続く三つの章についても心惹かれるものであることに変わりはなく、人は好きなように食べ、飲み、住み、動き、考え、話し、書き、描き、服を選び、そして愛してよいと、事細かに権利を列挙している。

ところが第五段落まで進むと、そこには剥き出しの荒々しい言葉が綴られている。「人は、これらの権利を邪魔する者を殺す権利を持つ」。読む者はここではたと息を呑み、セレマは最初の印象ほど素敵なものではなさそうだと思うに違いない。

これは極端な例ではあるが、個人主義につきまとう大きな問題を浮き彫りにしている。つまり、いろいろな人の意志が相反するものとしてぶつかり合ったとき、どう妥協点を見出せばいいかという問題だ。ある人が自分の自由を一つの方法で表現しようとしたとき、それが別の人のしたいことを妨げてしまうかもしれない。セレマ教徒が殺す権利を主張するのは大いに結構だが、その犠牲者が自分の死を望んでいなかったらどうなるのだろうか。

クロウリーもランドも、相容れない複数の自由が対立したら力をもって解決すべきだと信じていた。自分のしたいことを誰かが邪魔しているときは、最も強い意志を持つ者が勝たねばならない。これはイタリアの政治家ベニート・ムッソリーニが好んだ考え方でもあり、ムッソリーニはファシズムという思想を構築した中心人物である。

ムッソリーニは、自分の意志を他者に力づくで受け入れさせようとしていることを隠そうともしなかった。「ここ数年の私の言動はすべて、直感に基づく相対主義だ。……すべてのイデオロギーには同等の価値があると同時に、すべてのイデオロギーは虚構にすぎない。この二つの事実から、現代の相対主義者は次のように推論する。誰もが自分のために自分自身のイデオロギーを作り出し、それをあらん限りの力で行使しようとする権利を持っているのだと」

ムッソリーニは首相に選ばれてから三年後、急速に発展しつつあったイタリアの民主主義に待ったをかけ、独裁者として自らの手で支配を始めた。ムッソリーニにとって独裁政治は、自由民主主義やロシアの共産主義に代わるものである。民主主義は脆弱で役に立たないというのがムッソリーニの考えで、それは一九二九年のウォール街大暴落の余波を受けて大勢の人が思っていることでもあった。この出来事のせいで世界中の経済が深刻な不況に陥り、とくにドイツ経済は手ひどい打撃を被った。

ムッソリーニは自分の政治信条を表現するのに「ファシズム」という言葉を作り出した。ファシズムの語源はラテン語の「ファスケス（fasces）」。帝政ローマ時代の力の象徴だったものだ。ファスケスとは細い棒を束ねて太い竿にしたもののことで、個々の棒よりも遥かに頑丈である。国民も独裁者の意向に沿って結束すれば、国家はもっと強くなるというわけだ。

アドルフ・ヒトラーの台頭は、ムッソリーニのファシズムが招いた面もある。ヒトラーは一九三三年にドイツの首相になると全体主義体制を敷き、市民生活のあらゆる側面を管理することでドイツ経済を立て直そうとした。全体主義国家は個人主義の対極にあるように思うかもしれないが、それは全体主義国家を動かしている側にいるか否かによる。クロウリーとランドからすれば、ヒトラーのような指導者は自分の意志を見事に実行している天晴《あっぱれ》な人物にほかならない。これもまた、見る者がどこにいるかによって何が見えるかが違ってくることの例と言えるだろう。

ヒトラーにとって不幸だったのは、絶対的な力に固執するサイコパスが自分一人ではなかったことである。レーニンの死後、徹底的にソビエト連邦の力の強化を図ったヨシフ・スターリンもまた、「汝の意志することをなせ」に没頭していた。スターリンとヒトラーの政治思想は一般に正反対のものと見なされるが、それぞれが率いる二つの全体主義国家が実際どのように運営されるかには驚くほど似ている面がある。ロシアの古いジョークではないが、資本主義は人が人を搾取するものであるのに対し、共産主義は人が人に搾取されるものなのだ。

二人の独裁者の最も重要な共通点は、何千何万、何百万という人間の命を屁とも思わなかったことである。二人とも国民を処刑し、しかもその理由はどちらも、「その人間が何をしたか」ではなく「その人が何者か」だった。ユダヤ人やスラブ人だから殺された場合もあれば、ブルジョワだから命を奪われた場合もある。だが何より決定的な理由は、ロシアもドイツも一枚岩の国家となるべくして再建されていたからだ。そこでは、スターリンとヒトラーの絶対的な意志に従うことが求められるのである。

スターリンとヒトラーがそれぞれの意志を押しつけ合う日がついに来たとき、歴史上のどんな出来事よりも悲惨な結末が訪れた。二人の独裁者の衝突を象徴するのがスターリングラードの戦いである。これは、一つの戦闘としては戦争史上類を見ない規模を持ち、最も多くの血が流れた。ソ連がドイツ軍の侵攻をスターリングラードで断固食い止めようとしたおかげで、最終的に東部戦線の戦況は変わり、ナチスがクリミア半島の油田に到達するのを阻むことはできた。だがその過程で、およそ一五〇万人の命が失われた。

ヒトラーとスターリンの衝突は、最終的には当然こうなるというところまで個人の意志を押し通し続けた結果であり、それが破滅を招く非人道的なものであることを白日のもとにさらした。幸いにも、個人主義をそこまで極端に推し進める者はまずいない。人間は概して現実的な生き物である。筋金入りの自由主義者であっても、道路の右でも左でも好きな側を走る権利がある、などとは主張しないものだ。そのせいでどんな厄介なことが起きるかを考えれば、敢えてやるほどの価値はないと気づくからである。自分の命や車に愛着があり、同乗する友人や家族に愛情があるならなおさらそうだろう。個人主義とは全面的な自由を追求することではなく、普通は個人の自由をどこまで譲り渡す必要があるかを考えるものだ。

利己と調和は矛盾しない？

個人主義は圧制を他者に押しつけるだけでなく、人々を鼓舞して圧制から脱却させる力も持っている。一九五五年のアラバマ州で起きたローザ・パークスの事件はその好例だろう。黒人のパークスは、人種隔離されたバスに乗っていて、席を白人に譲るように促されたのに席を立たなかった。この事例からは二つのことがわかる。一つは、個人主義には生得の道徳観が重要な鍵を握る場合があること。もう一つは、個人の行動がより大きな共同体の闘争として実を結ぶ場合があることだ〔ローザ・パークスの事件は黒人による公民権運動の契機となった〕。

それでもランドとその支持者たちは、文字通りの徹底した自分本位を追求することは理にかなっているうえに道徳的でもあるとして奨励した。ラヴェイの悪魔教会の信徒たちは、自分本位は道徳的な問題を孕む邪悪な行ないだと認めつつも、邪悪だからこそ自分本位が好きなのだと公言して憚らなかった。これとは対照的にランドの支持者たちは、道徳的な観点から言えば自分たちのほうが上だと主張し、自己の利益をひたむきに追いかけることによってのみ人類は潜在能力を余すところなく開花させられるのだと説いた。

利己主義を正当化するためによく使われる喩えに、「見えざる手」がある。啓蒙時代にスコットランドの偉大な経済学者アダム・スミスが提唱したもので、それが市場経済を導いているとした。この比喩が意味するのは、各個人が市場で利己的な活動を行なえば、それが積み重なって全体の安定をもたらし、社会に利益を与えるということである。これとよく似ているのが自然選択だ。自然選択の力が無目的に働くことで、より大きな生態系を安定させる結果につながる。これは、一九五〇年代から六〇年代にかけて、イギリスの生物学者W・D・ハミルトンらによって発展した遺伝子中心の進化観を踏まえたものだ。この考え方は、オックスフォード大学の進化生物学者リチャード・ドーキンスが一九七六年に発表したベストセラー『利己的な遺伝子』（紀伊國屋書店）を通して一般にも広まった。この本のタイトルもまた比喩である。なにもドーキンスは遺伝子が意図的に利己的なふるまいをすると信じていたわけではない。個々の遺伝子が複製されるという無目的な行為が、生態系の安定と繁栄をはからずも生み出していると言いたいのだ。

一九五〇年代初頭、アメリカの数学者ジョン・ナッシュは、競い合う非協力的なシステムについて研究した。これは「ゲーム理論」と呼ばれる数学の一分野であり、互いの信頼関係が皆無な状況で利己的な個人がどのように意思決定するかを模式化したものだ。ゲーム理論は、利己主義の追求には欠陥があることを数学的に証明した。見えざる手は導き守る側面を持つ一方で、害も与え得る。たとえば劇場で火災が発生したとき、利己主義に突き動かされれば他人を押しのけて出口に殺到する。しかし、観客が皆そのように行動したら、落ち着いて避難するより怪我人が増える。それと同じことが、株式市場の恐慌や銀行の取りつけ騒ぎにも言えるだろう。

個人の利益を追求した結果として自分自身が被害を受ける状況は、経済学で「共有地の悲劇」と呼ばれている。この喩えは、産業革命以前のイングランドに遡る。当時、羊飼いは自分の羊の群れを「共有の」牧草地で飼育していた。理屈から言えば、羊飼いはほかの羊飼いの群れに食い尽される前に、自分の羊に共有地の牧草をできるだけ多く食べさせるほうが有利である。だが、この論理を突き詰めていったらすべての羊飼いが損をすることになる。それは、共有地の草がたちまちなくなってしまうからだ。共有地をできるだけ長く使いたいなら、持続可能なやり方で利用を制限するしかない。そうすれば、個々の羊飼いにとって短期的にはあまり利益にならなくても、長い目で見れば非常に得をすることになる。そうしたシステムが存在しない状況で、自己の利益を最大化することのみが理にかなった行為だという考えに立てば、羊飼いは結局自分で自分の首を絞めることになる。もっと現代的な例を挙げるなら、企業は自身の税負担と従業員への賃金総額を減らしたいと望む。だがそうすれば、その会社の製品の需要を支える中産階級の購買意欲に打撃を与えることになるはずだ。

ランドの説いた「良識ある利己心」や、アダム・スミスの「見えざる手」のように、クロウリーにも自らの哲学が道義的に間違っていないことを裏づける理屈があった。「汝の意志することをなせ」というのは、「したい放題にせよ」とはまったく違うと強調したのである。そこには、クロウリーが「真の意志」と呼んだものの性質が関わってくる。「真の意志」は単なる欲望とは一線を画し、宇宙全体と調和した行為なのだという。それはごく自然に起こる行動であり、「結果を求めて」なされるものではない。クロウリーは自らの考えをこう説明している。「〝万物の動き〟に逆らわなければ、汝は神の意志の一部に、ひいては神の意志そのものになるだろう。……すべての男女が各々の意志、すなわち真の意志を行使すれば、衝突など起こらない。〝男も女も一人ひとりが一個の星〟であり、それぞれの星は邪魔し合うことなく定められた道を進む。どの星にも十分な空間が確保されている。混乱を生むのは無秩序のみだ」

この考え方は本質的に道教と同じである。クロウリーは、紀元前六世紀の中国の思想家である老子の発想を取り入れたうえで、そこにニーチェ哲学に基づく原ファシズム的なスタンスという、いかにも二〇世紀初頭らしい味つけを加えた。それは同時に、この男自身の悪しき世界観を映すものでもあった。というのも、新聞がクロウリーを「世界で最も邪悪な男」と呼んだのには理由があったからである。クロウリーは「獣」を自称していたが、もともとそのあだ名をつけたのが母親だったということが、何がしかを物語っていないだろうか。

何かと言うと、クロウリーには呆れるほど同情心がなかったのだ。それが露呈したのは、一九〇五年にヒマラヤ山脈のカンチェンジュンガを目指したときである。この山は世界第三位の標高を持つ危険な高峰だ。クロウリーは、オカルティストとしての世評が登山家としての業績より目立ってはいるものの、登山史における重要な人物だったことは間違いない。カンチェンジュンガ登山隊は服装も装備も不十分なまま、クロウリーとほかの隊員たちとの度重なる不和のなかで波乱含みの登攀を試みていた。ところが、海抜六五〇〇メートル付近に到達したときに悪天候が追い打ちをかけ、何人かの隊員とポーターが引き返すことを決める。その下山中に、ポーターの一人が足を滑らせて雪崩を引き起こした。結局、四人が雪に埋まり、生き残った二人による懸命な救出作業も空しく帰らぬ人となった。

この悲惨なドラマが繰り広げられているあいだ、クロウリーは上のキャンプに留まったまま自分のテントから出なかった。隊員たちの叫び声は聞こえていながら、敢えてそれに応えようとはしなかったのである。仲間の隊員を救出に行くことは、どうやら「真の意志」に沿う行為ではなかったらしい。登山家には、仲間を信頼するという資質が必要だ。そのため、仲間が助けを求めているのに無視するという姿勢は、ことのほか許されないものと見なされた。

同情についてのクロウリーの考えは、『法の書』にきわめて明快に述べられている。「我々は、社会に見捨てられた者や肉体に欠陥のある者とは関わらない。そのような者たちは惨めに死なせてやればよい。なぜなら彼らは何も感じないからだ」。さらにはこうもある。「同情は王の弱さだ。不運な者や虚弱な者は踏みつけよ。それが強者の法だ。これが我々の法であり、世界の喜びでもある」。純粋な個人主義は共感とは相容れないというのがクロウリーの認識だった。また、政治信条においては貴族主義的だったので、フィッツジェラルドの『偉大なギャツビー』で言うなら、強い決意と意志を持ったギャツビーその人よりも、ロングアイランドの上流階級に生きる人々のほうに近くもあった。クロウリーの姿勢は「奴隷は仕えさせるべし」であり、そのことは自身でもはっきりと記している。

クロウリーの著作を研究している人たちの見解によると、原ファシズム的で芝居がかった修飾に目をつぶりさえすれば、クロウリーの書いたものには大いに評価すべき点がある。個人の意識に変革を生み出す、科学的体系の書と見ることもできるという。しかしクロウリーの名を後世に残したものは、意識に対する洞察よりも、個人が何物にも勝ると宣言したことだろう。それがあったからこそ、ＢＢＣ（英国放送協会）が二〇〇二年に「古今を通じて最も偉大な一〇〇人のイギリス人」を決めたときにその一人に選ばれたのだ。ビートルズの一九六七年のアルバム『サージェント・ペパーズ・ロンリー・ハーツ・クラブ・バンド』のジャケットにジョン・レノンがクロウリーを加えたのも、レッド・ツェッペリン、ブラックサバス、ローリング・ストーンズといったバンドがクロウリーの影響を受けたのも、そこに理由がある。

クロウリーは、自分が生きた時代の偉大な宗教的預言者として記憶されることを望んでいた。二〇一一年のイギリス政府による国勢調査の際、自らの宗教を「セレマ教」と答えたのは一八四人。もっとも、一七万六六三二人が自分の宗教を「ジェダイ」と回答するような国なので、真面目に考えた者がどれだけいたかは怪しいものだが。ともあれ、国民の大多数は、セレマ教徒になることが自分の「真の意志」に沿う行為だとは感じていなかったわけだ。クロウリーが知ったらさぞ肩を落とすことだろう。

クロウリーとランドが現在どのように見られていようと、徹底した個人主義を奨励することで二〇世紀に多大な影響を与えたのは間違いない。皇帝たちが姿を消し、彼らが提供していたオンパロスも消失したあと、私たちに残されたのは相容れない数々の視点だった。ピカソのようなキュビスム画家やアインシュタインのような物理学者なら、こうした世界をうまく乗り切ることができただろう。だがほとんどの人には難しく、個人の自我を世界観の中心に据えることのほうが簡単だった。そうすれば目先の利益が得られるのだから、なおのことである。そうした状況のもとでは、個人主義がさまざまな問題を孕んでいることは見落とされがちだった。同じように、「個人」とは詰まるところ何なのかという疑問にもあまり目が向けられなかった。

クロウリーとランドが考える個人は、自由意志を持って自己充足した理性的な主体、というものだった。ところが本当の答えは、遥かにややこしいものだったことが明らかになる。

イド　第5章　イド　操られる無意識

噴き出す野性

一九一三年五月、『春の祭典』のパリでの初演で、ただならぬ出来事が起こった。『春の祭典』はモダニズムのバレエ曲である。作曲を手がけたのは、当時はさほど知名度の高くなかったロシアのイーゴリ・ストラヴィンスキー。そして、セルゲイ・ディアギレフ率いるバレエ・リュス（ロシア・バレエ団）が踊った。

具体的に何が起きたのかは、今もって意見の一致を見ていない。長らく語り継がれてきた話を信じるなら、それは本格的な暴動と呼んで差し支えないものだった。音楽と踊りが斬新すぎて、観客にとっては正視に堪えないほど衝撃的だったのだという。ストラヴィンスキーの曲は力強く、原始の血を呼び覚ますような響きがあり、今風でありながら荒々しい。それが、洗練されたパリの富裕層を粗暴なふるまいへと駆り立てた。作曲家プッチーニの言葉を借りるなら、『春の祭典』は「狂人の作品であり……耳障りな音以外の何物でもなかった」のだ。

舞台監督のセルゲイ・グリゴリエフは、幕が上がったあとの様子をこう振り返っている。「観客の一部が怒ってわめき出すまでに何分もかからなかった。それに対して、ほかの観客が静かにしろと怒鳴り返す。あまりにうるさくて、すぐに何も聞こえなくなった。だが、音楽がほとんど一音も聞き取れないなかでもバレリーナたちは踊り、オーケストラも演奏をやめない。叫び声は、場面転換で音楽が流れている最中も途切れなかった。しまいには、本気で喧嘩を始める者も現われた。それでも、［指揮者のピエール・］モントゥーは指揮棒を振る手を止めない。……ディアギレフは観客を落ち着かせようと、思いつく限りの手を打った。客席の明かりをできるだけ長く点灯しておき、駆けつけた警官が騒ぎの張本人たちを見つけてつまみ出せるようにもした。しかし、第二幕のために再び明かりが落とされるや、またしても大混乱が繰り広げられ、バレエが終わるまでずっと続いた」

劇場は満員で、観客のなかにはマルセル・プルースト、パブロ・ピカソ、ガートルード・スタイン、モーリス・ラヴェル、クロード・ドビュッシーなどの姿もあった。その夜の出来事を巡っては数々の目撃証言が残されているものの、そうした複数の視点が話をかえって混乱させている。四〇人ほどが逮捕されたと言い張る者がいる一方で、だとすれば警官が大挙して駆けつけたはずなのにそれにはまったく触れていない証言もある。この件に関する警察の報告書はパリ県の公文書館に見当たらない。オーケストラに向かって野菜が投げつけられたとの目撃談もあったが、上流階級の人たちが観劇に野菜を持参してきていたとは考えにくい。また、ストラヴィンスキーが最後に拍手喝采で迎えられたのかどうかや、暴力行為が自然発生したのか、それとも伝統を重んずる少数の反対派が企てたのかについても報告に食い違いが見られる。会場となったシャンゼリゼ劇場はモダニズム建築であり、外装の鉄筋コンクリートがドイツ的すぎて趣味に合わないと感じるフランス人が多かった。モダニズムの出現に対する漠然とした違和感が、観客をあのような反応に駆り立てた理由の一端だったように思える。

観客は新しいものを支持する側と、伝統を擁護する側とに二分されていた。当時二三歳だったジャン・コクトーは、劇場内の様子を次のように描写している。「一方では社交界の人たちが襟ぐりの深いドレスを真珠で飾り立て、白鷺や駝鳥の羽根を挿している。かと思えば、後ろの裾を長くしたチュールのドレスや、サックスーツ〔ウエストを絞っていないゆったりとした上着のことで背広の原型〕やヘッドバンドなど、奇抜なぼろきれまがいの服も見られた。良し悪しはさておきボックス席への当てつけから、斬新であれば何でもいいと考える自称芸術愛好家たちだ」。こうした面があったために、この騒動を一種の階級闘争と捉える向きもある。フランスの作曲家フローラン・シュミットなどは、パリの高級住宅街に住む貴婦人たちに向かって、「静かにしろ、一六区のクソ女ども！」と叫んでいたと伝えられている。

話としてはじつに面白い。だが、どんなに魅力的であってもこれはあくまで伝説のたぐいであり、私たちはこの伝説の森に深く立ち入りすぎたようだ。初演に関する当時の批評や新聞記事には、実際に暴動があったことを示すものは何も記されていない。その後の公演は滞りなく進み、この作品はほどなく傑作と認められるようになる。「二〇世紀で最も重要な音楽」と評したのは、アメリカの作曲家・指揮者のレナード・バーンスタインだ。初演の夜は賛否両論で騒然としたにせよ、一九一三年の記録を見る限り暴力沙汰も逮捕者もなかった。

本物の暴動が起きたとしても、そこからは公演がその日一日に及ぼした影響についてしかわからない。一方、暴動が伝説として語り継がれてきたのだとしたら、この音楽が時を超越する衝撃をもたらしたことがうかがえる。伝説はどこにでも湧いて出るものではない。非常に強烈なものがあって初めて、その周りに伝説が形作られる。初演が悪評を得るケースはいくつもあるが、普通はそれが暴動の話にまで発展することはない。『春の祭典』を巡る伝説は、強烈で稀に見る何かが音楽そのものに存在したことを物語っているのではないだろうか。

ストラヴィンスキーが『春の祭典』の着想を得たのは、幻のなかでだった。一九三六年に刊行された自伝にはこう記されている。「そのとき私は別のことで頭がいっぱいだったのだが、だしぬけに束の間の幻が浮かんだ。その幻のなかで私が目にしたのは、異教徒の厳かな儀式だった。老いた賢者たちが車座になり、少女が踊り続けて息絶えるさまをじっと見つめている。老人たちは春の神の怒りを鎮めるために、少女を生け贄として捧げていたのだ。それが『春の祭典』の主題となった。この幻には強い感銘を覚えたと認めざるを得ない」。そのとき呼び覚まされた深い動物的な感覚を再現すべく、ストラヴィンスキーはそれにふさわしい音楽の言語を作り出すことに取りかかった。ドイツの振付家サシャ・ヴァルツはのちに『春の祭典』をこう評している。「太古のエネルギーを内に秘めていて、まるで地球そのものの力で満たされているようだ」

この音楽の土台にはロシア民謡があり、そこに斬新で荒々しい味つけが施されている。ストラヴィンスキーは不協和音を加え、ときには複数の調を同時に進行させた。激しくぶつかり合うポリリズムによって、思いがけない箇所に強勢が置かれるため、脳は驚き、アドレナリンを勢いよく分泌する。ストラヴィンスキーが初めてこの曲をディアギレフに演奏してみせたとき、ディアギレフは感動して、「こんなふうに延々と続くのか？」と尋ねた。「最後までね」というのがストラヴィンスキーの答えである。

バレエ・リュスはヴァーツラフ・ニジンスキーの振付のもと、この解き放たれた激情を作曲家に劣らず生き生きと表現した。ロシアの民族衣装をまとったバレリーナたちは、取り憑かれたように足を激しく踏み鳴らし、手を振り回した。もっとも、古《いにしえ》の時代を再現することに主眼を置いたという割には、ロシアの異教に少女を生け贄にしたものはなかった。それどころか、過去千年間におけるキリスト教以外のどんな文化を見ても、アステカとインカを除いてそのような風習は確認できない。この付け足しはあくまで二〇世紀初頭の産物だ。

　この曲を聞くと、はらわたがうずくような感覚が生じる。後年、その感覚を巧みに表現したのが『迷える少女たち（*Lost Girls*）』（一九九一〜二〇〇六年）だ。これは、イギリスのアラン・ムーアの原作をアメリカのメリンダ・ゲビーが作画した長編漫画で、文学や芸術への深い造詣とかなりのエロティシズムを特徴とする。この作品では『春の祭典』の初演が、オーストリアのフランツ・フェルディナント大公の暗殺とテーマの上で結びついている。また、音楽に刺激されて聴衆のあいだで繰り広げられるのは、暴動ではなく性の饗宴だ。主人公の女性たちが無軌道な性に走っていく感情の高まりを描いた部分と、世界が第一次世界大戦の猛り狂う激情と混沌へ堕ちていくさまを綴った部分とが、交互に展開する構成になっている。

　一九世紀末の読者は、アーサー・コナン・ドイルの作った名探偵シャーロック・ホームズに心を奪われた。ホームズは知性と合理性の象徴であり、それは当時の主流文化が重んじた性質である。合理性こそが進歩と繁栄をもたらす重要な美徳だと喧伝されていたのだ。しかし、こうして知性に重きを置くことで、人間の精神が持つもう一つの側面にいわば蓋をしていた。野性や不合理性にいつまでも目を閉ざしているわけにはいかず、長く抑圧されていればいつかそれは反動で外に噴き出す。アラン・ムーアとメリンダ・ゲビーにとってはその瞬間が『春の祭典』の初演であり、世界戦争の勃発だったのだ。

その瞬間は、一九一九年のW・B・イェイツの詩「再臨」のなかにも見られる。イェイツはダブリン生まれの詩人にして神秘主義者であり、ケルト人のロマン主義をこよなく愛していた。キリスト教の時代に終わりが近づき、不確かで暴力的で抑制のきかないものがそれに取って代わるに違いない。「再臨」はそういう確信に突き動かされて書かれた作品だ。

すべてが解体し、中心は自らを保つことができず、
まったくの無秩序が解き放たれて世界を覆う。
血に混濁した潮が解き放たれ、いたるところで
無垢の典礼が水に呑まれる。
最良の者たちがあらゆる信念を見失い、最悪の者らは
強烈な情熱に満ち満ちている。
　　――　中略　――
やっとおのれの生まれるべき時がきて、ベツレヘムへ向かい
のっそりと歩みはじめたのはどんな野獣だ？
〔『対訳　イェイツ詩集』（岩波書店）所収、「再臨」高松雄一訳〕

新しい心のモデル

オーストリアの神経科医ジークムント・フロイトは鋭い顔つきの男であり、精神分析学の父と呼ばれる。そのフロイトが一八九九年、『夢解釈』（中央公論新社）という著書を発表した。自分の最大の関心事である「無意識」を広く世間一般に紹介する本である。

アインシュタインが相対性を「発見」したわけではなく、それを理解する方法を見つけたにすぎないように、フロイトも無意識という概念を発見したわけではなかった。人間の心のなかには意識にのぼらない領域があり、にも関わらずそれが私たちの行動に影響を及ぼす。こうした考え方はドストエフスキーの作品や、ロバート・ルイス・スティーブンソンの一八八六年の小説『ジキル博士とハイド氏』（角川書店）のような一九世紀文学ですでに明確に扱われていた。フロイトの新しいところは、そうした隠された自己に近づくには睡眠時の意識が鍵を握るのではないかと考えたことにある。そして、「夢は無意識への王道である」と説いた。

フロイト以前の医師たちは、ノイローゼの治療についてほぼなす術がなかった。「ノイローゼ」という言葉は、ヒステリーや鬱などのさまざまな厄介な行動を指していた。そうした行動は世間の常識的な規範からは逸脱しているものの、妄想や幻覚など、精神疾患に特有とされる症状は現われない。原因らしきものが見当たらないために、医師もお手上げだった。できることと言えば、対処療法がせいぜいである。

こうした現状はフロイトにとって許しがたいものだった。結果にはかならず原因があると確信していたのである。たとえ医者や患者本人が気づいていなくても、何かしらがノイローゼを引き起こしているに違いない。フロイトはその信念のもとに研究を進めた。やがて一つのことに思い至る。仮に私たちの意識にのぼっていることが、実際に心のなかで起きていることのごく一部にすぎないとすれば、ノイローゼの原因は無意識の領域に存在するはずだ、と。これはじつに過激な発想である。それまで経済学者や倫理学者が長らく信じてきたのは、人間が合理的な生き物であって、自分の考えていることを把握しており、自身の行為にも責任が持てるということだった。

一個の氷山を思い浮かべてほしい。この氷山がフロイトの最初の心のモデルだとすると、水面からわずかに出ている部分が「意識」だ。人が特定の瞬間に考えていることや、気づいていることがここに含まれる。氷山の水面付近の部分は、フロイトが「前意識」と呼ぶものだ。前意識とは、今現在は意識していないかもしれないが、必要とあらば苦もなく取り出せる事柄を言う。自分の誕生日やメールアドレス、職場までの通勤ルートといった情報は、すべて前意識のなかに見つかる。

前意識には比較的取り出すのが難しい部分もあるにはあるが、そうした記憶や経験は永遠に失われるわけではなく、特定の状況になれば思い出すことができる。たとえば、今まで都合よく忘れていた大変決まりの悪い出来事が、たまたま旧友に会ったとたんに甦るように。とくに嗅覚は、次に述べる「無意識」のなかに埋もれかねない記憶を呼び戻す力が強い。

氷山の大半は水面下にあり、その巨大な領域が表わしているのが「無意識」だ。この領域は、私たちが気づいていないばかりか、気づく手段すら持ち合わせていない。ノイローゼの根本原因はそこに潜んでいるに違いないとフロイトは考えた。フロイトの研究は、この闇の部分を意識の明るみに出す技術の開発に捧げられたものが多い。そのために、夢分析はもちろんのこと、自由連想法という手法も編み出した。これは、患者を促して心のなかに去来したことを残らず話させ、医師は良し悪しの見解を差し挟まずに耳を傾けるというものである。

フロイトは一九二三年に新しい心のモデルを考え出した。このモデルを使うと、ノイローゼがどのように生じるのかを具体的に説明するのに役立つ。フロイトは心を三層に分け、それぞれを「イド〔元のドイツ語では「エス」〕」「自我」「超自我」と名づけた。イドは快楽主義者のようなもので、楽しいことを求め、新しい経験を欲する。目的に向けて突き進む力を持つ反面、何かの中毒になりやすく、本質的に無意識的なものとされている。それとは正反対なのが超自我で、こちらはさしずめ清教徒だ。道徳を重んじ、自分の置かれた文化の規則や社会的慣例に断固として忠誠を尽くし続ける。だからイドの衝動を抑え、あるいは拒絶しようとする。

イドと超自我とのあいだで折り合いをつけるのが自我の役割だ。ある意味で「自我《エゴ》」という名称は誤解を招く。それは、この言葉には自分を実際以上によく見せるとか、我を通すといった意味があるからだ。フロイトの言う自我は、イドと超自我からのそれぞれの要求を現実的かつ実践的な方法で調整しようとするものだ。そして、イドの衝動を叶えさせてやった場合は、それを正当化するような理由を作って超自我をなだめる。自我はちょうど振り子のように、状況に応じてイドと超自我のあいだを行き来する。

階級制度に基づく厳格な文化のもとでは、超自我の言い分が正しいとされる。なぜならそれは、主君や主人を喜ばせようと励む精神と重なるからだ。そうした状況下ではイドの衝動はタブーとなり、秩序立った社会に逆らうものと見なされる。二〇世紀初頭に帝国主義世界が崩壊すると、皇帝が大衆に及ぼしていた精神的支配は力を失った。そのとき、社会的規範に従うこと以外の行動理由が浮かび上がってきた。クロウリーの言葉を借りるなら、それこそが父権主義的なオシリスの時代から子供中心のホルスの時代への移行であり、『春の祭典』の観客を強く揺さぶった衝撃だった。大勢の人の自我が結果的に超自我から離れ、長らく顧みられていなかったイドと向き合ったのである。

シュルレアリスムと性の解放

シュルレアリストとは、フロイトの影響を強く受けたモダニズム芸術家たちの一集団だ。その狙いは、フロイトが明るみに出した無意識という広大な領域を利用し、また探ることにあった。シュルレアリスム絵画は鮮やかでくっきりとした光表現を特徴としたものが多く、それが人をそこはかとなく不安にするとともに、夢のなかの光景であるかのような印象を与える。また、意表を突く不合理な情景を描きながらも、それをことさら写実的な正確さで描写した。まるで夢の世界の産物が実在するかのように。

サルバドール・ダリとルイス・ブニュエルが出会ったのは一九二二年。ともにマドリードで芸術を学ぶ学生だった。ダリはキュビスムの影響を受けた画家で、しだいに不合理性に興味を持つようになっていた。ブニュエルは催眠術を練習するなどして心の働きに惹かれていたが、何より愛していたのは映画である。フリッツ・ラング監督のサイレント映画『死滅の谷』(一九二一年)に魅了されて以来、映画はシュルレアリスムを探求する強力な媒体になると考えていた。暗い映画館に足を踏み入れ、壁に踊る銀色の影に我を忘れるという行為そのものが、夢と現《うつつ》の狭間のどこかへと観客をいざなう。母親からの経済援助により、ブニュエルはダリとともに初めてのサイレント映画を作る機会を掴んだ。

この第一作目のアイデアを話し合っているとき、記憶に基づくイメージや、映画のなかのほかの映像と明確なつながりを持つイメージは、いっさい使わないことに二人は決めた。のちにブニュエルが第三者の視点を借りて説明したところによると、二人が使ったのは「説明不能ではあるが深く心を揺さぶる」光景だけだった。「当然ながら、彼らは通常の道徳観や理性に縛られてはいなかった」

ブニュエルはダリに、自分が見た夢の話をした。「細長い雲が月を真っ二つにしたんだ。まるでカミソリで目玉を切り裂いたように」。ダリも自分の夢の一シーンを語る。「手にアリがいっぱいたかっていたっけ」。ブニュエルはこの二つの光景を一つにしたいと考える。「それで映画になる。さっそく作ってみよう」。映画が完成すると、二人はこれといった理由もなく『アンダルシアの犬』というタイトルをつけた。

シュルレアリスムを映画で表現する試みはそれ以前にもいくつかあり、とくにマン・レイとアントナン・アルトーによるものが知られている。だが、いずれも成功を勝ち得てはいなかった。だからダリとブニュエルは、自分たちも似たような反応を呼ぶだろうと思っていた。映画がパリで封切られたとき、ブニュエルはサイレントの映像に音楽をつけるため、スクリーンの脇で蓄音機を動かしていた。その際、野次を飛ばす連中がいたら投げつけようと、ポケットに石を詰めていた。しかし、結局それは出番のないまま終わる。映画は好評を博し、『超現実主義宣言』(中央公論新社)の著者アンドレ・ブルトンは二人をシュルレアリスムの運動に正式に迎え入れた。この映画はその後もシネクラブによって頻繁に上映され、今日に至っている。とくに、これが短編であることと、不思議と可笑しいことが一役買っている。冒頭では、目玉を平然とカミソリで切られている女性の映像に、細い雲が月を横切る光景が挿入される。映画史を振り返っても、これほど衝撃的で強烈なシーンはそうないと今なお言える。

この作品への反響が大きかったため、ダリとブニュエルは二作目を制作できることになった。今度はもっと長くして内容も充実させることにし、裕福な後援者からの資金援助も取りつけた。そうして誕生したのが『黄金時代』（一九三〇年）である。ただし、途中で二人が仲たがいしたため、ダリは映画の脚本に加わっただけで手を引いた。この時期にダリと袂を分かった重要人物はブニュエルだけではない。ダリの父親が息子を勘当したのである。ダリが出展した『私はときどき面白半分で母の肖像画に唾を吐く』（『聖心』とも呼ばれる）という題の素描画に激怒したためだ。

ブニュエルは一人で映画を完成させた。『フィガロ』紙は作品をこう評している。「映画『黄金時代』は芸術性のかけらも持ち合わせず、あらゆる種類の技術水準に対する侮辱である。大衆向けの見せ物としてはこの上なく卑猥かつ忌まわしきものであり、悪趣味な出来事の寄せ集めにすぎない。国家も家庭も宗教も辱められている」。ある日の上映中、観客がスクリーンに紫色のインクを投げつけ、その足で近くの画廊に向かってシュルレアリスムの絵画を汚した。また、資金提供してくれた後援者は、バチカンから破門をほのめかされた。こうしたスキャンダルの結果、映画はお蔵入りとなる。再び日の目を見るまでには五〇年近くの歳月を要した。

この措置がとられた表向きの理由は、最後の一連のシーンにある。それは、マルキ・ド・サドの『ソドムの百二十日』（青土社）を踏まえたものだ。この話は、四人の裕福な放蕩者が、人里離れた城に若い男女数十人を拉致して一冬のあいだ閉じこもり、究極の性的快楽を味わうために犠牲者を強姦して殺すという筋書きである。この本は、「汝の意志することをなせ」という哲学の闇の部分を極限まで追究したものであり、一七八五年に書かれたにも関わらず一九〇四年まで出版されなかった。サド自身の言葉を借りれば、それは「私たちの世界が始まって以来の最も不道徳な物語」である。『黄金時代』にはこうした邪悪な行為自体は何一つ登場してこない。画面に映っていないところで殺人が一件あったことがほのめかされるものの、画面上は疲れ果てた四人の放蕩者が最後に城を立ち去る様子が示されるだけだ。問題は、四人のうちの一人がイエス・キリストにそっくりだったことである。

公には、こうした神への冒涜が大スキャンダルの理由とされた。だが、この映画で本当に衝撃的だったのは、女性の性欲が描かれていたことである。そのテーマが映画の主要な部分を貫いている。ついには名もない女性の登場人物が、平然と暴力を振るう男性の登場人物が去ったあとで、悶々と満たされぬ思いを抱えたまま大理石像の爪先をみだらに舐めたり、しゃぶったりするのだった。

初期のポルノ映画でさえそこまではしなかった。女性の服を脱がせて裸にすることがあっても、その女性たちはまだ恥じらっているように、戯れているように描かれていた。肉食動物のような女性を登場させる場合でさえ、そうした激しい欲情を露骨に表現することは避けていた。イエスのシーンを理由に映画を上映禁止にするのは、アル・カポネを脱税の罪で投獄するようなもの。手っ取り早く事を済ますにはお誂え向きの理由だったが、口実であることは明らかだった。

アメリカの小説家ヘンリー・ミラーによれば、『黄金時代』は「聖なる性の饗宴」である。ミラーはこの映画が封切られた一九三〇年にパリに渡ると、すぐさま同じように性衝動を赤裸々に描きはじめた。ジェームズ・ジョイスの『ユリシーズ』同様、ミラーの一九三四年の処女作『北回帰線』(新潮社)は、猥褻であるという理由でアメリカ関税局により同国への持ち込みが禁止された。当局側はこの戦いには勝ったが、大局的に見れば敗北を喫した。文化は性に対してしだいに開放的になりつつあり、誰も彼もを告発することなど望むべくもない。

アメリカの女優タルラー・バンクヘッドは、一九三二年に次のような発言をして世間の度肝を抜いた。「私は本気で恋がしたいの。……なのにもう半年もご無沙汰しているわ。半年よ！……今頭にあるのは、男が欲しいってこと！……半年なんてあまりにも長すぎる。男が欲しいの！」。一昔前なら、女性がこんなことを口走るなど考えられなかっただろう。しかし、バンクヘッドがそう語ったことも、『ムーヴィング・ピクチャー』誌がわざわざこれを記事に取り上げたことも歴然とした事実であり、それは女性の性的感情に眉をひそめる向きにとっても受け入れるよりほかないことだった。

一九二〇年代はジャズ・エイジと呼ばれ、富める者にとっての黄金時代だった。今にして思うと、この時代はそれより前の世界大戦とも、それよりあとの悲惨な世界大恐慌ともまるで違っている。ジャズ・エイジを代表するイメージが、フラッパーと呼ばれた女性だ。真珠で身を飾り、ウエストを絞らないすとんとしたドレスを着て、髪はショートボブ。恥ずかしげもなく足を蹴り上げながら、楽しく気ままに踊る。そうした単純なイメージが時代のアイコンとなったのは、それがまったく先例のないものだったからだ。社会的地位の高い女性が大っぴらにそんなふるまいをするなど、キリスト教の支配した時代であれば片時も許されなかっただろう。

フラッパーは単に受け入れられただけではなく、賞讃されもした。ミズーリ州生まれの黒人ダンサー、ジョゼフィン・ベーカーは、その肌の色ゆえに自分の国では不遇をかこっていたかもしれないが、ヨーロッパでは違った。ベーカーはパリ公演で、羽根やバナナで作ったスカートだけを身につけて踊った。その姿は自由奔放で、露骨にエロティックで、それでいて何とも愉快だった。おかげで、ベーカーは当代随一の大スターへと躍り出る。動物が好きで、ヘビ、チンパンジー、チキータという名のチーターなど、風変わりな動物を飼っていた。ベーカーのもとには裕福な崇拝者たちからの贈り物が押し寄せ、一五〇〇人ほどの男性からプロポーズを受けたという。一九七五年に亡くなったときにはアメリカ人女性としては初めて、フランスの正式な陸軍葬の礼に則って葬儀が執り行なわれた。第二次世界大戦中のレジスタンス活動が高く評価されたためである。

ジャズ音楽や、チャールストン、ブラックボトム、ターキートロットといったダンスは、今風であるうえに自分を解き放ってくれるものと受け止められた。ドレスはしだいに簡素に、軽くなっていった。スカートも徐々に短くなり、昔なら想像もできないような膝丈にまでなる。平均的なドレスを一着作るのに、第一次世界大戦前は一八メートル前後の生地を必要としたのに、今や七メートルもあれば余るようになった。流行りの体型は、胸の薄い痩せ型。それまで理想とされていた女性の美しさとは対極にある。一九世紀には唇に紅を差すのは売春婦か、せいぜい女優ふぜいだけだった。だが一九二〇年代には誰もが口紅をつけるようになり、上唇の二つの山をキューピッドの弓形に描くのが大流行する。アメリカのジャーナリスト、ドロシー・ダンバー・ブロムリーの言葉を借りるなら、女性たちは「自らの力で一個の人間になりたいという、内からの抑えがたい衝動によって突き動かされていた」のだ。

大衆社会、大量虐殺

『黄金時代』で彫像の爪先をしゃぶるシーンの迫力は、ブニュエルの功績にほかならない。ダリは女性の性欲を扱うことに抵抗を覚えていた。ダリ本人には、覗きや自慰を好む性癖がある。だから妻のガラに深い愛情を捧げながらも、ガラがほかの男性と寝るのを喜んだ。こう語っている。「簡単に女とやって、平気で自分を与えられる男は、創造的能力が著しく低い。レオナルド・ダ・ヴィンチやヒトラーや、ナポレオンを見てみるがいい。いずれも時代に足跡を残したが、多かれ少なかれ性的不能者だった」。伝えられるところによれば、ダリは膣に恐怖を抱いていたために結婚初夜を童貞で迎えたらしい。また、女性の外陰部や性欲を、自身の作品のなかで魚介類になぞらえることが多かった。一九三六年の有名なオブジェ『ロブスター電話』は、受話器にプラスチックのロブスターが接着された電話機であり、『催淫電話』という異名でも知られていた。

漫画じみた口ヒゲを生やし、自分が天才であることや贅沢と権力を愛していることを滔々と語って憚らない。そのせいで、ダリの表向きの人格は計算づくのパフォーマンス・アートの一種ではないかとつい考えたくなる。だが、親しい友人によるダリ評を読む限り、世間に見せない顔がこの男にあったとは思えない。「毎朝目覚めるたびに、私は無上の喜びに包まれる。それは、自分がサルバドール・ダリであるという喜びだ。そして畏怖の念に打たれながらこう自問する。今日、このサルバドール・ダリという男はどんな桁外れのことをしでかすだろう、と」。よくもこんなことを臆面もなく口に出せるものである。

たいていの人間には人目を気にするフィルターがあって、それを通すことで他者に受け入れてもらいやすいような自己イメージを見せている。ところがダリにはそのフィルターがない。フロイトの心のモデルで説明するなら、超自我がないのだ。だからイドに歯止めがかからず、自身の外に溢れ出ていってしまう。かつてダリは「私自身がシュルレアリスムなのだ」と宣言したことがある。まるで、自分から生み出される作品に比べたら、自身の自我などたいした価値がないとでも言うかのように。当然ながらフロイトは衝撃を受けた。一九三九年には次のように記している。「私はシュルレアリスムの画家というものを、徹底的な愚か者と考える傾向にあった。しかし、明け透けで狂信的な瞳をして、申し分のない技巧を身につけたあの若いスペイン人は、私の評価を変えさせた」。もっとも、ここまで感心したのはフロイトくらいなものだった。ヘンリー・ミラーなどはこう評している。「ダリは二〇世紀最大の下衆野郎だ」

フロイトの「イド、自我、超自我」のモデルは、もともと個人の心を説明するために考案されたものだ。ところがフロイトの着想を応用して、社会のより大きな変化を理解するのに役立てようとする流れが伝統的にある。ヴィルヘルム・ライヒの一九三三年の著書『ファシズムの大衆心理』(せりか書房)などはその好例だ。フロイトのモデルは心理学の分野に属するものでありながら、「大衆社会」という社会学的な概念ともなじむ。個々の人間が集まって集団となったときに、少数のエリートがどうすればその集団をうまく操れるか。それをフロイトのモデルを使って解き明かそうというのだ。大衆社会と切っても切れないのが「マスメディア」である。マスメディアを利用して大衆社会を操作する、あるいは導く方法は、政治指導者たちの大いなる関心事だった。

大衆社会の潜在意識を操作した事例の一つが、一九三〇年代に起きている。異なる民族に対する人々の反応を歪めるというものだ。その際に政治指導者は、大衆のイドと超自我に同時に働きかけて他者への憎悪を煽った。イドと超自我をともに満足させるような状況は滅多にあるものではないが、それをするのは不可能ではない。イドの持つ野蛮で破壊的なエネルギーを解き放ってやりながら、上の者に忠実に従っているだけだと言って超自我を安心させてやればいい。稀にイドと超自我が手を組んでしまうと、社会に下りた闇に抗うのは自我がいくら頑張っても難しい。

イドの荒々しいエネルギーを巧みに操ることで、指導者は兵士に大量虐殺を命じることができた。「大量虐殺《ジェノサイド》」というのは一九四四年に生まれた造語であり、民族・人種・宗教など一つの集団をまるごと計画的に消し去ろうとすることを表わす。それまでにそんな言葉は存在しなかった。二〇世紀より前には、そういう概念への需要がなかったのだ。正確な人数を突きとめるのは難しいものの、大方の見積もりではスターリンはヒトラーより大勢の命を奪い、毛沢東はヒトラーとスターリンの殺戮を足したよりも多くを殺したとされる。ポルポト、サダム・フセイン、金日成《キムイルソン》のような人物はみな、二〇世紀を大量虐殺の世紀として永遠に記憶されることを請け負う役目を担った。

こうした政治指導者たちは大量虐殺など歯牙にもかけず、背筋が寒くなるほどの平然とした態度を取った。たとえばヒトラーは、ポーランド侵攻を一週間後に控えた演説のなかで、ドイツ国防軍の指揮官たちにこう問いかけている。「いまだにアルメニア人虐殺の話をする者がどこにいる?」。一九一五～二三年のあいだに、オスマン帝国はおよそ一五〇万人ものアルメニア人を殺害した。だがヒトラーは気づいていたのだ。当時の国際社会が、アルメニア人虐殺を容認するか、見て見ぬふりをするかのどちらかだったことを。スターリンがチャーチルに語ったともされる言葉ではないが、まさに「一人の死は悲劇だが、百万の死は統計にすぎない」のである。

近代的な科学技術がこうしたすべてを可能にした。ヒトラーは自分のミュンヘンの事務所の壁に、アメリカの自動車製造業者ヘンリー・フォードの顔写真を飾っていた。フォードは有名な反ユダヤ主義者で、シカゴの食肉処理場をもとに大量生産の組み立てライン技術を考え出した。近代的な工業生産技術を殺人に応用するというのが近代的な大量虐殺の特徴の一つであり、南北アメリカの植民地化をはじめとする過去の大虐殺と一線を画す点でもある。とはいえ、大量殺戮を工業化する技術を手にしたからといって、それだけでこうした出来事が起きた理由の説明にはならない。

一九九六年、ジェノサイド・ウォッチ〔大量虐殺の防止を目指すアメリカのＮＧＯ〕の代表を務めるグレゴリー・スタントンは、典型的な大量虐殺のプロセスには八つの段階があると指摘した。分類、シンボル化、非人間化、組織化、分断、準備、殲滅《せんめつ》、そして否定だ。第一段階の「分類」は、人々を「我々と彼ら」とに分けることと定義されている。これは、二〇世紀ならではの一つの特徴と見事に一致するものだ。その特徴は、ナショナリズムと個人主義双方の副産物と言える。己を中心に考えれば、「他者」と自分が分離する結果を招き、それは個人に限らず一つの旗のもとに大勢が集う場合も同じだ。

科学技術、ナショナリズム、個人主義、そしてサイコパス政治家の台頭。こうした出来事が組み合わさるという稀に見る時代のなかから、大量虐殺は姿を現わした。それまで人間は自らが理性的な行為者であることを誇り、時とともにより良い世界を築く義務を忠実に果たしていると考えていた。ところが大量虐殺によって、そうではなかったことが露呈する。理性は意識的な心の働きから生まれるが、その意識自体は無意識という不合理な土台の上に載っていた。個人というものは、当初の予想よりも複雑だったのである。ヘソをなくした世界で確かな何かを見つけたくても、心という実体のない世界のなかには見出せそうになかった。

だとすると次の問いは、そうした確かなものが物理的な世界になら見つかるのか、ということになる。

UNCERTAINTY

第6章 不確定性 生きていると同時に死んでいる猫

打ち砕かれた数学の土台

一九世紀最後の日、深夜〇時を六時間後に控え、イギリスの学者バートランド・ラッセルは女友達に宛てて一通の手紙をしたためた。「僕は新しいテーマを考え出したんだ。それは、数学の本質を初めて余すところなく扱うものになった」。のちにラッセルはこの言葉について、恥ずかしいほどの「大言壮語」だったと振り返ることになる。

ラッセルは鳥のような風貌の痩せた貴族で、その脆弱な肉体を強靭な知性で補っていた。たびたびテレビに登場し、明快な論理で平和を説いたことから、その長い生涯のあいだには国の宝ともされる存在になった。学者として高い評価を得るに至ったのは、論理学と数学を融合させようとしたことにある。『数学の原理（*The Principles of Mathematics*）』（一九〇三年）や『プリンキピア・マテマティカ（*Principia Mathematica*）』（一九一〇年、アルフレッド・ノース・ホワイトヘッドとの共著。抄訳は『プリンキピア・マテマティカ序論』哲学書房）といった革新的な著作を執筆しながら、ラッセルは「1＋1＝2」であることを史上初めて証明するために自らとその頭脳を捧げた。

ラッセルは孤独な幼少期を送った。両親が亡くなったあと、人里離れた広大な屋敷で、長老派教会の信徒である厳格な祖母に育てられた。同年代の子供も近くにいない。一一歳のときに兄からユークリッド幾何学の手ほどきを受けてからは、数学を深く愛するようになる。ほかの子供と遊べない代わりに、数字と戯れることにのめり込んだ。

しかし、数学にはどうしても気に入らないところがあった。数学の規則は、証明の必要のない自明の理を前提にしているものが多い。その前提は確かに理にかなっているように思えるものの、疑わずに受け入れることが求められる。この前提は「公理」と呼ばれ、たとえば「任意の二点に対して、それらを通る直線が一つ存在する」とか、「任意の自然数ｘに対して、ｘ＋１もまた自然数である」といった法則がそれにあたる。こうした公理を自明の理とすれば、数学の残りの部分は論理に則って続いていく。ほとんどの数学者はこういう状況に何の不満も抱いていなかったが、天賦の才に恵まれたラッセルのような孤独な少年にとって、何かがおかしいのは明らかだった。童話『裸の王様』（大修館書店）に出てくる子供のように、なぜ皆が見て見ぬふりをするのかがわからなかったのである。常識に基づいた自明の理などではなく、もっと強固な土台が数学にはどう考えても必要だった。家を離れて学究の道に進んでからは、論理を厳密に用いることでその土台を築くという壮大な試みに着手する。絶対的な明晰さと確かさを備えた体系があり得るとすれば、それは論理学に裏打ちされた数学にほかならない。そう考えていたのだ。

現実の世界なら、リンゴ一個にもう一個を加えたらリンゴ二個になると言ってもたいして面倒なことにはならない。スコッチエッグ〔ゆで卵を肉で包んで揚げたイギリスの料理〕が五つあって、そのうち二つを食べたら残りは三つだという点についても異論はまず起きないだろう。今度スーパーに買い物に行ったときにでも確かめてみてほしい。ところが数学は、実世界の物事から抽象的な数量を抜き出して、それを記号を用いた論理的な言語に読みかえる学問だ。二個のリンゴについてではなく、「2」と呼ばれる何かについて語る。スコッチエッグ三つの代わりに、数字の「3」だ。実世界で実際の「2」や「3」を見つけるのは不可能であり、それは在庫の豊富なスーパーであっても変わらない。確かに値札には、そうした数字を表わす記号がインクで記されてはいる。だが、数字自体は非物質的な概念なので、実体はない。だとすれば、1＋1＝2とは、一個の実体のない概念をもう一個の実体のない概念と合わせると、別の実体のない概念と等しくなる、という意味になる。実体のない概念というのは、要するに私たちが作り上げるものであるわけだから、1＋1＝2は人が適当に決めただけだと非難されてもおかしくはない。ラッセルの目的は、1＋1＝2が勝手な主張などではなく、根本的な真実であることを議論の余地なく証明することにあった。

そして、あと一歩で成功というところまで行ったのである。

ラッセルのやり方は、当時の論理学者が「クラス」と呼んだものを利用して数学の用語を明確に定めるというものだった。今では「クラス」より「集合」といったほうがわかりやすいだろう。集合とは物の集まりのことだ。たとえばラッセルが5という数字を論理的に定義したいとして、しかもいくらでも物を入れられる乗り物を持っているとしよう。ＢＢＣの子供向けＳＦテレビドラマ『ドクター・フー』に出てくるタイムマシン「ターディス」のようなものだ。ラッセルはターディスに乗って世界中を忙しく飛び回りながら、五個の物を探していく。五頭の牛、五本の鉛筆、五冊の赤い本、などだ。こうしたサンプルに出くわすたびに、それをターディスにしまってまた旅を続ける。実世界のありとあらゆる五つの物を無事に見つけ終えたら、ようやく「5」という実体のない概念を定義できる状況になる。つまり、「5」とは自分の魔法のタイムマシンに収納されている集合全体の集合を表わす記号だ、と言えるようになるわけだ。

同じやり方で「0」という数字を説明するのは、これよりもっと難しい。0個のリンゴや0本の鉛筆といったサンプルを全部探し出して、ターディスにしまうのは至難の業である。そこでラッセルは、「0」とは「自分自身と同一ではない物の集合」だと定義した。だが、そんなものはこの世のどこにも見つからないから、いずれラッセルは虚しい旅を終えて空っぽのターディスとともに帰ってくる。自分自身と同一でない物など存在しないので、論理学的にはそれが「無」を正しく表したものと見なすことができた。数学的な言い方をするなら、数字の「0」とは要素を一つも含まない「空《くう》集合」全体の集合としたのだ。

同じように集合をベースにした考え方を使って、「数字の1」と「足す1」のプロセスを明確に定義できれば、1＋1＝2を議論の余地なく証明するという目標をついに達成できる。ところが一つ問題があった。

現在ではこの問題は「ラッセルのパラドックス」と呼ばれており、「自分自身を要素として含まない集合全体の集合」に関わるものだ。そういう集合は自分自身を含むのだろうか。論理学的に考えると、含まないのだとすれば、「自分自身を含まない」という定義に合致するので、その集合に自分自身が要素として含まれることになって矛盾する。逆に、含むのだとすれば、「自分自身を含まない」という定義に合致しないために、その集合には含まれないことになって矛盾する。つまり、含まないとすれば含むことになり、含むとすれば含まないことになって、どちらに転んでも矛盾するわけだ。これは、クレタ人であるエピメニデスが「クレタ人はすべて嘘つきだ」と言ったという、有名なギリシアのパラドックスに似た状況である。

一見すると、重大なパラドックスであるようには思えない。だが、問題はそこではないのだ。肝心なのは、パラドックスが現に存在するということ。そして、論理学を土台にして数学を再構築する目標は、数学がいっさいのパラドックスを含まないようにすることだった。

ラッセルは最初の基本方針を見直し、この問題を回避するためにいくつもの新しい定義を考え、新しい論点やごまかしも提案した。ところが、自身の数学的な論理の塔を築くたびに、新たな問題が顔を出す。まるで、数学者がどんな自己充足的な体系を作り出しても、そこにはパラドックスがつきものであるかのように思えた。あいにく、実際にそうだったことが明らかになる。

一九三一年、オーストリアの数学者クルト・ゲーデルは、今では「ゲーデルの不完全性定理」として知られるものを発表した。これは、「自然数論を含む公理化可能な矛盾のない理論体系は、すべて不完全であるか、それ自身の正しさをそれ自身の言葉で証明することができないかのどちらかだ」ということを証明したものである。どのように証明したかというと、任意の体系のなかで、自らが証明不能であることを論理的かつ無矛盾的に宣言する式を考え出したのだ。体系が完全で無矛盾だとすれば、その式はただちにパラドックスになるが、完全で無矛盾な体系にパラドックスが含まれるはずはない。ゲーデルの定理はこの上なく単純明快にして気が利いており、徹底的に腹立たしいものだった。当時の数学者がどれだけこの男をぶん殴りたかったか、想像に難くない。

これは何も、数学を放棄すべきだと言っているわけではない。ゲーデルの定理が示しているのは、数学的な体系は、つねに自身の外側にある何かに訴えなければ自身の正しさを証明できないということである。アインシュタインは物理的な世界の矛盾を回避するために、通常の三次元空間を超えて、時空という一段高次の視点に答えを求めた。同じように今度は数学者たちも、外側にある高次の体系に頼らなければならなくなったのである。

人間の思考が生み出したもののなかで、議論の余地なく安定した確かなオンパロスを与えてくれるものがあるとするなら、常識的に考えてそれは数学であるように思えた。ところが、その考え方は一九三〇年代に入って早々に打ち砕かれる。常識も確かさも、二〇世紀では分が悪かった。

誰も理解できない量子力学

確かさが存在しないと不安を覚える人間にとって、二〇世紀はまもなく悪夢と化そうとしていた。悪夢の中心に鎮座しているのが、物理学の一分野である量子力学という名の化け物だ。これは二〇世紀の幕開けの時代に、光と熱放射に関する一見毒にも薬にもならなそうな研究から生まれた。この研究を進めた代表的な科学者が、ドイツの物理学者マックス・プランクとアインシュタインである。やがてこの分野は知性の奈落へと姿を変えていく。あまりにも奇妙で説明不能であるため、これが科学としての物理学の終焉を告げているのではないかとアインシュタインは恐れた。「まるで足元から地面が引き抜かれたかのようであり、上に何かを築けるような確固たる土台がどこにも見当たらない」

この新しい科学が意味するところに心を乱されたのは、アインシュタインばかりではない。一般にデンマークの物理学者ニールス・ボーアのものとされる言葉を借りるなら、問題は「実体があると我々が考えるすべてのものが、実体があるとは見なせないものでできている」ことにあった。リチャード・ファインマンは、おそらくは戦後最大の物理学者だが、のちにこう認めている。「量子力学を理解している人は一人もいないと言っていいと思う」。当時の科学者たちの困惑を一番端的に物語っているのは、オーストリアの物理学者エルヴィン・シュレーディンガーの言葉かもしれない。「［量子力学は］好きではない。自分がこれに関わったことを後悔している」。だが、どれだけ嫌われようと、量子力学が役に立つという事実が変わるわけではない。私たちが日常的に利用しているコンピュータ技術は、量子力学がいかに有用で信頼できるかをまざまざと示している。というのも、コンピュータのマイクロチップは量子力学に基づく技術によって作られているからだ。

量子力学の登場はまったく思いがけないものだった。それまで科学者たちは、物質の正体をどんどん小さいレベルまで探求していくことに喜びを感じていた。先にどんな恐怖が待ち受けているかを知りもせずに。原子のレベルまではつつがなく研究が進んだ。たとえば、自然界に存在する九二種類の元素のうち、一つの元素の純粋な塊をあなたが持っているとする。ここでは金だとしよう。金塊を二つに切って片方を捨てても、手元にはやはり金塊が残る。その作業を何度も繰り返していくと、しだいに小さくなるとはいえ、やはり金の破片が見つかる。やがて原子一個の大きさにまでたどり着いたとしても、その原子はやはり金だ。

ところがここでプロセスが破綻する。原子を二つに割ろうとすると、残ったどちらも金ではなくなるのだ。かつて金の原子をつくっていた小さなかけらの山を手にすることはできても、それは個々の「量子」（それで量子力学という名がついた）であって金ではない。ちょうど、ピニャータ〔メキシコの祭りで使われる、お菓子などをなかに詰めた紙製のくす玉〕を割ったらお菓子の山と破れた紙が残るが、ピニャータ自体はなくなってしまうのと同じである。

それでも初めはまだ十分に秩序があるように思えた。一個の原子の中心には原子核があり、それは陽子と中性子でできている。その周りを多数の電子が回っていて、どれも陽子や中性子より遥かに小さくて軽い。やがてこれらがさらに小さい単位に分解できることが明らかになる。たとえば陽子はクォークというもので構成されていることがわかった。結局、一個の原子は数十個の要素によって成り立っていて、それぞれにまもなくレプトン、ボソン、ニュートリノといった風変わりな名前が与えられる。これらは総称して「亜原子粒子」と名づけられた。「亜原子」とは、原子より小さい、という意味である

問題はこの「粒子」という言葉だ。最初は妥当な用語に見えた。粒子とはきわめて小さい物体であり、質量と体積を備え、一個一個が他とは分離している。科学者たちはビリヤードボールが遥かに小さくなったようなものを頭に浮かべた。これらは実体のある物質だから、理屈の上では戸棚にしまったり、部屋の向こう端まで投げたりすることもできるはずである。亜原子粒子の特徴の一つに「スピン」というものがあり、測定してみるとそれは時計回りか反時計回りかのどちらかであることがわかった。まるで小さなビリヤードボールが高速で自転しているかのようである。つまり、中央にビリヤードボールが集まっていて、その周りを明確な軌道に沿って数個のビリヤードボールが回っている。古典的な考

え方でいくと、原子はそんな図で表わすことができた。亜原子の世界を研究することは、ビリヤードボールの衝突やふるまいを調べるのと大差はないと考えられた。ただ規模がうんと小さいだけである。少なくとも、そうであるはずだと誰もが直感的に思った。

ところがそうではなかったのである。

研究を進めていくうち、亜原子粒子のふるまいについてはかなりのことが解明されたが、その正体については何一つ突き止められなかった。一九八〇年代の半ば以降に詳細に研究されている一つの理論によれば、亜原子粒子とは、多次元に存在するひもの振動の現われにほかならないのだという。この仮説が本当なのかそうでないのか、私たちはいまだに答えを出すことができない。多少なりとも確かに言えることがあるとすれば、それはこの粒子が何でできているかがわからない、ということのみである。

すでに我々は原子を構成する粒子がちっぽけなビリヤードボールなどではないことを知っている。なぜなら、それらが波としてもふるまうからだ。音波にしろ海の波にしろ、波というのは物質の独立した塊ではなく、空気や水といった媒体のなかを振動が繰り返し通っていくことである。亜原子粒子が波としてふるまうことを示すために実験を行なった結果、それが間違いなく波としてふるまうことが議論の余地なく証明された。ところが、亜原子粒子が個々の粒子としてふるまうことを示す実験をしてみると、やはりそれが個々の粒子としてふるまうことが疑問の余地なく確認できた。同じ物がビリヤードボールにもなれば波にもなるなんて、どうすればそんなことが起きるのだろうか。まるで、レンガであると同時に歌でもある物体を見つけたようなものである。

相容れない二つの性質を併せ持つ物体を調べるのは、一筋縄ではいかなかった。数学が加味された禅を研究するようなものである。やがて、亜原子粒子の奇妙なふるまいが次々に判明していった。同時に複数の場所に存在できること、同時に別の方向に「スピン」できること、途中の空間を通ることなく一点から別の一点に移動できること。果ては、既知のあらゆる法則に反して、距離がどれだけ離れていても素粒子〔亜原子粒子のうち、それ以上分割できない基本粒子〕同士が何らかの方法で瞬時に情報を伝達できることもわかった。これだけでも十分に厄介なのに、そんな性質を持つ物体がさらに粒子でもあって波でもあるというのだから、たまったものではない。しかし、二〇世紀の前半に知性を傾けて真剣な議論を重ね、二〇世紀の後半に法外な金をかけて実験をしたことによって、原子を構成する得体の知れない物のふるまいは今やある程度、予測できるようになっている。

「波」のモデルと「粒子」のモデルを同時に受け入れた結果、これらの物体が度を越して奇妙であるという認識が生まれた。しかしそれはこの上なく間違っている。それらのふるまいは、宇宙で最もありふれた平凡なものだ。あなたの周りのあらゆる場所で四六時中、ごく当たり前に起きている。したがって「奇妙」とは正反対だと確実に言える。亜原子粒子を奇妙だと私たちが思うのは、人間のレベルで目に映る物事のありさまとあまりに違っているからにすぎない。つまりここでもやはり、観測される側だけでなく観測する側も鍵を握っているわけだ。これは私たちの問題であって、宇宙の問題ではないのである。

プーチンとカンガルーが戦う

波と粒子のモデルを使うと、それがあくまで比喩であることを忘れがちになるという弊害がある。亜原子世界の本質を掴みたいなら、まずはそこの住人が、一般に認識されるような意味での波でもなければ粒子でもないということを受け入れないといけない。私たちには別の比喩が必要だ。極小のレベルになると、世界は私たちとは異なる特殊な法則に従って動く。そのことを理解しやすいような比喩がいる。

ＳＦ作家の故ダグラス・アダムズは、かつてこう記した。「光速より速く移動するものは存在しない。例外があるとすれば、悪いニュースだろうか。これは独自の特殊な法則に従っている」。本書ではアダムズに敬意を表し、亜原子の世界を説明するのに「波と粒子」をやめて「ニュース」という比喩を使おうと思う。ニュースに喩えるなら、それが文字通りに受け止められるおそれはあるまい。

たとえばロシアのウラジーミル・プーチン大統領が、カンガルーと戦っているところを写真に撮られるという事件があったとしよう。こんな出来事は予測不能だ。つまり、いつ起きるかを前もっては予測できないという意味である。私たちに言えるのは、大統領がそのうちカンガルーにパンチを食らわせるだろうというのがせいぜいで、それは大統領を支持する人も非難する人も認めるしかないはずだ。プーチンとはそういう男である。

この事件は、亜原子レベルでの出来事に似ている。たとえば放射性崩壊を例に挙げよう。放射性崩壊とは、ウランなどの不安定な元素の原子が放射線を放出するプロセスのことを言う。私たちは平均値を計算して、一定の期間に任意のウラン塊がどれくらいの放射線を放つかを予測することはできる。しかし、特定の一個の原子に注目して、その原子にいつそのプロセスが訪れるかを予想することはできない。プーチン大統領がカンガルーと戦う場合と同じで、今すぐかもしれないし、三〇分後か、二〇年後かもしれない。実際にそうなるまで、前もって知るすべはないのだ。

この不確実さはそれ自体が衝撃的な発見だった。私たちの宇宙は、因果律という厳密なプロセスに基づいて動いていると考えられていたからである。自然が単にその気になったときに物事を行なうのだとしたら、出来事の原因に関する厳密な物理法則がいくらあったところで何の役にも立たない。原子は何の理由もなく、好きなときに崩壊すると知ったとき、科学者は足元の土台が根幹から揺さぶられるような不安を覚えた。アインシュタインもそのことを受け入れるのを拒み、「神は世界とサイコロ遊びなどしない」と語ったのは有名な話である。アインシュタインは信じていたのだ。原子核が崩壊するのがなぜその瞬間であってほかの瞬間でないのかは、原子のどこか奥深くに潜む根本的な理由によるものに違いない、と。今に至るまでそのようなメカニズムは発見されておらず、現代の科学界はイギリスの理論物理学者スティーヴン・ホーキングの見解のほうを支持している。ホーキングはこう述べた。「神は間違いなく宇宙とサイコロ遊びをしている。彼が根っからのギャンブラーであり、機会さえあればかならずサイコロを振ることを、すべての証拠が指し示している」

さて、この辺でさっきのニュースの話に戻ろう。

プーチンがすでにカンガルーと戦ってしまったとしたら、どういう結果が待っているだろうか。確実に言えるのは、たった一つのそれだけの出来事でもさまざまなメディアが取り上げるということだ。編集者、ブロガー、新聞やテレビ局のオーナーといった人物の政治信条や、各メディアがどんな読者層を対象にしているかがわかれば、どういう記事になるかもかなり正確に予想できる。笑いに走る記事もあれば、嫌悪感を露わにするものもあり、興味本位のものや怒りに満ちたものもある。あなたのお気に入りのニュースソースについても、どんなスタンスで記事を書くかは前もって想像がつくはずだ。

だが、カンガルーと戦ってからそれがニュースで報じられるまでのあいだには、何が起きているだろうか。おそらく事件についていろいろな分析がなされ、考えられるいくつもの解釈が吟味されることだろう。戦いを知ってプーチンを強い指導者だと思う人もいれば、そんなことをするなんて恐ろしい奴だと考える人もいる。じつはこれは自作自演のパフォーマンスではないか、いや、ロシアにおける動物の権利の現状を表わしているのではないか。いやいや、ひょっとしてプーチンは神経をやられたんじゃないか。大統領が酔っぱらっていたという説に一票を投じる人は多いだろう。なかには、政治スキャンダルから大衆の目を逸らさせるために、メディアが事件を丸ごと捏造したと勘繰る者も現われる。手の込んだ陰謀論をこしらえて、カンガルーはわざと負けるように訓練を受けていたのだと説く者もいそうだ。あるいは、これまで世間体を気にして我慢してきたが、自分だって好きなときにカンガルーを殴ってもいいはずだ、などと息巻く人が出てきてもおかしくない。このように、さまざまな考えや解釈がたちまちソーシャルメディアに溢れ、それと同時に、この事件をネタにしたジョークや、フォトショップで加工した画像や、「プーチンのカンガルー」を騙る偽アカウントなどが続々と湧いて出る。

こうしたさまざまな考えはすべて、真実である可能性を持つ候補だ。それと同じように、量子レベルの粒子にも、取り得る状態の候補がいくつも存在する。また、真実かもしれない候補は、ほかと並び立たないとは限らない。カンガルー事件はメディアの捏造であると同時にプーチンも酔っていた、という可能性は十分にある。事件後に登場する説の多くは間違っているにせよ、たった一つだけが正しいと考える理由はない。

クモの巣のように絡み合った数々の説のなかには真実の候補がいくつも存在するにせよ、その数はけっして無限ではない。プーチンがカンガルーと取っ組み合ったと聞いて、ニンジンがオペラを楽しむ

（たとえばだが）、などと考える者はいない。つまり、量子レベルの出来事は滅茶苦茶であるように見えるものの、何でもありの世界ではないのだ。

どれだけいろいろな発想が登場しようと、大多数は報じられることがない。ロシアのジャーナリストはそんな解釈を大っぴらに述べるのは危ないと考え、自主規制をかけるだろう。日頃のプーチンが報道や言論の自由を抑えつけようとしているのを見れば、そうするのも無理はない。西側諸国では、自主規制は弁護士の圧力がきっかけで起きるケースが多い。弁護士が記事の内容を確認し、訴えられたときに裁判で勝てそうにないものはすべて却下する。メディアの捏造だとする陰謀論や、神経衰弱説や飲みすぎ説は、法律の冷たく厳しい視線のもとで消え失せる。荒唐無稽で愉快な解釈が渦巻くもやもやとした雲は、瞬時に縮んでもっと無味乾燥で穏当なものへと収束する。少なくとも、ほとんどのニュースソースがそういう目に遭うはずだ。

私たちの比喩で言う弁護士とは、科学者の眼差しを表わしている。自分の実験を覗きこんで、何が起きているかを確認するのだ。ニュースとなる出来事が起きてから結果的にメディアが報じるまでのあいだに、ありとあらゆる突飛で胸躍る考えが乱れ飛んでいる。弁護士が到着するか、科学者の好奇の眼差しが注がれるかして初めて、お楽しみに終止符が打たれる。この観測するという行為によって、もやもやとしたいくつもの候補が一個の測定可能な結果として形を成すのだ。

では、カンガルーと戦ったあと、新聞が報じる前の段階で、プーチンが声明を発表して事件の説明をしたらどうなるか。たとえばこの声明のなかでプーチンが、自分は重度の有袋類恐怖症を克服するためにセラピーを受けているのだ、と告白したとしよう。これで、翌朝の新聞の一面は当初の予定から一気に様変わりする。大統領の男らしい肉体を褒め讃える見出しは書き換えなくてはならない。大統領としての資質を疑問視する反プーチン的な見出しは、さらに過激な調子を帯びるだろう。出来事の結果となり得た候補の半数は、表に出る前に一瞬で消え失せる。プーチンの公式声明は、弁護士の視線と同様に、見出しの候補や数々の憶測に引導を渡すわけだ。したがって事件に関する報道は、法的な介入と解釈によって影響されるだけでなく、その介入がいつ起きるかによっても違ってくる。

亜原子の世界は言うなれば曖昧模糊とした当て推量と憶測の海であり、観測されたときに初めて明確に確定する。どのような観測がいつ行なわれるかによって、「たぶん」の泡がどういう姿に固まるかが変わってくる。この曖昧模糊とした海を私たちがじかに目にすることはできない。見ようとする行為によって、それが一つの姿を取ってしまうからだ。私たちがジャーナリストの心を読むことができず、完成した記事を確認するしかないのと同じだ。量子の世界は、あなたの十代の子供が友人と自分の部屋で楽しんでいるのに似ている。叫び声や笑い声が家中に響いているから、確かに楽しいことが起きているのはあなたにもわかる。ところが、その部屋のドアを開けてあなたが顔を出そうものなら、お楽しみはたちまち消えてなくなり、あとには押し黙って気まずそうにする若者たちがいるだけだ。楽しそうな現場を親が目撃できないのは、太陽が影を観察できないのと同じ。だが、どちらも間違いなく存在している。

多宇宙・多世界解釈

量子力学の物語は、実態を説明できる適切な比喩を見つけられない人々の物語でもある。プーチンがカンガルーと戦うという私の比喩は、破れかぶれの悪あがきにすぎないように思うかもしれない。だが、これでもほかの説明に比べたらまともなほうだ。不適切な比喩の最たるものが、かの有名な「シュレーディンガーの猫」である。

シュレーディンガーの猫は、オーストリアの物理学者エルヴィン・シュレーディンガーが一九三五年に発表した思考実験だ。これはもともと量子力学に関する当時主流の解釈の仕方がいかに馬鹿げたものであるかを、「背理法」的に際立たせようとしたものだ。背理法とは、ある命題が不合理な結論になることを立証して、その命題が真でないことを示すことを言う。しかし、量子力学は背理法の攻撃ではたいした痛手を負わない。というのも、気の利いた説明と比べて、背理法のほうが論理的に厳密にならざるを得ないのが普通だからである。

シュレーディンガーの思考実験では、一匹の猫が箱のなかに閉じこめられている。箱にはある仕掛けが施されており、その仕掛けは一定の期間内に猫を殺すかもしれないし、殺さないかもしれない。

シュレーディンガーがどうして猫を殺す話を名案だと思ったのかは定かではない。これがまずまずの比喩だと考えたこと自体が、亜原子の世界をどうにかしてうまく説明できないかと当時の科学者が必死になっていたことを物語っている（シュレーディンガーが単に犬好きだっただけかもしれないが）。シュレーディンガーの心理はさておいて、私たちには箱のなかの猫を見ることができない。生きているのか死んでいるのかもわからない。だからこの時点では、猫は生きているのと同じくらい死んでいる状態だと言える。はっきりさせるには箱を開けて、なかを覗き込むしかない。量子力学の世界とはまさにそのようにして動いているのだと、この思考実験は言いたいわけだ。

この思考実験が一般向けの比喩としてうまくないのは、科学者でない人間はとっさに「そりゃそうだ」と思うからである。実際に目にするまでは確認できないにせよ、箱のなかの猫が生きているか死んでいるかなんていつだってわかるはずがない。そうではなく、この比喩が本当に伝えようとしているのは、猫は生きていると同時に死んでいるということだ。この定まっていない状態を「重ね合わせ」と呼ぶ。重ね合わせとは、一個の粒子が、理論のうえで取り得るすべての状態を同時に取って存在しているということだ。それはちょうど、プーチンがカンガルーと戦っていたことについて、ありとあらゆる相反する見解がツイッター上に溢れるのと同じである。やがて観測者が現われて、そうした状態の候補は確固たる何かへ、あるいは裁判で負けない何かへと収束するのだ。

生きていると同時に死んでいる猫を想像するのは、たとえスティーヴン・キングのホラー小説を山ほど読んでいても不可能である。だからシュレーディンガーの思考実験には欠陥があるのだ。想像の難しいことを説明するのに、想像が不可能なことを引き合いに出しているのだから。これでは、量子力学が理解不能の代名詞のように思われているのも無理はない。比喩が私たちの思考にどれだけ影響を与えているかは、一九二〇年代にポーランドの工学者にして哲学者のアルフレッド・コージブスキーが取り組んだ問題でもあった。コージブスキーが注目したのは、世界に関する私たちの認識が、私たちの言語の構造によって色をつけられているということである。とくに厄介なのが「be動詞」だ。英語のような言語では、一つの物事と別の物事を「is」でつないでも文法上はまったくおかしくない。たとえば、私たちは平気で「Bertrand Russell is clever（バートランド・ラッセルは頭がいい）」などと言うが、本当の状況を正しく表現するなら「Bertrand Russell appears clever to me（バートランド・ラッセルは頭がいいように私には思える）」という文章であるべきだろう。「is」のような単語を使うことで、私たちは自分の心のなかにある考えや疑念や、あるいは偏見を周囲の世界に投影している。そうしておいて、それが客観的な真実であるかのように思い込んでいるのだ。

私たちにはこういうことができてしまうので、だから映画にも入り込める。実際は俳優が台詞を読んでいるにすぎないのに、あたかも実在する人物を見るような目で虚構の登場人物を眺めている。だが、コージブスキーが繰り返し強調したように、地図は実際の土地ではない。ベルギーのシュルレアリスムの画家ルネ・マグリットが、絵画『イメージの裏切り』（一九二九年）で伝えようとしたのもそういうことだ。この絵には一本のパイプが描かれ、その下に「これはパイプではない（Ceci n'est pas une pipe）」という文章が記されている。見る者は初めのうち当惑するものの、誰かがこれはパイプの絵であって本物のパイプではないと指摘すると、ようやく画家の言わんとするところが腑に落ちるのだ。

比喩と現実、地図と実際の土地を区別するのは難しく、その難しさがとりわけ厄介な状況を生むのが量子力学の分野である。初めに多宇宙の概念を捻り出したのは、アメリカの物理学者ヒュー・エヴェレット三世だった。一九五四年、「シェリー酒を一～二杯引っかけた」あとのことだったという。エヴェレットは量子力学について当時主流とされていた認識に疑問を感じ、別の解釈がないものかと考えているうちにとてつもなく素晴らしいアイデアが閃いた。猫は生きていると同時に死んでいるのではなく、猫は私たちの宇宙では生きているけれど別の宇宙では死んでいる、ということなのではないか？膨大な数の平行宇宙が本当に存在するのだとしたら、起こり得ることはすべてそれぞれの宇宙で実際に起きている。つまり、量子世界の「重ね合わせ」は、別の宇宙で取り得る状態の選択肢を列挙したリストということになる。だとすれば、量子世界の出来事を観測するという行為は、数々の候補をたった一つの結末に収束させることなどではなく、私たちがどの宇宙にいるかを思い出させているにすぎないのではないか。

エヴェレットの案に対する当初の反応は芳しいものではなかった。物理学者はえてして「オッカムの剃刀」を好む生き物である。オッカムの剃刀とは、いくつか対立する説明が存在する場合、最も単純なものが正解である可能性が高いとする原則のことだ。宇宙といったら大事《おおごと》であり、生きながら死んでいる猫の意味を理解するためにいきなり宇宙を持ち出すのは、いくら何でも飛躍のしすぎだと見なされたのである。エヴェレットの考える通りだとすれば、驚異的な数の宇宙が瞬時に生まれ出ねばならない。エヴェレットは批判の矢面に立たされた。

一九五九年には、量子力学の大御所ニールス・ボーアに会って自分の考えを説明しようとしたものの、目論見通りの結果にはならなかった。ボーアの研究仲間だったレオン・ローゼンフェルトはのちにこう記している。「エヴェレットについて言えば、私はもとよりニールス・ボーアでさえこの男には我慢がならなかった。一二年あまり前、コペンハーゲンに私たちを訪ねてきて、絶望的なほどに間違った考えを売り込もうとしたのだ。［ジョン・］ホイーラーに後押しされたらしいが、あの男も馬鹿なことをしたものである。エヴェレットは筆舌に尽くしがたいほど愚かであり、量子力学のきわめて単純な事柄さえ理解できていなかった」

エヴェレットは失意の内に理論物理学の道を離れ、防衛アナリストとして余生を送る。そして一九八二年、五一歳で突然死した。故人の遺志に従い、遺灰はごみ箱に捨てられた。

エヴェレットの人生が終わりに近づく頃にはそのアイデアへの関心が高まってはいたものの、それが今やどれだけ真剣に受け止められているかを見る前に世を去ってしまった。エヴェレットの仮説は現在では「多世界解釈」として知られ、それが私たちの現実を最も適切に表わしたものだと多くの物理学者が考えている。オックスフォード大学の物理学者デイヴィッド・ドイッチュの言葉を借りるなら、「平行宇宙として量子世界を捉える解釈は、難解な机上の空論から生まれた煩わしい選択肢の一つなどではなく、直感に反する驚くべき現実を言い表す唯一筋の通った説明」なのである。

とはいえ、ドイッチュの見解が物理学界で全面的に支持されているわけではない。量子力学を多世界説で解釈するのが現実の正しい描写なのか、それとも荒唐無稽な馬鹿げたアイデアなのか、まだ結論は出ていないというのが実状だ。平行宇宙は本当に存在するのかもしれないし、さもなければエヴェレットやドイッチュのような科学者が自分自身の比喩に騙され、地図と実際の土地を混同しているだけなのかもしれない。私たちはまだ、そのどちらなのかを断言できる段階にない。

あまりに異質な世界

原子の何に驚くかと言って、それがほとんど空っぽだとわかったことだろう。正確には、原子は九九・九九九九九九九九九九九九九パーセントが無でできている。原子の大きさがロンドンのセントポール大聖堂と同じだとしたら、原子核は直径約七センチのクリケットボール程度で、その周りの空っぽな空間を数匹のハエが飛んでいるようなものだ。クリケットボールとハエ以外には何もない。全人類を圧縮して、その空っぽの空間を取り除いたとしたら、残る物質は角砂糖一個ほどの大きさになる。今、体重を支えてくれている椅子のことをあなたは信頼しているだろうが、その椅子には物理的な実体がほとんどないのだ。何とも奇妙な気持ちがする。それはあなた自身も同じなのだと気づいたとき、なおさら不気味に感じるに違いない。

これを知ったところで、ドア枠に爪先をぶつけたときの慰めになるわけではない。そういう場面では、世界は腹立たしいほどに硬く思える。しかし、亜原子レベルの世界と、私たちが生きている人間レベルの世界では大きな隔たりがある。人間レベルでは、椅子は（たいてい）体重を支えてくれるし、私たちには壁を突き抜けて歩くことが悔しいができない。引力と斥力という強力な力があるせいで、物質の一かけらたりともその場を動くことができないうえ、ほとんど空っぽの物体がほとんど空っぽの物体を通り抜けることもできない。

どうして私たちの目に映る世界はこれほど違っているのだろうか。量子の世界では、物体は存在の可能性という曖昧な状態で飛び回り、何の問題もなく同時にいくつもの場所にいられる。人間レベルの世界ではそうは行かない。一個の箱入りビスケットが同時に二か所にあるなどということは、悲しいかな起こらない。レベルの違いに応じて系のふるまいは変わり、一つの要素が著しく変化してしまうとその系は適切な機能を失って崩壊する。人間レベルの宇宙では、同時に取り得る可能性と曖昧さは排除されている。

量子の世界を理解するために物理学者が用いるモデルは、本来の目的通りに量子のレベルを対象にする分にはきわめて信頼性が高い（しかし、それより大きいものが相手になると用をなさない）。そのモデル〔波動関数〕を使えば、一個の粒子に関連する波の振幅を二乗することで、その粒子の存在確率を予測することができる。それによって量子世界が波であると同時に粒子であることをうまく扱うこともできる。こうしたモデルのおかげで、私たちはどんどん小さいマイクロチップを開発することができるし、モデルの応用分野はほかにもたくさんある。ところがこれは相対性理論とはまったく相容れない。相対性理論なら、恒星や惑星といった大きな物の運動を非の打ちどころなく説明できるのに。

相対性理論と量子力学の矛盾に、多くの物理学者が頭を掻きむしっている。皆、たった一つで宇宙を余すところなく正確に記述できる「万物の理論」の発見を夢見ているのだ。今のところ、複数のレベルに完璧に対応できるモデルは科学者の手をすり抜け続けている。そのため、私たちが宇宙について理解できることは、相容れない二つのモデルのどちらを使うかによって違ってくる。もっと客観的な事実を掴みたければ、キュビスム時代のピカソのように複数の異なる視点をどうにかして合体させ、奇妙な外観を持つ一個の全体へとまとめ上げるしかない。私たちが世界について何を知ることができるかは、それを見るときに私たちが何を選択するかにかかっているわけだ。忌まわしき主観性の毒は今なお健在であり、科学の片隅で息を潜めている。

量子世界の不思議のなかでもとりわけ意外な発見が、ハイゼンベルクの「不確定性原理」（一九二七年）だ。ドイツの物理学者ヴェルナー・ハイゼンベルクが、粒子の運動量を測定するとその位置を正確に特定することができず、逆に位置を測ると運動量が正確に定められなくなることを証明したのである。互いを補い合うこの二つの変数のうち、どちらか一つについてより正確であろうとすると、もう片方については不正確にならざるを得ない。これが意味するところを噛み砕いて消化するプロセスは、多くの物理学者にとって、夜明けを求めて長く暗いトンネルを彷徨うような苦しいものだったろう。

亜原子世界の何にも増して、この事実は研究者の心を掻き乱した。もちろん、一個の粒子が同時に複数の場所に存在するというだけでも十分に奇妙である。また、量子もつれ〔複数の量子が古典力学では説明のつかない影響を及ぼし合う性質〕の状態にあると、距離がどれほど離れていても粒子同士が瞬時に情報伝達できるというのも不思議きわまりない。しかし、何より物理学者を震撼させたのはハイゼンベルクの不確定性原理であり、それはゲーデルの不完全性定理が数学者に与えた衝撃に似ている。物理的な現実について正確な事実がわからないことに困ったのではない。それを知ることが不可能だというところが問題なのだ。

実体ある物質でできていると信じてきた世界が、じつは無意識と同様の理解不能な土台の上に築かれていた。心のなかで意識にのぼる部分などちっぽけな理性のあぶくにすぎず、より広大な無意識の領土を観察することも理解することも普通はできない。それと同じで、確固とした物質から成る物理的な世界も因果律も、より大きな現実のなかではちょっとした変則にすぎず、人間レベルの視点の奇妙な癖によって生み出されたものにほかならなかったのである。心と物質は、いずれも初めは理解可能であるかに思えた。ところが、それが拠って立つところを探すべく深く掘り下げていったら、確かな土台に突き当たるどころか、理解不能で理解するすべもない何かが横たわっていた。待望の新しいオンパロスとして機能してくれそうなものはそこにはない。私たちの世界は、心にせよ物質にせよどちらも小さな泡だったのだ。泡の内側では物事は矛盾なく首尾一貫しているものの、一歩外に出ればあまりにも異質な世界が広がっていて、それを正しく表現する比喩すら私たちは持ち合わせていない。

こうしたことすべてを受け入れるのは並大抵のことではない。幸い、大勢の作家や芸術家がそれに挑もうと手ぐすね引いていた。

SCIENCE FICTION

第7章 サイエンス・フィクション　単一神話から複雑な物語へ

ホドロフスキーの夢

チリ出身の映画監督アレハンドロ・ホドロフスキーは、フランク・ハーバートによる一九六五年のサイエンス・フィクション（SF）『デューン 砂の惑星』（早川書房）の映画化を目論んだ。構想が実現していたらそのオープニングは、ワンカットのシーンとしては映画史上最も意欲的なものとなっていただろう。

シーンはまず、一個の渦巻銀河を外側から映し出すところから始まる。そこからキャメラは銀河に近づき、止まることなく銀河の内部へと向かう。無数の星々が織り成すまばゆい光に突入し、惑星のあいだを抜け、宇宙船の残骸の脇を過ぎていく。音楽の作曲と演奏はピンク・フロイドが担当する予定だった。キャメラはそのまま、採掘用の宇宙船団を追い越す。宇宙船のデザインを手がけたのは、クリス・フォス、メビウス、H・R・ギーガーといった、ヨーロッパのSF界とシュルレアリスム芸術を代表する錚々たる顔ぶれだ。その宇宙船を宇宙海賊たちが攻撃し、積荷を奪うべく死闘を繰り広げる。積荷とはすなわち、不老不死薬の原料となる「香料」だ。さらにキャメラは進み、人の住む小惑星や、香料を精製する深宇宙の工業コンビナートを通り過ぎて、やがてこの銀河における経済活動の成果を運び去る小さな宇宙船を捉える。その荷台には香料が積まれ、その上に密売人たちの死体が横たわっている。

このシーンは二分ほど続き、それで一つの宇宙全体を描き出してみせることになっていた。呆れるほど野心的な試みである。まだコンピュータ・グラフィックスがない時代なのだからなおのことだ。だが、困難に怯むようなホドロフスキーではなかった。

この男がこれほど壮大なスケールで構想を描いたのは、映画作りに対する自らの哲学を反映した結果だ。こう語っている。「人生の目的とは何か？　それは己自身の魂を創造することだ。私にとって映画とは、ビジネスである前に芸術である。人間が魂を探求する手段には、絵画や文学や、詩などがある。私にとってはそれが映画なのだ」。その考え方からいけば、小じんまりしたものに落ち着いても意味はない。「私が『デューン』に対して抱いた野望は、この映画を一種の預言者とし、世界中の若者の心に変化をもたらすことだった。私が思う『デューン』とは神の降臨にほかならない。芸術と映画の神だ。私が目指したのは、ただの映画に留まらないもっと深いものを生み出すこと。何か神聖なものを作りたかったのだ」

イギリスの異端の舞台演出家ケン・キャンベルは、一九七六年にリヴァプール・サイエンス・フィクション・シアターカンパニーを創設した人物で、やはりＳＦにはこの種の大きな野望を育む力があると認識していた。もっとも、キャンベルはホドロフスキーより現実的な見方をしていたのだが。「考えてもみてくれ。これまでの文学はどれも、煎じ詰めれば人がドアを出たり入ったりするのを描いているだけだ。ＳＦならそれ以外のあらゆることができる」

ホドロフスキーは自分の夢を実現するために仲間を集め始めた。「魂の戦士たち」になってくれると見込んだ者たちを協力者に選んだのである。プロジェクトは幸運と不思議な偶然に恵まれているかに思えた。オーソン・ウェルズ、サルバドール・ダリ、ミック・ジャガーといったスーパースターに何かの役柄を演じてもらおうと決めると、どういうわけか思いがけなく当人たちと出くわし、説得して了解を取りつける、という出来事が相次いだのである。こうして事前準備が整うと、ホドロフスキーはハリウッドの複数のスタジオに出向いてこの映画を売り込んだ。

当時は『スター・ウォーズ』が成功を収める数年前のこと。まだＳＦは奇妙でくだらないものと見なされていた。ホドロフスキーの売り込みは心を打つ革新的なものではあったが、やはりＳＦ映画には違いない。結局、どこへ行っても「無理だ」と断られる。

一九二〇年代に初めて「サイエンス・フィクション（空想科学小説）」という名称がつけられたとき、すでにＳＦは軽んじられていた。もちろん子供には受けたが、批評家からは見下された。ところが、これがかえって幸いする。文化の主流から外れていたために、作家は自由に探求や実験ができたのだ。イギリスの小説家Ｊ・Ｇ・バラードが指摘したように、そうした縛りの少ない環境のもとで、ＳＦは現代の真の姿を巧みに表現できる最後のジャンルとなった。まともだと見なされている文学とは違ったやり方で、時代を一皮剝いてみせることができたのである。二〇世紀という世紀は、不確かさと、相対的な視点と、留まるところを知らない科学技術革命によって特徴づけられているのに、そうした側面は往々にして主流の文化からは見えてこない。しかし、ＳＦがそれを見過ごすことはなかった。

UFOと天使

二〇世紀の精神を理解するうえでSF的な概念がいかに役立つかは、スイスの精神分析医カール・ユングがUFO（未確認飛行物体）に興味を抱いていたことからもうかがえる。ユングはフロイトの愛弟子だったが、師匠が性に固執しすぎているとして袂《たもと》を分かったのは有名な話だ。そのユングは一九五九年に、空飛ぶ円盤についての著書を発表している。当時ユングは八三歳だったため、そんな本を出して科学者としての名声が危うくなるのではないかと思い煩うこともさしてなかった。

ＵＦＯ現象は第二次世界大戦後に始まったものである。きっかけは、信頼に足るアメリカの飛行家ケネス・アーノルドが一九四七年に奇妙な物体を目にし、それを新聞がセンセーショナルに書き立てたことだった。以来、ＵＦＯは一般の人々の意識のなかに降り立った。世間はＵＦＯを、遥か彼方の世界から来た異星人の宇宙船だと最初から決めてかかった。アーノルドがワシントン州の上空で目撃したのは、正体不明の九つの飛行物体。いずれも平たい半月状で、ブーメランとクロワッサンを掛け合わせたような姿をしていた。日差しのなかで魚が飛び跳ねるような、あるいは円盤が水面を跳ねていくような動きだったとアーノルドは表現している。これを受けて新聞は「空飛ぶ円盤」という言葉を作り出す。その後は何百という目撃情報が続くが、面白いことにそれらは最初にアーノルドが報告した半月状の物体ではなかった。新聞の見出しから連想されるような円盤状だったのである。メディアがその言葉をこしらえてから、自分たちも「空飛ぶ円盤」を見たという目撃者が現われたのだ

ＵＦＯの目撃談は時とともに変化していった。それらは大衆メディアがＵＦＯをどう描くかと切っても切れない関係にあり、『未知との遭遇』（一九七七年）のような映画が公開されると目撃情報の数も増え

た。初期の目撃談には、火星人や金星人に遭遇したというものもあったが、どちらの惑星にも生命が存在しないとわかってからは、遠い銀河からの来訪者という話になった。UFOによる拉致事件、家畜の変死事件、大きい目をした「グレイ」と呼ばれる異星人、果ては「異星人に連れ去られたあげくに肛門を検査される」という思いもよらぬ体験談まで、事細かないくつもの新事実が広く知られるようになる。また、エイリアンは秘密の軍事基地と関連しているのではないかというのが、大きなテーマとして浮上した。もっとも、軍事基地を秘密裏に開発しているような土地の上空なら、見慣れない飛行物体が飛んでいてもさほど驚くにはあたらない気もするが。

UFO現象への関心が明らかに薄れ始めたのは、二一世紀に入ってからのことにすぎない。カメラ内蔵のスマートフォンが普及したのに、UFOが存在するという確たる証拠を示せていないためだ。だが全盛期にはつねに、物体が宇宙を移動するという無味乾燥な話以上の何かがUFOにはつきまとっていた。一九九〇年代のテレビドラマシリーズ『X－ファイル』のスローガンではないが、「私は信じたい」だったのである。

UFOが「本物」なのかそうでないかについては、ユングにとってどうでもよかった。UFOがにわかに出現したことが、その時代について何を語っているかを知りたかったのである。人類はいつの時代も、正体不明の何かに遭遇したという報告をしてきた。いずれも（実在したならの話だが）私たちの理解を超える不思議な存在である。そうしたものに出くわしたときにそれをどう解釈するかは、目撃者がどういう文化のもとに暮らしているかによって違ってくる。ユングはそのことに気づいた。目撃者が目にしたとされるものが妖精なのか天使なのか、はたまた悪魔なのか神なのかは、その人の育った文化がどれを最もありそうだと見なすかによって決まる。そうした「異質な存在」を今や人々が新しい表現で説明しているとすれば、それは私たちの集団的無意識に何らかの変化が起きたしるしだとユングは考えた。

第一次世界大戦の頃でもまだ私たちは、天使と出会ったなどという話をしていた。そのいい例が「モンスの天使」である。イギリス海外派遣軍の最初の大きな戦闘となったモンスの戦いで、天使がドイツ軍からイギリス兵を守った、という内容である。この話は実際はウェールズの作家アーサー・マッケンが書いた短編小説だったのだが、これが広く流布して、人々は本当にあった出来事のように思い込んだ。しかし、第二次世界大戦の頃になるとキリスト教はすでに衰退し、天使との遭遇などもはや信用されず、この世ならぬ存在につけられてきた数々の呼び名もすべてあり得ないものとされるようになっていた。そうは言っても、不思議な遭遇は依然として起こる。そこで今度は、ほかの惑星からの来訪者との接触、と解釈されるようになったわけだ。理解を超える存在の正体を考えるうえで、SF的な概念が一番しっくりくるものだったのである。

ユングの考えるUFOは、冷戦下の被害妄想や、科学技術の進歩への違和感が投影されたものにほかならない。UFO現象からは、異星人の宇宙船についてよりも、私たち自身の文化について多くのものが見えてくることにユングは気づいていたのだ。次のように記している。「投影を生み出す空想力は、この世の組織や権力者を超えて天空の世界へ、星間空間へと飛翔する。そこはかつて、人間の運命を司る神々が惑星に宿る場所だった」。もはや私たちにとって天空は、愛情深い神々や天使たちがすまう世界ではなくなったのだ。

幌馬車隊、宇宙を行く

SF作品の第一号は、メアリー・シェリーの一八一八年の小説『フランケンシュタイン』（新潮社）だとよく言われる。というのも、登場する怪物は明確に実験室で作られたのであって、自然に誕生したのでも超常現象によって生まれたのでもないからだ。『フランケンシュタイン』の物語を一言でいえば、人間が神になろうとすると人間性をなくすことに気づく、ということだ。これが二〇世紀になって大いに人気を博したのも無理からぬことだろう。

一九世紀後半になると、初期のSFとしてもっと典型的な作品が現われる。フランスの作家ジュール・ヴェルヌの冒険物語集『驚異の旅』（『ジュール・ヴェルヌ〈驚異の旅〉コレクション』［インスクリプト］）だ。このなかには、ネモ船長の巨大潜水艦「ノーチラス号」など、奇想天外な乗り物が登場する。こうした科学技術は、悪しき者の手に渡ると危険だとヴェルヌの物語は警告していた。一九世紀末にH・G・ウェルズが発表した何編かの小説も、やはり科学技術のせいで度を越した野望が芽生えかねないことに警鐘を鳴らしている。一八九六年の『モロー博士の島』（偕成社）に描かれた、自然の摂理に反した動物実験しかり、一八九七年の『透明人間』（偕成社）の悲劇的な運命しかりだ。

ウェルズの作品は、SFを用いて現代社会の問題を批判する手法の先駆けである。たとえば一八九八年の『宇宙戦争』（偕成社）は、イギリスが一つの種族（ここでは火星人）に侵略される物語だ。その種族は意志が強く残忍で、先住民を遥かにしのぐ科学技術を持っている。こうした斬新な空想に基づく虚構の設定を使えば、イギリス人に自らの植民地支配の歴史を新たな視点から振り返らさせ、複雑な気持ちにさせる効果があることにウェルズは気づいた。より進歩した侵略者が現地の病気によって滅ぼされるという結末にも、大英帝国の行なってきたことが透けて見える。社会に対する批判は、一八九五年の小説『タイムマシン』（光文社）にもありありと見て取れる。この作品は、社会の不平等が行き着く先を考察したものだ。そこには、最下層民と特権階級とが分離した、悪夢のような遠い未来が描かれている。両者は別々の種へと進化しており、どちらもそれぞれに恐ろしい面を持つ。SFは未来の話をしているようでいて、じつは現在について語る部分にこそその真価があった。

一九世紀後半のSFはヨーロッパの作者によるものであり、科学技術の進歩が意味するところを憂慮する内容だった。ところが、二〇世紀初頭になるとSFはまったく違った様相を見せる。アメリカの作家が中心となり、楽観的な調子を帯び始めたのだ。未来の科学技術はもはや悪夢の予兆ではなく、肯定的で胸躍るものとなった。工業化された戦争へとヨーロッパが雪崩れ込み、史上初めて化学兵器や戦車や、空爆を登場させている頃、アメリカ人は科学技術の可能性を夢に描き、それが非常に刺激的なものであることに気づいた。

こうしたスタンスが明確に現われているのが『トム・スイフト（*Tom Swift*）』シリーズである（シリーズの一部はサンリオより刊行）。オリジナルシリーズは全四〇冊から成り、一九一〇〜四一年にかけてヴィクター・エイプルトンのペンネームでさまざまなゴーストライターが書いたものだ。主人公のトム・スイフトは実業家の息子。機械いじりがうまく、新しいものを作り出すのが得意で、冒険心に富み、「なせばなる」という前向きな気概を持った人物である。イギリスの漫画原作者アラン・ムーアはこう指摘している。「トムは男らしくて健康で、手先が器用で、その科学の才能はほとんどが生来のものか独学で習得したものであり、女々しく本で学ぶ必要などないという、計算された人物設定がなされている」。

シリーズのどの本にも、トムが何かの装置で冒険する様子が詳しく描かれている。最初は、『トム・スイフトとオートバイ（*Tom Swift and His Motor Cycle*）』や『トム・スイフトとモーターボート（*Tom Swift and His Motor Boat*）』（ともに一九一〇年）のように、現実に存在する機械ばかりだった。だが、すぐにもっと想像力に溢れたものが登場し、後半には『トム・スイフトと空飛ぶ列車（*Tom Swift and His Sky Train*）』（一九三一年）や『トム・スイフトと磁気消音器（*Tom Swift and His Magnetic Silencer*）』（一九四一年）のような作品が生まれた。トムが発明する製品には未来を先取りしたものもあり、『トム・スイフトと写真電話（*Tom Swift and His Photo Telephone*）』（一九一四年）にはファクシミリの原型が出てくる。スタンガンの一種である現代のテーザー銃は、『トム・スイフトと電気銃（*Tom Swift and His Electric Rifle*）』（一九一一年）からヒントを得て誕生したものだ。しかも「テーザー（taser）」という商品名は、トム・スイフトをフルネームにした「トマス・Ａ・スイフトの電気銃（Thomas A. Swift's Electric Rifle）」の頭文字を取ったものである。

このように、新たに発明された科学技術を進んで試し、それをプラスのものとして捉える風潮は、たちまち二〇世紀前半のＳＦを方向づける大きな流れとなった。バック・ロジャースやフラッシュ・ゴードンといった映画や漫画の登場人物は、実際的でタフな、いかにもアメリカらしいヒーローだ。行動力や勇気はもとより、たまたまその辺に転がっていた高度な装置も武器にして自らの目標を達成する。いずれも個人主義を肯定し、胸躍る未来が待っているような予感を抱かせてくれる。もちろん、曇りのない目を持つ個人がそれなりの数はいて、その人たちが正しく未来を築いてくれれば、という条件はつくのだが。

このように物語を理想化する傾向は、未来の話に限るものではない。同じ時期に人気の絶頂を極めたカウボーイものにも当てはまる。アメリカの開拓時代を美化した小説が登場したのは一八八〇年代頃のこと。当時は開拓者上がりの興行師バッファロー・ビルが、何度となく「ワイルド・ウェスト・ショー」のヨーロッパ巡業を行なって好評を博していた。そして、ネッド・バントラインなどの三文小説家たちが、早撃ちでならしたワイルド・ビル・ヒコックやバッファロー・ビルのような男たちの人生を伝説化するのに一役買ったのである。注目すべきは、これが西部の辺境の地を手なづけた直後の時期だったということだ。バッファロー・ビルのショーで描かれるような生き方は、法律の発展と文明の進歩に取って代わられつつあった。しかし、だからこそ開拓時代の西部の物語は伝説としての輝きを増し、アメリカでもそれ以外の地域でも人々を惹きつけていった。

表面的な違いを取り払ってしまえば、西部劇と初期のSFは非常によく似ている。『スタートレック』の生みの親であるジーン・ロッデンベリーが、自ら構想したドラマシリーズを売り込むにあたって、「幌馬車隊、宇宙を行く」とでもいうような作品だと説明したのは有名な話だ。これは、長期放映中だったカウボーイ・テレビドラマ『幌馬車隊』を念頭に置いたものである。だが、この男はそれだけではない野望を胸に秘めていた。前例のない、革新的な試みをしようと狙っていたのである。一九八八年にロッデンベリーは当時を次のように振り返っている。「あの頃は西部劇が大人気だったし、私はとにかく『スタートレック』をテレビ局に買ってもらいたかった。だからこう言ったんだ。〝いいかい、みんな。これは西部劇とたいして違わない。馬の代わりに宇宙船、六連発拳銃の代わりに光線銃というだけで、それもすぐに慣れるさ〟と。すると、気の毒なことにテレビ局側は私に予算をくれ、優秀な俳優何人かと監督をセットで手配してくれたもんだから、私は狂喜した！　彼らは自分たちが何を依頼したのかも、私と何に同意したのかも理解していなかったんだ。当然ながら、あとで非常に憤慨していた」

ロッデンベリーの革新的な目論見が明らかになったのは、通信士官ウフーラの役にニケル・ニコルズを起用しなければ製作から降りると宣言したときだった。当時のアメリカのテレビ界では、権力を持った重要な役どころを黒人女優に与えることはなかった。このように、当初の宣伝文句以上の未来を思い描いていたとはいえ、『スタートレック』が冒険と辺境開拓のショーであることに変わりはない。伝説化されたアメリカの過去は、伝説化された未来としても十分に通用する力があった。

「カウボーイ」に相当する仕事は世界のさまざまな地域に見られる。コロンビアの平原に住む「リャネロ」もそうだし、スペイン・アンダルシア地方の馬飼いや、オーストラリア奥地の牧童もそうだ。だがいずれも、アメリカのカウボーイほど人々の関心を掻き立てることはなかった。アメリカのカウボーイ物語には、人を惹きつける不思議な何かがある。だから、似たような暮らしをしている人たちの話より魅力的に思えたのだ。

開拓時代のアメリカ西部の伝説は、個人の力を肯定するものだった。国家権力に縛られない生き方をし、仕えるべき領主も主人もいない。誰もが平等と見なされ、富より名誉を重んじる明快な道徳規範に従う。さらにそこに要素として加わったのが、自分たちとは異質の存在である北米先住民だ。個人主義が成り立つためには、自己と「他者」のあいだに大きな隔たりがなくてはならない。そして、先住民と植民者との文化の違いが、その隔たりを際立たせる役割を果たした。

イギリスのマルクス主義の歴史家エリック・ホブズボームは、アメリカとカナダの開拓時代を巡る伝説が決定的に違うことに注目した。「一方の伝説は、自然状態の人間がホッブズ的〔万人の万人に対する闘争状態〕であることを前提にし、それを緩和するものは個人と集団による自助しかないことを示している。それがたとえば認可を受けたガンマンであり、自警団であり、ときどき行なわれた騎兵隊の突撃だ。もう一方の伝説は、権威のもとに統治や治安を押しつける物語である。それを象徴するのが、王立カナダ騎馬警察という、カナダ版〝馬にまたがった英雄〟が着ている制服だ」

西部劇というジャンルで、理想的な個人主義を追求した当然の帰結として誕生したのが、いわゆる「名無しの男」だ。一九六〇年代にセルジオ・レオーネ監督が撮った三本の映画で、クリント・イーストウッドが演じた役どころである。このキャラクターは観衆の賞讃を集めた。なにしろ、完全に一匹狼で、地域社会とのつながりもないために、名前すら必要としないのである。二〇世紀を象徴する数々のアイコンと同様、孤独こそがこのキャラクターの魅力の源泉だった。

理想郷さながらの未来を築くという夢のもとに創られた国家は、その国の伝説を過去の物語に限定しなかった。新しい物語を生み出しただけでなく、その物語を語る新しい媒体をも使いこなしたのである。その媒体とは、映画だ。

『月世界旅行』から『マトリックス』へ

映画は一九世紀の終わりに産声を上げた。その発明に携わったのは一人ではない。世界のさまざまな地域で別々に取り組んでいた発明家たちが飛躍的な技術の進歩を成し遂げ、それらが積み重なった結果として生まれたものだ。そうした飛躍の舞台となったのは、イギリスのブライトンやリーズ、フランスのリヨン、アメリカのニュージャージーといった労働者階級の暮らす地域だった。二〇世紀が幕を開ける頃、すでに映画製作者たちは観客を混乱させることなく場面を切り替える手法を身につけ、フォーカス送り〔手前の被写体から奥の被写体へ、あるいはその逆へとピントを変えること〕やクローズアップのような技法を試し始めていた。しかし、この誕生まもない媒体がどこへ向かおうとしているのかはまだ判然としていなかった。

最終的に映画は大衆向けの媒体となる。チケットの販売という民主的な形態を取ったおかげもあって、二〇世紀で最も人気のあった媒体と言っていいだろう。とはいえ、もっと高尚で、選ばれし者を対象にした芸術へと発展してもおかしくはなかった。二〇世紀最初の数十年間には、ロシア、フランス、イタリアの映画監督たちによって映画は大きな前進を遂げたが、その前進はどれもそちらの方向を目指していたように思える。たとえば、ジョヴァンニ・パストローネ監督の『カビリア』（一九一四年、イタリア）のような作品は、構想のスケールにおいても技術のレベルにおいても当時としては抜きん出ていた。『カビリア』には、シュラクサイ包囲戦でローマ艦隊が破壊されるさまや、エトナ山の噴火、さらには戦象〔軍事用の象〕を連れたハンニバルのアルプス越えが描かれている。たいていの映画が数日で完成していた時代に、『カビリア』の撮影には六か月を要した。巨大なセットや大群衆のシーンは、一〇〇年を経た今もなお見る者を圧倒する。それとは対照的に、アメリカで初めて商業的な成功を収めたのは、ボクシングの試合を撮った映画だった。代表的なものが一八九七年の『コーベット対フィッツシモンズ戦（*The Corbett-Fitzsimmons Fight*）』であり、アメリカの観客にとってはこうしたエンターテインメントが主流であり続けた。

映画産業の中心は、さまざまな出来事が絡み合った末にヨーロッパからカリフォルニアへと移る。第一の要因は、第一次世界大戦でヨーロッパのかなりの地域が経済や産業もろとも破壊されたこと。第二に、一九二〇年代後半の「トーキー（発声映画）」の登場によって、フランス語やイタリア語より英語圏の映画産業に大きな世界市場が開けたこと。第三の要因は、ハリウッド自体の発展である。ハリウッドは雨が少ないため、日射しを当てにできることが業界にとってはありがたかった。それに、肩肘張らないのんびりした暮らしは映画スターたちを惹きつけ、映画産業はそうしたスターの存在にますます依存するようになっていた。

アメリカの映画産業はもともと東海岸を拠点にしていた。それがカリフォルニアに移動した原因の一端は特許問題にあった。MPPC（モーション・ピクチャー・パテンツ・カンパニー社）の弁護士たちからできるだけ遠ざかりたかったのである。MPPCはフィルムの縁についている送り穴の知的所有権を主張し、多額の特許料を請求した。二一世紀の映画産業が知的所有権に執着していることを思うと、ハリウッド自体が知的所有権侵害の精神で築かれたというのは何とも皮肉な話である。

映画とSFは初めから素晴らしく相性がよかった。映画の作り手からすると、客にわざわざ映画館へ足を運んでもらうからには、ただならぬ経験をして帰ってもらう必要がある。だから、目を見張るような映像の特殊効果を魔法のごとく繰り出すことができるなら、それを利用しない手はないと考えていた。最も有名なSF無声映画はたぶん『月世界旅行』（一九〇二年）だろう。監督は、フランスの奇術師にして芸人であり、劇場主でもあったジョルジュ・メリエス。作品のなかでは、六人の勇敢な天文学者が宇宙船を組み立てて月へと飛んでいく。一行を率いるのは、天文学会のバルバンヒューイ（「もじゃもじゃ顎髭」の意）会長だ。月では数々の驚異に遭遇する。たとえば月の女神が現われたり、昆虫に似た月人に襲われて命からがら地球に逃げ帰ったりもする。

作品のなかでバルバンヒューイの宇宙船が、人の顔になった月の目に突き刺さるシーンがある。これは、約一七分の作品に散りばめられた奇抜な視覚的イメージの一つにすぎないが、その単純さと斬新さとユーモアのおかげで、映画の黎明期を代表する映像となった。『月世界旅行』は映画史に輝く非常に重要な作品とされているため、映画としては初めてユネスコの世界遺産に登録されている。このように、映画とSFが実り多き関係を築いていくことは初めから明らかだったのだ。

フリッツ・ラング監督によるドイツ表現主義の傑作『メトロポリス』（一九二七年）も、やはり媒体と内容とが申し分なく融合した作品だ。『メトロポリス』は根幹部分で『フランケンシュタイン』の物語を大まかになぞっている。『フランケンシュタイン』と聞いて私たちが思い浮かべる視覚的イメージの多く（パチパチと弾ける電光や奇妙な装置の詰まったマッドサイエンティストの実験室など）はこの映画がもとになったものであって、メアリー・シェリーの原作にはない。『メトロポリス』で最も有名なシーンは、ロトワングという傷心の発明家が、心優しいヒロインであるマリアに似せた悪者として女性アンドロイドを作り、それに命を吹き込む場面だ。

『メトロポリス』は、一九二〇年代後半の時代精神に対する洞察に満ちた作品である。「メトロポリス」とは未来都市の名で、その外観はモダニズム建築を自由かつ大胆にアレンジしたデザインになっている。巨大な機械に囲まれて必死に働く労働者のシーンには、社会が工業化されると人間性が奪われるという世間の不安がありありと見て取れる。当時はまだ、労働者主導の革命が本当に起きるかもしれないと思われていた時代。だからこそ、労働者の辛く単調な作業と、支配者層の贅沢な暮らしぶりとの際立った対比が、この物語の重要な底流の一つとして全体を貫いている。同じくらい注目すべきなのが、女性アンドロイドがみだらな性質を持つことだ。メトロポリスの住人たちはアンドロイドの誘惑に負け、退廃と快楽の世界へと堕ちていく。のちにジーン・ロッデンベリーが気づくように、SFという枠組みを用いれば、現実に即した描き方では容認されないような露骨さで今現在の問題を語ることができる。空飛ぶ奇妙な自動車を登場させさえすれば、検閲の目をごまかせるのだ。

もっとも、『メトロポリス』のような意欲的な構想の作品は、初期のSF映画のなかでは異端の部類に入る。当時のSF映画の典型と言うべき作品はアメリカで誕生した。こちらは、芸術のかたちを借りて思い切った考えを表明するのではなく、大衆受けする冒険物語を扱っていた。その代表的なものが、バスター・クラブが主演した映画である。クラブはオリンピックで金メダルを獲ったこともある元水泳選手だ。俳優に転じてからはフラッシュ・ゴードンとバック・ロジャースという二つの役を演じた。どちらの映画が描く未来も理想郷とは言い難いが、それでも目指す価値のある胸躍る世界と見なされた。

第二次世界大戦後になると、SF映画から初々しい楽観主義が影を潜める。たとえば一九五六年の『ボディ・スナッチャー／恐怖の街』のようなB級映画には、共産主義への恐怖が色濃く現われている。この作品は、「他者」であるはずの宇宙からの生命体が、ごく普通のアメリカ人と見分けがつかなくなるという恐怖映画だ。けっして単純な内容ではなく、共産主義への非難であると同時に、反共産主義の上院議員ジョゼフ・マッカーシーの被害妄想を糾弾したものとも受け取れる。『ソイレント・グリーン』（一九七三年）では、地球温暖化と人口爆発、そして資源枯渇に見舞われた未来世界を描いている。これは、当時の環境意識の高まりを反映したものだ。日本の怪獣映画『ゴジラ』シリーズからは、日本が原子力技術とどう関わっているが透けて見えてくる。ゴジラはもともと街をなぎ倒す怪物だったが、広島から福島までの長い年月のあいだに、次第に日本人の友となり地球の守護者ともなり、制御できない未知の巨大生物にもなっていく。一方、『マトリックス』(一九九九年)では人類が仮想現実の世界に閉じ込められ、自らが作り出したコンピュータ技術に隷属している。

バスター・クラブに象徴された冒険と興奮は、二〇世紀後半には膨れ上がる不安に取って代わられた。今やSFというジャンルは、個人主義では食い止められない無慈悲な暗黒郷を描くものとなる。それでも、現実世界における個人主義はそれにはいっさい左右されずに拡大していった。それどころか、二〇世紀が終わるまでその傾向は続く。一九七九年にマーガレット・サッチャーがイギリスの首相になって自己中心的な政治思想を打ち出し、それがアメリカのロナルド・レーガン大統領に影響を与えた結果、ついに個人主義はアングロサクソン世界における政治と経済の基本姿勢となる。だが、SFは政治家よりも微かな兆候に敏感だ。炭鉱のカナリアさながらに、危険を早期に察知して警報を発する。そして戦後のSFは、確かに私たちに何かを警告しているようだった。

英雄の旅

ジョージ・ルーカス監督の映画『スター・ウォーズ』(一九七七年)の脚本は、アメリカの神話学者ジョーゼフ・キャンベルによる一九四九年の著書『千の顔をもつ英雄』(早川書房)を踏まえて書かれたものだ。キャンベルによれば、これまで人類は荒唐無稽で多種多様な神話や物語を空想してきたが、その根幹にあるのはたった一つの原型的な物語であり、それが人類の心理に深甚な影響を及ぼしている。

キャンベルはそれを「単一神話」と呼んだ。つまり、世界の神話と伝説はみな、ただ一つの純粋な原型のどこかを変えたバリエーションだというのである。キャンベルは単一神話の筋書きをこう要約している。「一人の英雄が日常の世界をあとにし、超常的な驚異の領域へと旅に出る。そこで信じられないような力に出会い、決定的な勝利を手にする。英雄は同朋に恩恵を授ける力を得て、この神秘的な冒険から帰還する」

この筋書きがあらゆるところで繰り返されているのにキャンベルは気づく。オデュッセウス、オシリス、プロメテウスなど、神々や英雄が活躍するさまざまな神話しかり、モーゼ、キリスト、ブッダといった宗教的偉人の生涯もしかり。古代ギリシアからシェークスピア、ディケンズに至る数々の戯曲や小説もそうだ。この種の筋書きは、今では「英雄の旅」と呼ばれている。それは、ありふれた世界に住む平凡な人物（ほぼ例外なく男性）の登場とともに始まる。男は何かの出来事をきっかけに冒険の旅へといざなわれ、父親的な威厳を持つ老齢の導師に出会い、旅をしながら数多くの試練をくぐり抜け、巨大な悪に立ち向かってこれを倒す。やがて活躍が何らかのかたちで報いられ、男は別人のように成長した姿で元の世界に戻る。ルーカスは『スター・ウォーズ』の第一作を製作するにあたって、キャンベルの単一神話の現代版を作ることを意識したと公言して憚らなかった。そのことが、キャンベル自身とその著作の知名度を高めるのに大いに貢献することになる。

『スター・ウォーズ』があまりにヒットしたために、アメリカの映画産業はまだその後遺症から完全には抜けきれていない。ルーカスの友人スティーヴン・スピルバーグの映画とともに『スター・ウォーズ』はハリウッドのその後を方向づけ、収益の見込める超大作とわかりやすいキャッチコピーを追い求める産業へと変貌させた。アメリカ映画はつねに民主的なビジネスだった。映画会社は観客が欲しがるものを提供し、観客は切符を買うことで自分たちが何を望んでいるかを示す。ハリウッドは『スター・ウォーズ』を通して、自分たちがどれだけ観客の興味と乖離していたかに衝撃を受けるとともに、映画がこれほどの大金を稼ぎ出せることに驚きを隠せなかった。もう数年早くこの点に思い至っていれば、ホドロフスキーの『デューン』にもゴーサインが出ていたかもしれない。

ルーカスがキャンベルの単一神話を利用して魔法の商品を作り出したことは、いやでも注目を浴びた。少なくともハリウッドにとって、「英雄の旅」は金の卵を産むガチョウになったのである。映画会社で脚本の採否を決める担当者たちは、持ち込まれた脚本を吟味して良し悪しを判断するのに「英雄の旅」を基準にした。脚本製作の理論家も専門家もすっかりそれを自分のものにし、ついにはその基本構成と異なる物語を生み出すことができなくなった。きっかけとなる事件をどこに置くか、暗黒へと逆戻りする日々をどこにもってくるか、どこから第三幕の解決篇に入るかを、脚本の読み手も書き手も寸分違わず心得ていた。映画産業では最終的な収益がすべてであり、しかも仕事が非常に不安定である。そのため、映画の骨組みはキャンベルの単一神話一色になった。

キャンベルの単一神話は視点がヨーロッパに偏っており、男性中心であるとして批判を受けてきた。だが、じつはもっと重大な問題がある。何かと言うと、キャンベルは考え違いをしているということだ。なにも人間は、たった一つの純粋な原型的な筋書きをアレンジするだけで物語を紡いできたのではない。単一神話は、神話の核心部にキャンベルが発見した宝物などではなく、時代時代のさまざまな物語にキャンベルが投影した自身の作り事にすぎなかった。それが魅力的な筋書きであるのは確かだが、それ一つしかないというのは絶対に間違っている。アメリカのメディア評論家フィリップ・サンディファーが指摘するように、キャンベルは「自身の好む〝死と再生〟の物語に目をつけ、それに合致する筋書きを世界中の神話から残らず探し出した。自分が手にした新たな基準にぴたりと当てはまる物語を山ほど掘り起こすと、それが人間という存在の根本的な側面だと宣言した。そうして、世界の神話にはほかにも何千という〝根源的な物語〟が存在することを見て見ぬふりした」のである。

キャンベルの物語は一人の人物を軸に展開する。その人物は庶民の出で、観客が共感できる存在だ。物語の世界では主人公が唯一の重要人物であり、そのことは本人はもとよりほかのすべての人々が了解している。主人公の活躍によるものでない限り勝利は勝利でなく、主人公がじかに影響を被らない限り悲劇は悲劇でない。主人公を取り巻く人物たちは、ほかの人にはしないようなやり方で主人公を励ましたり、主人公のために泣いたりする。主人公が知らない人物の死は、主人公が愛した人物の死より心情的に遥かに遠いものとして扱われる。まさに当時の主流文化に沿ったお誂え向きの物語構造だ。キャンベルが取り組む対象となり得た単一神話はいくらでもあったが、二〇世紀のアメリカに生きる者らしく、そのなかからたぶん一番個人主義的なものに白羽の矢を立てたのである。

二〇世紀最後の数十年間にこの単一神話が成功を収めたことは、個人主義がどれだけしっかりと根づいていたかを物語っている。しかし二一世紀が始まってからは、この魔法の公式が勢いを失いつつある気配が感じられる。今の時代に人気を博す本当に面白い物語は、個人主義的な「英雄の旅」という限られた視点から離れ始めているようだ。批評家から高い評価を得た『THE WIRE／ザ・ワイヤー』のようなドラマシリーズや、商業的にも大ヒットしている『ゲーム・オブ・スローンズ』のようなドラマシリーズは、その政治姿勢や人間関係の複雑さゆえに人気がある。どちらも一人の視点からの物語ではなく、互いに関連し合った多くの視点から語られる。そして、さまざまな人物が登場して相関関係が入り組んでいるほうが、たった一人の勇敢な人物を描いた物語よりも私たちを強く惹きつける力を持っている。

二一世紀の観客は、登場人物たちと長期にわたって複雑に関わり合うことに魅力を感じる。『ワールド・オブ・ウォークラフト』などのオンラインゲームのなかで長く使い続ける自分のキャラクターもそうだし、五〇年以上の歴史を持つSFドラマ『ドクター・フー』に出てくるドクターもそうだ。アメリカンコミックのスーパーヒーローを実写映画化した作品群「マーベル・シネマティック・ユニバース」では、作品同士がすべてつながっている。なぜならマーベルは、全体が部分の総和以上のものであることを知っているからだ。J・R・R・トールキンの単純な「英雄の旅」物語である『ホビット』(原書房)も、二一世紀の映画ファン向けに脚色されると原作より遥かに込み入った長い三部作となる。どうやら現在の私たちは、一つの視点からだけでは提供しきれないような複雑な物語を求めているらしい。

SFが私たちの文化における早期警戒システムであるなら、それが個人主義から離れたことは、この先私たちが進んでいく方向性について何事かを語っているに違いない。私たちはそこに留意すべきだ。とくに第二次世界大戦後の年月のなかで、自己を崇めることがどれほど悲惨なものになり得るかが明らかになったのだから。

第8章 虚無主義 ● 生は絶望の向こう側で始まる

俺は誰のためにも危険を冒さない

一九四〇年代の初め、高さ一五メートルほどの白い文字がハリウッドヒルズ地区に並んでいた。文字は「OLLYWOODLAND」と読めた。この標識《サイン》はもともと一九二三年にハリウッドランドの宅地開発の広告として設置されたもので、当初は文字全体に電球が取りつけられて「HOLLY」「WOOD」「LAND」の順に点灯していた。それでもあまり目立たないようなら、下からサーチライトで照らせる造りにもなっていた。しかし二〇年を経て電球はすでに切れ、サインは修繕が必要になっていた。しかも、酔っぱらい運転の車が丘の上の道からHの文字のところに転落し、それを壊してしまったとあってはなおさらである。

一九四〇年代におけるハリウッドサインの運命は、ハリウッド自体がたどった道のりと表裏一体である。まず、一〇年間の幕開けは多難なものだった。一九四一年、日本の真珠湾攻撃を受けてアメリカが第二次世界大戦に参戦したため、海外のいくつもの市場で映画を配給する道が閉ざされた。また、有能な映画関係者が次々と職を辞し、志願兵として入隊した。たとえば俳優のジェームズ・スチュアートやクラーク・ゲーブル、監督のフランク・キャプラなどもそうだ。しかしハリウッドはこうした痛手から立ち直り、西側世界に夢を与える作品を作り続ける。一九四〇年代が終わる頃には、ハリウッドサインは修復されていた。ただし、宅地開発というよりその地区を示す目的で、サインは今や世界中の誰もが知る「ＨＯＬＬＹＷＯＯＤ」に変わっていた。

この一〇年間にハリウッドで生み出された作品には、緊迫感と果敢さが溢れている。当然ながら、第二次世界大戦による精神的影響が色濃く現われた結果だ。一九五〇年代以降のハリウッドに特有な感傷的な作品はほとんど作られず、以前のサイレント時代に見られたような奇抜な表現も影を潜める。代わって登場したのが、強い目的意識を特徴とする物語だ。現実逃避的なファンタジー映画も引き続き製作されてはいたが、そのなかで愛や喪失や、裏切りや義務について語られるときには、それをオブラートにくるむことなく率直に表現した。観客がすでに、そうした状態を身をもって経験していたからである。

テレビはアメリカの一般家庭に少しずつ普及し始めていたものの、人を虜にすることにかけてはこの華やかな虚飾の町には敵わない。ハリウッドには剣戟《けんげき》映画のスターであるエロール・フリンやタイロン・パワーもいれば、イングリッド・バーグマンやベティ・デイヴィスのような魅惑の名女優も揃っている。娯楽映画ならジュディ・ガーランドやボブ・ホープ、子供向けには『バッグス・バニー』や『名犬ラッシー』。ハリウッドは富や優雅さと結びついた場所でありながら、快楽主義に汚れた裏の顔も併せ持つ。世界がハリウッドにたぶらかされたのも無理はない。

ハリウッドは一つの産業でもあった。大手映画会社であるＭＧＭ（メトロ・ゴールドウィン・メイヤー）、二〇世紀フォックス、ＲＫＯ（レイディオ・キース・オーフィアム・エンタテインメント）、パラマウント、そしてワーナー・ブラザーズの五社は、「ビッグファイブ」と呼ばれた。いずれも、製作設備から映画館チェーン、配給部門、さらには俳優まで自前で賄っている。それぞれのスタジオでは週に一本程度のペースで作品が製作された。こうして人材と経験と機会を結びつけたことにより、スタジオシステムはときに芸術を超え、魔法を生み出すことができたのである。

『カサブランカ』（一九四二年）の主人公はリック・ブレイン。故国を捨てた皮肉屋のアメリカ人だ。リックはモロッコでナイトクラブを営んでいる。明るくて広々とした粋な店だが、切羽詰まった者やうらぶれた人間たちの溜まり場となっていた。リックは、かつての美しい恋人への愛を選ぶか、レジスタンスの大物指導者をナチスから逃がす手助けをするか、決断を迫られる。『カサブランカ』はあらゆる要素が詰め込まれた作品だ。愛、義務、愛国心、ユーモア、ロマンス、危険、友情、そして欲望。そのすべての要素をこれほど激しく描くことができたのは、一九四〇年代のハリウッドだからこそである。

この映画の核は、俳優としてのハンフリー・ボガートの名声を不動のものにしたリック役の演技にある。ボガートが演じるのは、（じつに格好よく描かれてはいるが）失意の底にある人物だ。世を拗ねた孤独なアンチヒーローであり、自分は誰のためにも危険を冒さないと事あるごとに言い放つ。国籍を尋ねられれば「ただの酒飲み」と答え、飲むときはいつも一人だ。当初の新聞発表では、この役を当時の人気俳優ロナルド・レーガンにやらせる予定だったというから、今となっては信じがたい話である。

映画の筋書きに魅力を持たせるうえで、リックの虚無的な面が決め手となるのは最初から明らかだった。作品の下敷きになったのは、『皆がリックの店にやって来る（*Everybody comes to Rick's*）』と題した未上演の戯曲である。製作のハル・ウォリスはこの戯曲の脚本を大勢の作家や映画監督に送り、意見を仰いだ。そのなかにはスコットランドの脚本家イーニアス・マッケンジーもいた。マッケンジーが気づいたのは、検閲の厳しい倫理規定を満たすために脚本に大幅な手直しを加える必要があるにせよ、リックという人物に物語の焦点を当てれば「素晴らしいテーマ」が浮かび上がるということだった。マッケンジーはウォリスにこう説明している。「人は自分の理想を信じられなくなったとき、戦わずして敗れる。そうした状況に陥ったのが［一九四〇年の］フランスであり、リック・ブレインという男だ」。最終的な台本でも、一つの政治姿勢をリックに体現させる方針に変更はなかったものの、それを真珠湾以後のアメリカに合致する方向に引き寄せることにした。フランス人である警察署長に向かってリックが「俺は誰のためにも危険を冒さない」と言うと、それは「賢明な外交政策」だという言葉が返ってくる。しかし、カサブランカの闇取引を牛耳る犯罪組織のボスは、リックにずばりと問いかける。「なあ、リック。もう孤立主義じゃ世界は立ち行かないんだ。いつになったらそれがわかるんだ？」

ヘロイン常習者のサブカルチャー

二〇世紀半ばの時代、リックのように信念を失って斜《はす》に構えた人物像は、悲しいほどにおなじみのものだった。一九四〇年代から五〇年代へと時が移り、戦時の連合国を特徴づけていた確固たる目的意識が記憶の領域へと遠ざかるにつれ、何物も信じない、ヒーローらしからぬ主人公を目にすることがしだいに増えていたのである。このような人物は、ビート作家たちの作品にとりわけ頻繁に登場した。スコットランドのアレグザンダー・トロッキもそうした作家の一人である。

トロッキの一九五四年の小説『ヤング・アダム』（河出書房新社）は、ジョーという若い労働者が主人公だ。ジョーは、グラスゴーとエジンバラをつなぐ運河の荷役船で働いている。ある日運河から、ペチコートだけをつけた若い女性の死体が上がった。ジョーは現場で引き揚げのさまを眺めているが、その女性が元ガールフレンドだったことも、女性がつまずいて運河に落ちるのを見ていたことも、自分が女性を助けようとしなかったことも黙っている。女性の死を巡る捜査にも協力しようとしない。ダニエル・ゴードンという無実の男が殺人の疑いで裁判にかけられたとき、ジョーは傍聴席にいた。ゴードンが有罪となり絞首刑を言い渡されても、ゴードンを救うべく割って入ることはない。

ジョーは思う。関わる必要がどこにある？　もともとスコットランドの同朋とは溝や隔たりを感じている。自分が首を突っ込んだところで、面倒に巻き込まれるのはおろか、下手をすれば自分の身が危うくなるのが落ちだ。当局は無実の人間の首を吊ろうとしているくらいだから、自分が何か言おうものなら、殺人の嫌疑で起訴されないとも限らない。『カサブランカ』のリック・ブレインのように、ジョーはほかの人間のために「危険を冒そう」とはしない。たとえ無実の者を死刑執行人の縄から救う力を持っていても。

トロッキはヘロイン中毒だった。この小説でトロッキが鋭く捉えたのは、自身を含めた麻薬常習者たちのサブカルチャーが持つ道徳観である（麻薬常習者が小説に登場するわけではないが）。麻薬は違法であるうえに、周囲の人間を遠ざける結果を招くため、常習者は表の社会から切り離されている。より大きな善のために貢献することにも関心がなく、麻薬を買う金を捻り出す手段としてしか社会を見ていない。仕事、信望、家族といった、自分をつなぎ止めてくれる拠り所もないまま、はみ出し者として生きるのは心に大きな負担を強いる。だが、その重荷を薬が消し去ってくれる。ヘロインでハイになっているときは、生きることの苦悩から解き放たれるのだ。一人ひとりが自己充足した単体となり、自分自身に対しても、他者から孤立していることにも心穏やかでいられる。いろいろな意味で、ヘロイン常習者のサブカルチャーは個人主義の究極の姿だ。アレイスター・クロウリーが麻薬を好んだのも無理はない。

トロッキは自らの最も有名な小説『カインの書（*Cain's Book*）』（一九六〇年）のなかで、麻薬常習者の生きざまを詳細に描いている。この本は一九六五年にイギリスで猥褻裁判を起こされ、発禁となった。主人公は、ニューヨーク州のハドソン川を往来する大型平底船の作業員。ホモセクシャルの麻薬常習者であり、自らの行ないを悔いることがない。内容は自伝的な色彩が強く、大勢の麻薬常習者同士の関わり合いが綴られていく。このサブカルチャーのなかでは暗黙の了解として、各人がヘロインを求めることが何よりも優先される。そのため、当然ながら仲間内で盗みや裏切りが起きるが、それは仕方のないこととして許されている。互いがつながるのはあくまで便宜のためであり、相手からの気遣いや思いやりなどは期待できない。それでもごく稀に、優しさに満ちた瞬間が不思議と訪れる。

この極端な個人主義はより大きな文化を映し出したものであり、小説家が向き合わねばならぬテーマだとトロッキは考えた。彼は『カインの書』のなかで、こう記している。「今の時代、書き手自身の内面が明白に現われていない文章はとうてい信ずるに足りない」。極端な個人主義がどれほど孤独なものか、トロッキにはわかっていた。『カインの書』の語り手もこう認めている。「ふと、自分は一人ぼっちだということに気づいた」。それから、そういう気持ちに気づいたことが何度もあることに気づいた」。それでも語り手は、孤立した個人主義は必要だと訴え、麻薬常習者の生き方を繰り返し擁護する。「誰であれ、どんな集団であれ、まともな検討もなされていない基準で私を道徳的に縛るのは、無礼で、傲慢で、僭越な行為だ。それは私にとって危険というだけでなく、自覚はないにせよ縛る側にとっても危険である」。さらにはこうもある。「ただでさえ人間の知識には、生まれながらに十分なほどの限界があるのを神は知っている。なのに私たちはそれだけでは飽き足らず、経験を恐れることを無知によって正当化し、そのせいでいやでも生じる限界をわざわざ受け入れている」

トロッキは恥入ることなくヘロインに耽溺した。妻は妻で、夫婦でヘロインの常用を続けるために進んで体を売って金を作った。そうした姿を見れば、極端な個人主義に改宗するよりも、それに背を向ける人のほうが多かったに違いない。アンドリュー・スコット・マレーによるトロッキの伝記には『化け物が作られるまで（*The Making of a Monster*）』（一九九二年）というタイトルがつけられている。しかし、虚無的な世界観から目を逸らしたり、それを拒絶したりしてはいけないとトロッキは信じ、「化け物」という括りには収まりきらない強烈な知的思考でその信念を裏打ちしていた。

人間は自由の刑に処せられている

ジャン＝ポール・サルトルは小柄な人物で、丸い顔にさらに丸い眼鏡をかけていた。サルトルは戦後のフランス知識階級の象徴であり、セーヌ川左岸にあるお気に入りのカフェでタバコをくゆらす姿がよく見られた。傍らにいるのは、パートナーである作家のシモーヌ・ド・ボーヴォワールである。サルトルが名声を得たのは、初めての長編小説『嘔吐』（人文書院）の成功によるものだ。

この小説は一九三八年にフランスで最初に刊行された。翌年に第二次世界大戦が勃発し、サルトルは片方の目がほとんど見えなかったにも関わらずフランス軍に徴兵された。その後すぐ、約一五〇万のフランス兵とともにドイツの捕虜収容所に送られる。『嘔吐』がもたらす衝撃の全貌が明らかになったのは、ようやく戦争が終わってからのことだ。

帰還兵たちのあいだには、戦闘の恐怖から脱して一生普通の生活を送りたいという望みがありありと見て取れた。だが、「普通」とは具体的にどういうことだろうか。二つの戦争のあいだには、科学、芸術、工業の分野で著しい躍進が目まぐるしく起き、それに慣れている時間など誰にもなかった。それより、ファシズムや共産主義の台頭によって政治や道徳が危機に瀕していることのほうが切迫した懸念材料だった。平和が訪れて初めて余裕が生まれ、人々は自分がどこにいるのかをじっくり見極めて再評価することができた。そして、かなり衝撃的な現実を見出す。第一次世界大戦前に君臨していた大いなる確かさがもはや通用しないのは明らかだとしても、そのあとを何が取って代わったのか。不確実、矛盾、不合理がいたるところにはびこっている。戦後世界のオンパロスは何なのか。そこから眺めればすべてが意味をなすような、そんな絶対的視点はどこにあるのか。孤立した個人から成る無数の視点はみな、そんなものが存在しないことに気づいた。

広島と長崎の一般市民に原爆が投下されるのを目の当たりにした世界にとって、『嘔吐』は心に響いた。この本のなかでサルトルはこう記している。「この世に存在するすべては理由なく生まれ、弱さのなかを生き続け、そして思いがけなく死ぬ」。生とは無意味なものであり、存在していることを今この瞬間に経験することのみが重要だというのが、実存主義の核となる原理である。サルトルの哲学の残りの部分は、この原理を受け入れようとする試みだった。

サルトルは、神がいないことをわざわざ論じて時間を無駄にしたりはしなかった。当時は理性ある人ならたいていが、すでに自らその結論に達しているのをサルトルは知っていた。サルトルの小説が読まれ始めたのはホロコースト〔ナチスによるユダヤ人の大量虐殺〕が知られるようになった直後である。そんなときに世界を指差して、それが公正で道徳的な神の創り給うたものだと言い切れる者など無きに等しかっただろう。サルトルが目指したのは、現に神のいない世界で生きていることにどんな意味があるのかを探ることだった。

『嘔吐』の主人公は、アントワーヌ・ロカンタンという孤独な研究者。フランスの小さな港町ブーヴィル（「泥の町」の意）で、ホテルの一室に一人で暮らしている。ブーヴィルのモデルになったのは、フランス北西部のル・アーヴルの町だ。ロカンタンにはわずかながら私的な収入があるので食うには困らず、埋もれた歴史的人物の伝記を執筆している。『嘔吐』は日記の形式をとり、そのなかでロカンタンは、世界に対する自らの知覚が変化したのはなぜかを理解しようとしている。この知覚の変化によって、ロカンタンは吐き気を感じるようになっていた。初めてそのような変化が起きたのは、浜辺の小石に目を留めるという些細なことがきっかけだった。やがてロカンタンは、公園のマロニエの根に接してひらめく。自分の見ているものは、そのものに対して頭のなかで描く概念を超越した何かであり、それは「剥き出しの存在」と呼ぶべきものなのだと。そして、剥き出しの「世界」には目的も理由もない。その事実がロカンタンに吐き気を催させたのだ。

ロカンタンは無意味さの絶望から逃れる術を探し求める。教育、冒険、瞑想、愛、都会の暮らし、そして過去など、考えつくさまざまな逃げ道を検討してみるが、存在するという圧倒的な現実の前ではどれも幻にすぎないことに気づく。この作品では、存在から逃避する一手段に芸術がなり得ることが示されるものの、そんなわずかな楽観視さえ、戦後のサルトルが自ら拒絶していくことになる。

サルトルとトロツキに言わせれば、存在が無意味であることを認めないのは卑怯にほかならない。私たちは置かれた状況に正面から向き合わねばならないのだ。なぜならサルトルが考えたように、「生は絶望の向こう側で始まる」からである。私たちは自由意志に恵まれている反面、それが何の意味も持たないと自覚していることに苦しめられてもいる。つまり人間は「自由の刑に処せられている」のだとサルトルは信じていた。

サルトルは、当時を代表するもう一人の虚無主義者サミュエル・ベケットを賞讃していた。ベケットはアイルランド生まれの作家であり、劇作家でもある。サルトルは自らが編集する雑誌『現代』にベケットの短編小説を前半だけ掲載し、それが前半だけであることを知らずにいた。のちに誤りに気づいたものの、後半を掲載する意味をまるで感じなかった。

ベケットの最も有名な作品は、一九五三年の戯曲『ゴドーを待ちながら』（白水社）だ。この作品には、ウラジミールとエストラゴンという二人の男が登場する。二人は浮浪者のような身なりをしながらも学者のように語り合い、劇の始めから終わりまでゴドーという名の人物が来るのを待っている。だがゴドーは現われない。文芸評論家のヴィヴィアン・メルシエは次のように指摘した。「何も起きない劇だが、見る者を釘づけにする。そのうえ、第二幕は第一幕を微妙に変えて繰り返されるだけだ。つまり［ベケットの］作品のなかでは何も起こらない。しかも二度」

ベケットは『ゴドーを待ちながら』の独創性で有名になったものの、虚無主義を擁護する作品にしたことで自らを追い詰める結果となった。生は無意味だとひとたび言ってしまえば、ほかに付け足せることはほとんどない。サルトルはこの問題から逃れるため、実存主義とマルクス主義を統合するという壮大な試みに打って出る。ところがベケットは、虚無主義から抜け出す道を探すことに興味がなく、暗く絶望的な作品を書き続けた。

『ゴドーを待ちながら』に続く作品は、『エンドゲーム』(『新訳ベケット戯曲全集1』に所収〔白水社〕)という戯曲である。主人公は、盲目で足の不自由な男ハム。その父親ナッグと伴侶のネルは両足がなく、並んだドラム缶のなかにそれぞれ入っている。もう一人の登場人物はハムの養子クロヴで、足を曲げられないために座ることができず、おかしな格好で歩くしかない。この作品でもたいしたことは何も起こらない。『ゴドーを待ちながら』の何もなさよりも、容赦ないまでに暗くて面白味のない何もなさだ。まるでベケットが、誰かに作品のパロディを作られる前に自分でセルフパロディを行なうと決めていたかのようである。

それでも、虚無主義の登場に文壇の主流派は大いに感銘を受け、虚無主義文学の中心的な作家の何人もにノーベル文学賞が贈られた。ただし、サルトルは賞を辞退した。当人の思想に照らせばそれも頷ける。実存主義はすべてのものに意味がないという立場なのだから、文学賞だけ例外というわけにはいかないのだ。この新しい文学の潮流は勢いを増していき、そのなかで重要な一冊となるのが、アルジェリア生まれのフランスの作家アルベール・カミュの一九四二年の小説『異邦人』(新潮社)である。そのカミュはノーベル賞を受けた。カミュに代わって言い訳するなら、カミュは不条理主義者であって実存主義者ではないとつねづね主張していた。生は無意味というよりむしろ不条理であり、これは重要な違いだというのがカミュの信条だったのである。

見る目が変われば、すべてが変わる

『エンドゲーム』は批評家に難題を突きつけた。それを驚きをもって眺めていたのが、イギリスの作家コリン・ウィルソンである。ウィルソンは一九五六年に発表した『アウトサイダー』（中央公論新社）の成功により、当時は高い評価を受けていた。初めウィルソンは、「怒れる若者たち」の一人として括られていた。「怒れる若者たち」とは、社会に幻滅を感じる一群のイギリス人若手作家につけられた呼称であり、一九五〇年代のイギリスで緩やかな文学的潮流を作っていた。もっともウィルソン自身は、それほどの怒りも幻滅も抱いていないことがのちの作品で露わになり、作家としての名声は落ちる。ウィルソンは『エンドゲーム』をすでにロンドンの初演で観ていたが、パリ公演にも足を運んだ。観客も批評家も、この劇をあまり気に入っていないのは明らかだった。少なくともウィルソンにはそう見えた。

ところが、虚無主義は扱いにくいので、誰もそれを軽々しく批判しようとはしない。なにしろ、世の中はそこまでひどくないとして虚無主義を退けようものなら、現実を認めようとしないとか、サルトルやベケットやカミュのように物事の本質に深く踏み込む勇気がない、などと非難されたのだ。

だが第２章でも見たように、ウィルソンは心理学で言う「フロー」の状態を経験し、それを「至高体験」と呼んでいた。この体験によって自分も物事の存在の本質を見たと感じたが、それで吐き気を催すことはなかった。ウィルソンにすれば生は素晴しいものであり、それ自体に意味がある。だから、生きるという行為は間違いなく価値あるものだった。

ウィルソンの目に映る実存主義者は、真っ暗な画廊を歩き回って、そこに面白いものは何もないと宣言しているのに似ている。それにひきかえウィルソンの至高体験は、画廊の照明をつけるようなものだ。もちろん、そのせいで作品がいきなり現われ出るわけではない。作品はもとからずっとそこにあった。ただ、明るくなれば作品の存在を否定できなくなるのは確かだろう。このことは、もしかしたらカミュも認識していた可能性がある。一九五二年に次のように記しているからだ。「冬の真っ只中に、私はようやく気づいた。自分のなかに、打ち消しがたい夏があることを」

フローの状態を説明しようとする人たちが強調するのは、そのときに自己意識が失われることだ。ウィルソンと同じ洞察に達するには、外部の何かとの深い関わり合いを持つことが必要となる。それは、個人主義の哲学が懸命に抗っているものだ。実存主義小説の主人公は、ほぼ例外なく受け身で孤立した人物である。また、サルトルやベケットのような主だった実存主義者たちは裕福な家庭の出であることが多く、世間一般の金銭的な困窮とは無縁の人生を送っていた。ベケットは若い頃に一度、一日中ベッドに潜っていたことがあった。起きねばならない理由が見つからなかったからである。こうした無気力は、フローを誘発するのに欠かせない世界への関与や関心とは対極にあった。

虚無主義者が受け身でじっと考え込むのは、自分の予言を的中させるためにその通りの行動を取るのと同じだ。そんなふうにしていれば、どうしたって生は無意味に思えるだろう。しかし肝心なのは、そういう見方は個々の虚無主義者について当てはまるだけであって、人間全般を表わしているわけではないということである。実存主義という泡の外側には、見出すべき価値や意味があった。それを見つけるのには知的鍛錬も、神やマルクスを信じることもいらない。ただ、気力と熱意と、関わりを持ちたいという思いさえあればいい。

ウィルソンがベケットに賛同できない部分は、作家としての創造性ではなくその思想にあった。だから、ベケットにどれだけ滑稽で、斬新で、独創的な面があろうと、たいていの批評家と違ってそこに惑わされることがなかった。二人の哲学の違いがまざまざと現われたのが、『エンドゲーム』におけるクロヴの最後の独白である。クロヴはこうつぶやく。「僕は自分に言う。地球の灯が消されてしまったと。ついているところなど見たこともないが」。これに対してウィルソンは次のように書いている。「『エンドゲーム』の初演を観たとき、それが黒を白と言いくるめようとしているのに拒否感を覚えたが、その理由をこのセリフが物語っている。世界の灯は消えるが、ついているのを見たことがないとクロヴが言うとき、私なら〝いや、私は見たことがある〟と返せるし、怠惰と自己憐憫に苦しむ人間としてベケットを切り捨てることができる。どちらも誰のせいでもなく自分のせいだ」

サルトルの『嘔吐』で主人公のアントワーヌ・ロカンタンは、存在するものに対して嫌悪を感じるようになったばかりのとき、その原因が外の世界にあるのではなく、自分の内面にある何かを外界に投影した結果ではないかと疑いを抱く。「どうやら変化はここ数週間のうちに起こっている。だが、どこで起きているのだ？　これは実体のない抽象的な変化だ。変わったのは私のほうなのか？　そうでないなら、この部屋、この町、この自然が変わったのだ。どちらなのかを選ばなくてはならない」。当初のロカンタンは次のように言い切る。「変わったのはきっと私のほうだ。それが一番単純な答えであり、同時に最も不愉快な答えでもある」。ところが、絶望の渕に深く沈み込むにつれてしだいに世間のせいだと考え始め、己の内にある漠然とした考えにすぎないものを外の世界のありようだと勘違いするようになる。

ベケットもウィルソンもともに物事の本質を観察した。だが、二人は別々の視点から眺めたために、それぞれの観察結果は異なるものになった。ここでもやはり、何を観測するかは観測者しだいだ。ウィリアム・ブレイクが一九世紀の初めに書いた言葉ではないが、「見る目が変われば、すべてが変わる」のである。

ビート・ジェネレーション

実存主義はアメリカでも花開いた。ただし、アメリカの実存主義者は、アイルランドやフランスの場合よりも生に関わる度合いがかなり大きかった。

ジャック・ケルアックはマサチューセッツ州生まれの作家で、カトリックの家庭に育ち、運動が好きだった。アメリカンフットボール選手としての能力を買われ、奨学金でコロンビア大学へ進んだものの中退し、吸い寄せられるようにニューヨークの暗黒街を放浪した。そこのサブカルチャーに触発されて誕生したのが『オン・ザ・ロード』(河出書房新社)。ビートの小説のなかで最も有名な一冊である。

『オン・ザ・ロード』は一九五一年に三週間で一気に書き上げられたという。ケルアックは何枚ものトレーシングペーパーをテープでつなぎ、長さ三六メートルほどの巻紙を作って、そこに行間を空けずに段落の区切りもないまま文章をタイプした。覚醒剤の一種アンフェタミンで気持ちを高ぶらせ、食事も睡眠も抜きで一度に何時間もタイプライターを叩きまくる。巻紙にしたのは、新しい紙を差し込む手間を省くためだ。こうして生まれたものは、意識の流れ風にほとばしる純粋な情熱であり、そこにはジャズのリズムがあった。まるで、自らの文章の勢いを絶えず高めることによって、自分が描いている世界の虚無主義を追い越し、そこから逃れようとしているかのように。のちのケルアックの文章には、仏教の概念である「悟り」に関する記述がちりばめられている。悟りとは、物事の本質を感得できる心の状態を指す。悟りの境地にある人にとって物事の本質は、サルトルやベケットが知覚した物事の本質とはまったく異なるものだった。

「ビート・ジェネレーション」という言葉を考え出したのはケルアックである。その言葉が生まれたのは、友人で作家のジョン・クレロン・ホームズと話しているときだった。のちにケルアックはこう振り返っている。「〔ジョンと〕僕はぼんやり座って、ロスト・ジェネレーションとそれに続く実存主義の意味を考えようとしていた。そのとき〝なあ、ジョン、今はまさにビート・ジェネレーション〔「打ちのめされた世代」の意〕だよな〟と言うと、ジョンは弾かれたように立ち上がった。〝それだよ、その通りだ！〟」

一九四〇年代から五〇年代にかけて、非合法な麻薬文化に浸る多くの人々は自らを「ヒップスター〔新しもの好き〕」や「ビート」などと呼んでいたが、その後「ビート」はより明確な定義づけをされていった。現在、「ビート・ジェネレーション」という呼称は、主にアメリカの作家であるジャック・ケルアックとアレン・ギンズバーグ、さらに彼らの創造力の源だったニール・キャサディ〔『オン・ザ・ロード』の登場人物のモデルとされ、その奔放で過激な生きざまが周囲に大きな影響を与えた〕を指して使われる。トロッキのように虚無主義的な元来のビート作家は、この定義には当てはまらない。アメリカの作家ウィリアム・バロウズをビート・ジェネレーションに含めようとする向きもあるが、バロウズには特殊能力があって、どんな枠に分類しようとしてもかならずそこからすり抜けてしまう。こうして対象を狭く限定することについて、アメリカの詩人グレゴリー・コーソは「三人の作家で世代《ジェネレーション》は作れない」と評した。

ケルアックは初め、路上の密売人や麻薬常習者たちが使っているのを聞いて「ビート」という言い方を覚えた。それは、金もなければ先行きの見通しもないことを一言で言い表す言葉だった。ケルアックがこれに飛びついたのは、「ビート」が示す別の面に気づいたからである。それは、社会の落ちこぼれを指すこの言葉本来の意味を補うものだった。ケルアックは「beat（ビート）」から「beatitude（ビアティテュード）」を連想したのである。「beatitude」とは「至福」の意味であり、ケルアックの育ったカトリックの世界では霊的に祝福された状態のことだ。のけ者として疎まれる人々も、束の間の恩寵や歓喜を垣間見ることがあり、それを描くのがケルアック作品の一貫したテーマである。「ビート」という言葉は、短く強く吐き出すような音でそのすべてを端的に表現できるものだった。やがて、ビート族が夢中になった荒々しく生き生きとした音楽も「ビート・ミュージック」と呼ばれるようになる。「ビートルズ」の名の由来には、このビート・ミュージックとのつながりもあった。

虚無的な色合いの濃いヨーロッパのビート族とは違って、アメリカのビート・ジェネレーションは自分たちなりの実存主義に東洋的な神秘主義の味つけを加えた。二〇世紀半ばには、東洋の経典がいくつも西洋の言語に翻訳されて手に入るようになっていた。たとえば、リヒャルト・ヴィルヘルムが一九二四年にドイツ語訳した『易経』（明徳出版社）が一九五〇年に英訳で出版されているし、アメリカの人類学者ウォルター・エヴァンス＝ウェンツが一九二九年に英訳した『チベット死者の書』（学習研究社）が、一九六〇年の再版に伴って広く関心を集めてもいた。これらの経典が説き明かす魂のあり方は、ユダヤ教やキリスト教のような一神教とはまるで違っていて、「主」への盲目的な献身を強いる階級制度的な要素がない。そこでは、外にあるのではなく内にあるものとしての神性が語られていた。そして、霊性とは個人が気づくものだと捉えていた。

悟り、至福、啓発、恩寵、歓喜、至高体験、フローといった言葉は、厳密には意味に明確な違いがあるものの共通点も多い。いずれも、いつか来るかもしれない将来ではなく、今この場で到達し得る心の状態を表わしている。また、自我を捨て、自己より大きい何かとのつながりに気づくことと密接に関連している。そして、生きるという行為には言うまでもなく価値があることを告げている。この点で、二〇世紀を貫いてきた個人主義の潮流に逆らうものと言っていい。その個人主義が当然の帰結として行き着いたものは、麻薬常習者の孤立と実存主義者の虚無主義だった。

しかし、こうした悟りや至福などの言葉が示す状態への関心や、実際にそれを経験することが、世間全般に広まることはなかった。それらはカウンターカルチャー（反体制文化）の産物であったり、学究の世界の片隅で生まれたものであったりしたため、敵意は抱かれないまでも疑いの目を向けられた。個人の自由を願う思いは個人主義によって焚きつけられてきたものであり、そう簡単に消えそうにはない。多大な犠牲を払ってファシズムと戦った世代のあいだではなおさらそうだった。

個人主義が内包する孤立と虚無主義を避けながら、個人の自由を保つにはどうすればいいのか。悟りや至高体験に救いを求めることは一つの答えだったかもしれないが、そのような状態はもどかしいまでに捉えどころがない。結局、世の中全体に解決をもたらせるほど容易に到達できるものではなかった。

『カサブランカ』の結末をどうするか

『カサブランカ』の脚本家たちは結末をどうするかを考えあぐねていたが、土壇場で決まった脚本は映画史に残る名場面となった。舞台は霧に包まれた夜のカサブランカ空港。目前に迫る飛行機の離陸、ナチスの少佐の射殺、そして運命的な決断。ハンフリー・ボガート演じるリック・ブレインは、生涯の恋人イルザに伴ってカサブランカを発つのを諦める。それどころかイルザに、夫とともに旅立ってレジスタンス運動の手助けをするよう言い聞かせる。そしてイルザに向かってこう告げる。「俺はたいした人間じゃないが、たかだか三人の揉め事なんて、この狂った世界のなかじゃ取るに足らないものだってことくらいはよくわかる」。これは、自分個人の考えや望みよりももっと大事なものがあることをリックが認めた瞬間だ。以前のリックは、誰のためにも危険を冒さないと言い放っていたが、今やレジスタンスの指導者を逃がすために自らの命と自由を危険にさらす。映画の終わりでは、自由フランス軍の駐屯地に向かうべくリックは去っていく。自身も立派に戦うために。

ハリウッド映画は希望を提示することで虚無主義を退けた。そのために用いられた道具立ては、個人の恋愛か、何物かからの象徴的な逃避か、アメリカンドリームがもたらす漠然としたより良い未来かのいずれかである。また、ときに映画が警告を発することもあった。『市民ケーン』(一九四一年)、『アビエイター』(二〇〇四年)、『ゼア・ウィル・ビー・ブラッド』(二〇〇七年)といったアカデミー賞に輝いた作品は、望み通りのものを手にした人々の究極の孤独を描いた悲劇だ。

『カサブランカ』の脚本家を助けたのは、この映画が第二次世界大戦中に作られて第二次世界大戦中を舞台にした作品だったことである。おかげで、「より大きな善」を明確に示すことができた。リックが自身の孤立と魂の孤独に見切りをつけられたのも、反ファシズムに身を捧げるという大義があったからだ。しかし、戦争が終わってかなりの年月が経ってからも、この映画は観客の共感を呼ぶ。それは、たとえ時代が変わっても、リックが虚無主義から脱却したことにまだ象徴としての力が宿っていたからだ。個人の孤立より望ましい何かがあるという期待を抱かせてほしい――それが、観客が心から求めるものだったのである。それが何であるにせよ、手に入れるためには努力と関与が不可欠だろう。だが、努力がいるからこそ、目指すだけの価値が生まれるのである。

実存主義はヨーロッパでは生き長らえたが、アメリカ人はじっと考え込むには活動的すぎた。第二次世界大戦が記憶の彼方に遠ざかると、アメリカは人類に何ができるかを具体的に世界に示そうとした。ケネディ大統領は大胆にも宣言する。今こそ月を目指すときだ、と。

SPACE

第9章 宇宙 人類は月へ行き、地球を見つけた

限りある無限

私たちはヒトになる前から月に魅了されてきた。夜行性動物だった祖先が遠くの物体に目の焦点を合わせられるように進化してからは、梢に登って月を眺めてきた。そして、それが普通ではないことに気づいた。夜空を横切るその姿は、自然界にあるほかの何物とも違っている。そもそも動きからして滑らかだ。それに、規則的な周期で満ち欠けを繰り返す。その周期は世界の何事にも左右されないのに、逃れようのない影響を世界に及ぼす。私たちとは切り離された、手の届かない存在。

やがて月は、夢、愛、憧れ、空想など、形のないさまざまなものと結びつけられるようになった。喉から手が出るほど欲しいのに、けっして手に入らない何か。それが月である。だからといって、月に行ってみたいという思いが人々の心から消えることはなかった。二世紀シリアの作家ルキアノスは、『本当の話』（筑摩書房）という天晴なタイトルの本のなかで、自分の船がつむじ風で月まで飛ばされた話を語っている。着いてみるとそこでは、月の王と太陽の王が戦いを繰り広げている真っ最中だった。

ルキアノスの月には女性がおらず、子供は男性から生まれるしかない。一七世紀初頭にはウェールズのフランシス・ゴドウィン主教が、野生の白鳥に引かせた乗り物で月に旅する物語を書いた。そこに描かれる月は夢のような楽園であり、月のキリスト教徒が住んでいる。一八六五年にはジュール・ヴェルヌが小説『月世界旅行』(筑摩書房)を発表し、ボルチモア大砲クラブの面々が巨大な大砲を作って自分たちを宇宙に撃ち出す話を綴った。だが当時もなお月旅行は、ルキアノスやゴドウィンに負けず劣らず浮世離れした話と見なされた。

一九六〇年代、手の届かなかったものに手が伸ばされ、夢が現実となる。月に到達するためには、それが実現できると信じる夢見がちな狂気と、実際に成功させるための地に足のついた能力が必要だ。この二つを兼ね備えた複雑な気質はそうそうお目にかかれるものではなく、そこには負の側面も潜んでいる。月面着陸は今なお史上最大の快挙であり、「全人類」のために捧げられたものだ。しかし、同時にそれはひたむきな意志のなせる業であって、向こう見ずに突き進む献身的な個人の力がなければ実現は叶わなかった。アメリカの社会学者ウィリアム・ベインブリッジが指摘したように、「人類を月へと駆り立てたのは大衆の意志ではなく、個人の狂信だった」のである。

アインシュタインの相対性理論が最初に発表されたとき、私たちの知る宇宙では地球と七つの惑星が太陽の周りを回っていた。冥王星が発見されるには一九三〇年を待たねばならない。私たちのいる太陽系の外側にも、無数の星々が存在することは間違いないようではあったが、それが具体的に何を意味するのかについては意見の一致を見ていなかった。しかし、この無知にはまもなく終止符が打たれる。

二〇世紀における宇宙研究の発展は人類の知識を絶えず広げていき、それとともに私たちの畏怖の念もいや増すばかりになっていった。

一九一九年三月、イギリスの天体物理学者アーサー・エディントンは、帆船でアフリカのプリンシペ島に向かった。遠征の目的は、アインシュタインの説が正しいかどうかを検証するため、皆既日食の最中に恒星の位置を記録することである。常識とニュートンの法則に従えば、遠くの恒星から来る光は太陽の近くを通っても影響されることはない。だが、一般相対性理論の予言通りに空間が重力によって本当に曲がるのなら、その空間を移動してくる光もまた湾曲することになる。そうなれば、光が太陽のそばを通過するとき、その恒星の見かけ上の位置は実際とわずかにずれて観測されるはずだ。これを確かめるには皆既日食のときを狙うしかない。普段は太陽が明るすぎて、周辺の恒星の位置を調べるのが不可能だからである。

エディントンの任務は成功した。宇宙はアインシュタインの予言通りにふるまったのである。しかし、相対性理論からはほかにも数々の奇妙な現象が導かれる。その一つが「ブラックホール」の存在する可能性だ。これは、物質の密度が大きすぎて、周辺のすべてがそこに引き込まれていき、光ですら抜け出せないような領域を言う。また、相対性理論の通りだとすれば時空は曲がっているために、宇宙の大きさは有限でありながら終わりがない。宇宙船で宇宙を突っ切ってどこまで旅していったとしても、宇宙の端から落ちることはない。その代わり、いつのまにか出発地点に戻っている。まるで、サッカーボールの表面にいる蟻が、この忌々しいボールはどこで終わるんだと悩みながら歩いているようなものだ。「宇宙の中心」という考え方も、宇宙が三次元空間なら完全に納得の行くものだが、四次元の時空においては何の意味も持たない。宇宙の端を特定できないのに、端から端までの中間地点を割り出せるはずがないのだ。

宇宙を観測する技術は、二〇世紀を通じて向上の一途をたどる。ロンドンの大気汚染のせいでグリニッジ王立天文台の作業が支障を来しているのがわかると、望遠鏡は一九四八年にイングランド南部のハーストモンスーに移された。オンパロスは固定点を標榜しながらも、けっして永遠に続くことがないのだ。一九八四年の時点ではハーストモンスーもまた不適格とされるようになり、天文台はカナリア諸島に移転した。標高が高くて人里離れた地域が天空の観測には一番都合がいいことから、世界ではチリ、カリフォルニア、ハワイなどに望遠鏡が建設されていく。それらにさえも限界が見えてきたために、今や超高性能望遠鏡のいくつかは大気圏外に置かれ、地球の周りを回っている〔大気による影響を受けないので高精度の観測ができる〕。こうした進展のおかげで、二〇世紀には宇宙の細部を捉える能力が飛躍的に高まった。

観測を通じて徐々に明らかになったのは、宇宙が永遠に変わることなくただそこに存在しているわけではないということである。宇宙は風船を膨らませるように膨張しつつあることがわかったのだ。宇宙が広がり続けているとすれば、当然ながらかつては小さかったことになる。時間をどこまでも遡れば宇宙はどんどん小さくなっていき、ついには縮んで無になる。そこが宇宙の始まりであり、何もないところから宇宙が誕生した瞬間だ。一九四九年、イギリスの天文学者フレッド・ホイルが、じつに印象的な言葉でこの瞬間を表現した。「ビッグバン（大きなバンという音）」である。もっとも、実際に起きたことは大きくもなければ、バンと音を立てたわけでもなかったのだが。ともあれ、これはキリスト教の神学に大きな変更を迫るものとなった。宇宙は「ただそこにあって」私たちを助けてくれていると考えられていたのに、そうではなくなった。宇宙は生まれ、成長し、そしていつかは死ぬかもしれない存在へと変わったのである。

望遠鏡の性能が向上するにつれて、宇宙に関する私たちの知識も深まっていった。結果的に、人類が宇宙に占める位置はしだいに小さくなっていき、重要性が下がっていく。なにしろ宇宙には、銀河と呼ばれる星々の集まりがひしめいていたのだ。私たちの属している天の川銀河はその一つにすぎない。銀河のサイズはさまざまだが、大きいものでは一〇〇兆個もの恒星が含まれている。観測可能な宇宙だけでも、一七〇〇億個以上の銀河が存在すると考えられている。「一七〇〇億」だの「一〇〇兆」だのというのは、書くだけ無駄な数字と言っていい。なぜって、数字が示す数量の本当の大きさをとうてい伝え切れないからだ。その数の表わすものをほんの少しでも垣間見ようとするだけで、すぐに座って強い酒をあおりたくなること請け合いである。億やら兆やらの大きさを本当に理解してしまったら、しばらく仕事には行けなくなるだろう。

私たちは二〇世紀に宇宙を覗き込み、その大きさを把握しようとするだけで心の糸が切れて働かなくなることを知った。そこで、その限界を超えることが私たちの目標となった。宇宙は最後のフロンティアであり、その限りある無限は人類が一度も遭遇したことのない驚異と畏怖を突きつける。故郷《ふるさと》を離れて、一歩外へ踏み出す時がきた。

ロケット科学とオカルト

戦前のカリフォルニアで少年時代を送っている頃から、マーヴェル・ホワイトヘッド・パーソンズはSFが大好きだった。ヒューゴー・ガーンズバックが創刊したSF雑誌『アメージング・ストーリーズ』を愛読し、とりわけ気に入っていたのがジュール・ヴェルヌの小説『月世界旅行』である。

現代においてタイムマシンが非現実的であるように、当時はロケットが地球の大気圏を離れて月に到達するなど、夢物語だと見なされていた。ロケットの歴史は古く、およそ二〇〇〇年前に中国で火薬が発明されて以来存在している。アメリカの国歌『星条旗』の歌詞にもなった（「……ロケット〔弾〕は赤く輝き」）ことで、ロケットはアメリカ人の精神のなかに場所を得た。とはいえ、宇宙に飛び出していけると期待させるほどの進歩を遂げていたわけではない。必要となる燃料は重いうえに、爆発的な力を制御できるだけの堅牢な構造が求められる。それはどうしたって越えられない壁に思えた。一九三一年の教科書は、ロケットが宇宙飛行へと発展する「見込みはまったくない」と言い切っている。さらにはこうもある。「かかる冒険が空想の域をいずれ脱すると信じるのは、それに関わる物理学的要素を熟知していない者だけである」。一九四〇年になっても、プリンストン大学で天体物理学を研究するジョン・スチュアート准教授は次のように記していた。ロケットで月に行くのは理論のうえでは不可能ではないものの、二〇五〇年より前に実現するとは考えられない、と。スチュアートには知る由もなかったが、わずか数年後にナチスの打ち上げるロケットが、カーマン・ライン越えに初めて成功することになる。カーマン・ラインとは高度一〇〇キロに引かれた仮想の線であり、そこが大気圏と宇宙空間の境界とされている。

専門家が何をどう考えようと、若きマーヴェル・パーソンズは宇宙に行くロケットを作るつもりだった。ヴェルヌの一八六九年の小説『海底二万里』（KADOKAWA）が発表されたときには、ネモ船長の潜水艦「ノーチラス号」などあり得ないものと見なされたのに、似たような乗り物がのちにちゃんと現実のものになったのをパーソンズは知っている。パーソンズは短い人生のあいだに実験をし、発明をし、努力といくらかの天分によって固体燃料ロケット工学の草分けとなった。その技術が、いずれアメリカを宇宙へ連れて行くことになる。なかでも特筆すべきは、スペースシャトルを打ち上げた固体ロケットブースターを考案したことだ。ほかにも、ジェット補助推進離陸（ＪＡＴＯ）を開発してアメリカの戦闘活動を大いに助け、ジェット推進研究所とエアロジェット社を共同設立してもいる。パーソンズの伝記を書いたジョン・カーターの言葉ではないが、まさに「固体燃料ロケットの分野に今日あるすべては、多少の修正が加えられているにせよ基本的にパーソンズの生み出したもの」なのである。

だが、パーソンズはそれだけに留まらない多面的な人物だった。自らを「反キリスト」と宣言した文書に署名したほか、大淫婦バビロンを呼び出すという超自然的な活動にも耽った。大淫婦バビロンは聖書の「ヨハネの黙示録」で予言されている神的象徴であり、好色な女性が獣に騎乗した姿で描かれる。首尾よく大淫婦バビロンが現われた暁には、世界中を支配させようというのがパーソンズの目論見だった。パーソンズは一九一四年一〇月二日生まれ。奇しくもそれは、エホバの証人の創始者であるチャールズ・テイズ・ラッセルが、ハルマゲドンが始まると主張していた日にあたる。

パーソンズはまだ幼い頃から、マーヴェルという名を嫌ってジャックやジョンを好んだ。マーヴェルは離別した父親の名前でもあり、少年はその父親を憎むようになっていた。この男は「［自らの］エディプス・コンプレックスを外面化」したいと語り、噂によると自分の母親と（さらには母親の飼っていた犬と）性行為をしているホームビデオが存在するという。パーソンズが「父」と呼ぶ唯一の人間はアレイスター・クロウリーだけである。パーソンズはクロウリーに心酔し、ロケット科学者として稼いだ金でクロウリーの援助もしていた。ロケット試射の前にはクロウリーの詩「牧神パンへの讃歌」を口ずさみ、言葉に合わせてゆっくりと足を踏み鳴らした。

光を求めるしなやかな欲望に身を震わせ
ああ君よ！　我が君よ！
夜のなかから現われ出でよ
アイオー・パン！〔「アイオー（ＩＯ）」とはセレマ教で牧神パンを讃える際の掛け声〕

今の時代、ロケット試射の前に黒魔術の召喚呪文を唱えたら顔をしかめられるだろうが、ちょっとした趣きが加わるのは間違いない。

パーソンズを学術的な航空学研究の道に引き入れたのは、著名なハンガリーの物理学者セオドア・フォン・カルマンだった。大気圏と宇宙空間を分ける例の境界線は、この人物の名にちなんだものである〔「カルマン」の英語読みが「カーマン」〕。フォン・カルマンは、成功の覚束なさそうなプロジェクトを進んで引き受けることで定評があり、カルテック〔カリフォルニア工科大学〕の同僚はその「〔宇宙活劇シリーズの〕バック・ロジャースみたいな」ロケット・プロジェクトを嬉々としてこの男の手に委ねた。パーソンズは正規の大学教育を受けたことがなかったものの、フォン・カルマンはその才能と知性を見抜き、従来のものより強力なロケット燃料を突き止めるための研究グループにパーソンズを加える。天性の愛嬌と甘いマスクを兼ね備えたパーソンズは、大学の技術者や実験者たちのなかにもうまく溶け込んだ。

パーソンズのグループにはすぐに「決死隊」という仇名がつく。ロケット燃料の実験をして失敗を繰り返したためで、やがてカルテック・キャンパスの安全が危惧される事態に至った。これを受けてグループは場所を変えることを余儀なくされ、サンガブリエル山脈のデビルズゲート・ダムのすぐ上にある数エーカーの土地に拠点を移す。NASA（アメリカ航空宇宙局）のジェット推進研究所は今日に至るまでその場所にあり、一九三六年のハロウィーンの日にパーソンズと決死隊が実験を行なったときをもって研究所の正式な発足の瞬間としている。

戦争が近づくと、グループの運命は大きく変わった。金銭的な支援が乏しくなっただけでなく、彼らの取り組む分野自体に不信の目が向けられるようになったのだ。ヨーロッパで戦争が勃発したのは、ちょうどパーソンズがアレイスター・クロウリーを知ったときと重なる。もっとも、オカルトの暗い側面に興味を抱くようになったのは遥か昔のことだ。初めて悪魔を呼び出そうとしたのは一三歳のときだったと本人は語っている。戦争が終わって、技術者としての名声を確立すると、パーソンズはエアロジェット社の持ち株を手放し、オカルト研究にのめり込む。

パサデナの通称「百万長者通り」に構えたパーソンズの豪邸で、神を否定する邪悪な行為が繰り広げられているとの噂が広まり始めた。パーソンズの屋敷は、オカルトに傾倒する者たちと、ロサンゼルスのSFファンの溜まり場となる。ボヘミアン、芸術家、アナーキストといった「好ましからぬ人々」にパーソンズが部屋を貸し出すようになると、近隣の裕福な住民たちは眉をひそめた。パーソンズは地元の新聞に「貸し部屋あり」の広告を出し、借りる条件として「神を信じないこと」と記していたのである。自分の寝室がパーソンズの神殿だった。その部屋で黒いローブをまとい、クロウリーの信奉者たちとともに何度となく黒ミサを行なった。この黒ミサに顔を出したことのある一人がこう振り返っている。「透き通ったガウンを着た女性が二人、炎の上がる壺の周りで踊っている。それを囲むようにいくつか棺が置かれ、その上に蝋燭が載っている。……そのとき私の頭にあったのは、あのガウンに火がついたら家中が火薬庫のように燃え上がるということだけだった」。セレマ教の儀式では、性魔術と麻薬が重要な役割を果たす。どちらも、意識を変容させる力を持っているからだ。パーソンズは『旗印（*Oriflamme*）』と題したセレマ教の機関誌を創刊し、そのなかに次のような詩を掲載している。「私はドン・キホーテと呼ばれ、生きる糧はペヨーテ／マリファナ、モルヒネ、そしてコカイン。／いまだ悲しみを知らず、知るは狂気のみであり／それが心と頭で燃えている」

パーソンズはオカルトを通して、父権主義的で堕落した今の世界を破壊するという壮大な構想を抱いていた。そのための手段が、女性の持つ圧倒的な暗黒のエネルギー波を解き放つことである。パーソンズはこの目的を達成するため、大淫婦バビロン（当人は「ババロン」という呼称を好んでいた）を顕現させるべく長時間かけて一連の儀式を実施するようになった。この企てに手を貸したのが、SF作家のL・ロン・ハバートである。のちにサイエントロジーを創始する人物だ。だが二人の関係は結局うまく行かず、最後はハバートがパーソンズのもとを去る。そのとき、パーソンズの恋人と大金を奪っていき、その金で何艇ものヨットを買った。報復としてパーソンズは魔術戦争の宣戦布告をし、海に突如スコールを降らせてハバートの船をもう少しで沈めるところまでいったと本人は主張している。この見苦しい状況を見て、二人に対するクロウリーの評価は目に見えて熱を失った。オカルティスト仲間のカール・ゲルマーに宛てた手紙のなかで、クロウリーは二人についてこう書いている。「この間抜けどもの愚行を思うと、腹が立って仕方がない」

召喚を始めてからちょうど七年後に、ババロンが現われてこの世界を支配するとパーソンズは信じていた。ただ、この予言には続きがあって、ババロンの顕現が実現するのはパーソンズがまだ生きている場合に限る、という但し書きがつく。ところがババロン召喚の儀式の最中、ハバートが霊と交信して不吉な警告を受け取り、「青ざめて汗にまみれ」た。「彼女［ババロン］は命の炎、暗黒の力。眼差しを向けるだけで破壊し、汝の魂を奪うかもしれない。彼女は男たちの死を食らって生きる。美しく――恐ろしい。……彼女は汝を吸収するだろう。そして汝は彼女が具現化する前に、生ける炎となるだろう」

爆音がジャック・パーソンズの自宅を貫いたのは、一九五二年六月一七日のことだった。三キロ以上離れたところからでも聞こえたという。パーソンズはその爆心にいた。右腕が最後まで見つからなかったことからして、爆発源のすぐ近くにいたのは間違いない。顎の右側がほとんど吹き飛び、靴は爆風でずたずたになり、残った手足は原型を留めていなかった。技術的な文書もオカルト的な文書もともに宙を舞った。猛火に破壊し尽くされた瓦礫のなかから、近隣の住民がパーソンズを見つけたときにはまだ息があった。しかし、爆発の三七分後に息を引き取る。まだ三七歳だった。最後の言葉は「俺はまだ終わっていない」。これは、反キリストにふさわしいものだったと言えるかもしれない。イエスの「すべてが終わった」とは正反対である。

当時のパーソンズはハリウッド向けに爆薬を作る仕事を請け負っていたので、おそらく自宅の実験室で作業をしているときに不注意で何かを誤ったのだろう。実験室には大量の化学物質と爆薬が保管されていた。死の原因を巡っては、その後もさまざまな説が提起されている。軍事機密とオカルト世界のどちらにも通じていたのだから、憶測が飛び交うのも無理はない。

ロケットと儀式魔術の両方に関心があったというのは、今の私たちからすると不思議に思える。現代のロケット科学者と言えば、尊敬される専門的な職業だ。しかし、パーソンズが自分の道を歩き出したときには、どちらも荒唐無稽であることに変わりはなかった。パーソンズに強烈な意志と個性があったために、委細構わずその両方を追究したのである。思えば、魔術に惹かれる科学者は昔から少なくない。アイザック・ニュートンをはじめ、エリザベス一世を補佐した一六世紀の天文学者ジョン・ディーなどもそうだ。パーソンズもその長い系譜に連なったわけである。この男が携わっていたのは、心と化学物質の両面で膨大な爆発エネルギーを呼び起こし、それを手なづけること。どちらにも危険が伴い、どちらに対してもパーソンズは向こう見ずになれた。パーソンズをオカルトへと走らせた心の悪魔がなければ、ロケット科学の分野であれだけの成果を収められたかどうかは疑わしい。パーソンズに二つの道をたどらせたのは、同じ一つの衝動だったのだ。

一九七二年、国際天文学連合は、ロケット科学におけるパーソンズの先駆的な研究に敬意を表し、月面にある一個のクレーターを「パーソンズ・クレーター」と命名した。この男を讃えるにふさわしく、そのクレーターは月の裏側にある。

ナチスからディズニーへ

一九四三年七月、ヴェルナー・フォン・ブラウンという名の魅力的でハンサムなドイツ人貴族が、車に乗せられてヴォルフスシャンツェへ向かった。ヴォルフスシャンツェとは秘密の作戦本部のことであり、東プロイセン州ラステンブルク郊外の森の奥深くに設営されている。ヒトラーの悪名高き「狼の巣」だ。フォン・ブラウンの狙いは総統を説き伏せて、自分の開発した新型ロケット「A4」の生産を支援してもらうことである。

第二次世界大戦という暗く汚れた事業の只中にあって、A4ロケットは未来から来た科学技術であるかに思えた。全長一四メートルの美しい流線形は、SF雑誌の挿し絵さながらである。射程距離は三〇〇キロを超え、当時のソ連やアメリカで建設可能なロケットより何十年分も先に進んでいた。問題は、ヒトラーがすでにこのプロジェクトを却下していたことである。理由はかつて見た夢にあった。夢のなかでヒトラーは、どんなロケットであれ絶対にイギリスにまでは届かないという確信を得たために、このプロジェクトに価値があるとは考えていなかったのである。

一九四三年の時点でのヒトラーは、日光を浴びずに掩体壕《えんたいごう》で暮らしているために顔色が青白かった。戦前より遥かに老けてひ弱そうでもあり、歩くときの軽い猫背がなおさら体を小さく見せている。フォン・ブラウンに同行した陸軍の将軍は、そのあまりの変わりように言葉を失った。だが、フォン・ブラウンの自信に溢れた説明を聞き、A4ロケットのテスト飛行が成功したときの映像を見るうち、ヒトラーの様子に明らかな変化が現われる。「私はどうして君の研究の成功を信じられなかったんだろう。これほどの兵器があれば、ヨーロッパであれほかのどこであれ戦争をするには狭すぎる。人類はとてもこれに耐えられまい！」。ヒトラーは、フォン・ブラウンのロケットで戦争に勝利するという、一か八かの賭けに出る。そして、切望されていた資金と資源をロケット計画に振り向けた。のちにA4は「V

2ロケット」と改名される。「V」は「報復兵器（Vergeltungswaffe）」の頭文字だ。ヒトラーはロケットの搭載量を一トンから一〇トンに増やさせ、毎月何千基も大量生産することを求めた。

かつて実施したロンドンの集中空爆ではイギリス人の抵抗心を削ぐことができなかったものの、このV2という武器があればそれができるとヒトラーは踏んだ。当時はヨーロッパでの戦局が大詰めを迎え、ソ連軍がベルリンに迫る一方で連合軍が西から進軍を続けていた。そんなときではなく、もっと早い時期にV2が使用されていれば、確かにその効果はあっただろう。それでも、イギリスに向けて発射されたV2は、戦争に疲れた市民の心に、一九四〇〜四一年のロンドン大空襲のときより明らかに大きな打撃を与えた。コヴェントリー、ベルファスト、ロンドンといった多くの都市に対してドイツ空軍による空爆作戦〔ロンドン大空襲と総称〕が行なわれていたときには、生活に一種の儀式のようなパターンができあがっていたものだ。まずは空襲警報のサイレンが鳴り渡り、続いて爆撃機の接近を告げるブーンという音がしだいに大きくなる。市民は防空壕に駆け込んで身を潜め、やがてようやく警報解除が発令される。イギリスの人々は、こうした儀式のある暮らしに驚くほどうまく適応してみせた。それにひきかえ、V2は音もなく降ってくる。飛んでいるのを検知するのは不可能であり、撃ち落とすこともできない。いつ何時、どこで爆弾が炸裂するかもわからず、標的となった都市の住民は絶えざる不安に怯えた。

ボブ・ホルマンは幼い頃にV2の攻撃を経験し、ロンドンと周辺に一一一五発投下されたうちの一発についてのちにこう振り返っている。「一一月二四日、私が小学校にいると、いきなりすさまじい爆発がして校舎が揺れた。急いで家に戻る途中、友人のビリーが玄関から出てきた。ビリーは茫然としつつも落ち着いた様子で、こう口を開いた。〝ママとパパが死んだよ〟。近所には時計台が立っていたのに、爆弾が落ちて大きな穴だけになっていた。……ラッセル夫妻は通りで野菜を呼び売りしていたが、ご主人は亡くなり、奥さんは両足を吹き飛ばされた。母の友人のポップルウェル夫人は、体に傷一つついていないのに息絶えていた。歩いていたところに爆風が来て肺に入り、息ができなくなったのだ。道端には、若い兵士が休暇で妻と母とともにいた。妻は店に駆け込んで助かった。母と息子は命を奪われた」

フォン・ブラウンにとってこうしたことはすべて、幼い頃からの夢を追いかけるためには致し方のないことだった。ジャック・パーソンズ同様、フォン・ブラウンの目指すところは宇宙飛行だったのである。ベルリンの裕福な家庭に生まれたフォン・ブラウンは、望遠鏡を通して月をつぶさに眺めたり、自分のゴーカートにロケットを括りつけたりする少年だった。だが、戦前のアメリカがそうだったように、戦前のドイツでも宇宙飛行など荒唐無稽な夢でしかなかった。主流派はそんな研究をまともには取り合わないし、予算をつけてくれるはずもない。だから自分の夢を胸に秘めたまま、唯一可能な方法を通じて研究を進めるしかなかった。その方法が兵器研究だったわけである。

この道を選んだのが道義的に正しいことだったのか、フォン・ブラウンには必要以上に思い煩う様子がなかった。一九三七年にナチス党（国家社会主義ドイツ労働者党）に入党し、一九四〇年にはＳＳ（ナチス親衛隊）に加入。以後は毎年昇進し、親衛隊少佐の地位にまで昇り詰めている。ヒトラーへの直訴がうまく行ったあとは、自らの開発したＶ２ロケットの生産を監督した。場所はミッテルヴェルクの地下工場。地下にしたのは連合軍の爆撃を逃れるためである。工場は岩盤を七〇キロ近くにわたって掘り抜いたもので、強制収容所の囚人によって建設された。一九四五年にアメリカ軍によって解放されたときの資料を見ると、囚人の状態がどれだけ悲惨なものだったかがわかる。工場とＶ２ロケットを作る過程で、二万人以上の囚人が命を落とした。囚人の集団絞首刑も頻繁に行なわれ、すべての労働者がそれを見ることを強制された。一番多かったのは、一二人の囚人を無作為に選んでクレーンから首を吊り下げ、何日ものあいだ死体が揺れるに任せるというものである。囚人労働者は意図的に飢餓状態に置かれ、飲み水も与えられないので水たまりから飲むしかない。死因の多くは赤痢か壊疽《えそ》だった。解放軍が強力な消毒薬を使用しても、坑道の死臭を消せなかったという記録が残っている。

　フォン・ブラウン自身も、ブーヘンヴァルトのような強制収容所から囚人を連行してくることに直接関わっている。その一〇年後にはアメリカにいて、ディズニー・チャンネルで子供向け番組に出演していた。宇宙研究に対する大衆の支持を高めるためである。夢に近づくためなら、フォン・ブラウンは何でもやった。

　もっとも、ＳＳからディズニー・チャンネルまでの道のりが平坦だったわけではない。史上有数の天才ロケット科学者として、フォン・ブラウンはソ連軍からもイギリス軍からも、またアメリカ軍からも一種の戦利品と見なされた。しかし、ヨーロッパでの戦闘が最終局面を迎え、第三帝国が間近で崩壊していくのを目の当たりにしたとき、フォン・ブラウンは思った。たとえ戦利品であっても、このままでは自分や自分のチームが誤って殺されてもおかしくはなく、自分の研究成果が体制変更の激動と混乱を生き延びる保証もない、と。一九四五年三月一九日にヒトラーが悪名高き「ネロ指令」を発令したことが、事態をさらにややこしくした。というのも、この指令は次のように命じていたからである。「帝国の領土内にあり、即刻ないし近い将来に敵に何らかのかたちで戦争遂行に利用され得る価値を有するもの……はすべて破壊する」。自分もチームも明らかに価値があり、武装したＳＤ（親衛隊情報部）の保護下にある。ＳＤの護衛隊は、迫り来るいずれかの連合国軍隊に捕えられる危険が生じたら、ロケット科学者を全員射殺すべしとの命を受けていた。幸い、ロケット開発チームの同僚だった国防軍のヴァルター・ドルンベルガー少将がＳＤの少佐を説き伏せ、その命令に従ったら戦犯として部下とともに絞首刑に処せられること、生き延びるには黒い制服を焼いて通常のドイツ兵に変装するしかないことを納得させることができた。

投降するならアメリカ軍にしたいとフォン・ブラウンはすでに決めていた。戦争で大打撃を受けていないのはアメリカだけなので、宇宙計画に金銭的な支援ができる国はそこしかないというのがその理屈である。それに、貴族の出であるために、ソ連での暮らしはどう考えても合いそうになかった。アメリカのほうもフォン・ブラウンを欲しがったが、その一番の理由はほかのどの国にも獲られたくなかったからである。すぐさまフォン・ブラウンをアメリカに連れて来る手配がなされた。もちろん、その設計図も、ロケットも、ほか一〇〇〇人ほどのドイツ人（チームのメンバーとその家族）も一緒である。フォン・ブラウンをはじめ、チーム内の名のあるナチス党員については、その過去を綺麗にするための作業がスタートした。ジャック・パーソンズの師だったフォン・カルマンもこのプロセスに加わっている。一連の作戦は「ペーパークリップ作戦」と呼ばれた。それは、ドイツ人たちの所属政党や雇用履歴などについて偽りの情報を記した経歴書を作成し、それをペーパークリップでそれぞれのファイルに留めたことから来ている。ペーパークリップ作戦を経て、戦犯として有罪になるようなナチス党員でさえアメリカで暮らす資格を得た。

フォン・ブラウンは、チームメンバーやその家族とともにテキサス州エルパソにある陸軍の研究施設に落ち着く。しかし、宇宙計画の研究をスタートさせたいという願いは早々に足踏みを余儀なくされた。アメリカはさらなる世界戦争が起きるとは考えておらず、そのために兵器を開発する必要性を認めなかったのである。結局、フォン・ブラウンの才能が活かされるまでには一〇年あまりを待たねばならなかった。しかし、そこへとつながる数々の出来事は太平洋戦争末期に始まっていた。人類が宇宙を攻略できたのは、パーソンズの狂気が最高潮だったときに求めたのと同程度の破壊力を手にしたことが大きい。その強大な力が、一九四五年八月に広島と長崎の上空に現われた。

平和な宇宙飛行？

敵国に対して初めて使われた核兵器は、「リトルボーイ」と呼ばれた原子爆弾である。一九四五年八月六日、アメリカ陸軍航空軍が広島にリトルボーイを投下した。推定六万六〇〇〇人が即死し、負傷と放射性降下物のせいでさらに六万九〇〇〇人ほどが犠牲になっている。戦争で使用された二つ目にして最後の核兵器は、その三日後に長崎に落とされた。こちらの核爆弾は通称「ファットマン」で、合計約七万四〇〇〇人の命を奪っている。どちらの爆弾も、「スーパーフォートレス（超空《ちょうそら》の要塞）」の愛称を持つＢ29の腹に納まって太平洋を運ばれた。Ｂ29はエンジンを四基搭載した巨大爆撃機であり、航続距離約五〇〇〇キロを誇る。これが開発された当時、ヨーロッパが全滅してすべて第三帝国の軍門に下るのではないかとアメリカは恐れていた。そうなれば、ドイツに対する空爆はカナダかアメリカから発射するしかない。今にして思うと、Ｂ29の開発はアメリカ史の大きな転換点と見ることができる。長らく続けてきた孤立主義をアメリカが捨てることを、B29が象徴することになったのだ。

核爆弾や核エネルギーの発明もまた、アインシュタインの一般相対性理論の思いがけない副産物だった。アインシュタインが、自分の研究に関連する数学をあれこれいじっていたときのこと。ふと単純で美しい方程式が閃く。「$E=mc^2$」だ。「E」はエネルギーの大きさを表わす。だが面白いことに「m」は質量なので、エネルギーと違って実体のある物質を指している。「c」は定数で、ここでは光速のことだ。光速はただでさえ大きな数字だから、それを二乗したら途方もない桁になる。つまりこの方程式の意味するところは、小さな質量でも膨大なエネルギーと等価だということだ。だとすれば、そのエネルギーをいかにして解き放ち、活用するかが問題になる。プルトニウムやウランのように、重くて不安定な元素の原子を分裂させるのが、一番よさそうだという話になった。

日本に対して核兵器を使用したことについては、今なお賛否が分かれている。それを戦争犯罪と捉え、アイゼンハワー大統領が回顧録で漏らしたように「日本はすでに敗北していたのだから原爆投下はまったく不要だった」と考える者もいる。かと思えば、日本古来の武士道を引き合いに出し、ああでもしなければ日本は降伏しなかっただろうと指摘する者もいる。原爆投下によって日本列島での本土決戦が避けられ、結果的に大勢の連合軍兵士の命が救われたと見る向きもある。最近の歴史家のあいだでは、日本を粉砕するというよりソ連に向けて力を誇示するために原爆が使われたとの主張もある。

だが、スターリン相手に力をひけらかしたかったのだとすれば、賢明きわまる一手だったとは言い難い。スターリンの性格からいって、アメリカが広島で力を見せつければ、是が非でも自前の核兵器を手に入れようとするのは火を見るより明らかだからだ。実際、スターリンはその目標を驚異的なスピードで達成した。それには、首尾よく西側の核兵器の秘密を盗み出した情報部員の手腕はもちろんのこと、ソ連の技術者の能力によるところも大きい。ソ連が初めて核実験に成功したのは、一九四九年八月のことである。

ソ連がこれほど短期間で追いついたのは、世界にとって幸運だったと言うべきかもしれない。というのも、そうでなかったらもっと悲惨な事態に至った可能性があるからだ。戦後、アメリカ原子力委員会の中心メンバーとして活躍した人物に、ハンガリー出身の数学者ジョン・フォン・ノイマンがいる。幼い頃は神童と呼ばれ、八歳のときには八桁の数字同士の割り算を暗算でできた。三つの大学で同時に学位を取得したのは一八歳のことである。フォン・ノイマンは天才であり、大統領顧問としてとりわけ信頼を得ていた。フォン・ノイマンは顧問として次のように進言した。アイゼンハワーの取るべき道はただ一つ。ただちにソ連に対して大規模で一方的な核攻撃を仕掛け、自前の核爆弾を製造されてしまう前に奴らを石器時代に戻すべし。

これは単なる思いつきではないとフォン・ノイマンは説明した。この言葉の裏には、冷静で厳然とした論理の裏づけがある。フォン・ノイマンと言えば、第4章でも触れた「ゲーム理論」を創始した人物だ。ゲーム理論は、利己的な二つの当事者同士がどう行動するかをモデル化したもので、ジョン・ナッシュなどの数学者の手によってさらに発展した。ゲーム理論で扱うのは、相手の動きが正確には読めず、互いへの信頼がなく、完全勝利を目指すよりも被害の低減を狙うほうが理にかなっているような状況である。つまり、冷戦下での米ソの対立構図に完璧に当てはまるのだ。そして、ゲーム理論の問答無用の論理に従うなら、おびただしい数のソ連の無辜《むこ》の民を速やかに抹殺することのみが合理的な行為だった。アイゼンハワー内閣で国務長官を務めるジョン・フォスター・ダレスは明らかにこの理屈に納得し、今すぐ原爆を発射すべきだと大統領に迫る。だがアイゼンハワーは、その論理の誤りを証明することはできないものの、それが名案であるとも思えずにいた。大統領が明確な結論を出さずにいるうちに、スターリンは自分もまた原爆を手にしたと宣言し、その時点でフォン・ノイマンの論理は破綻した。

原爆を所有するのはいいが、これは近隣地域で使用するような武器ではない。だから、単純に考えれば、B29（もしくはその後継機で「ピースメーカー」という気恥ずかしい愛称を持つB36）のような巨大な空飛ぶ要塞を使って遠くの国に爆弾を落とせばいいことになる。ところが、長距離輸送機は速度が遅く、騒音もひどく、撃ち落とすのも比較的簡単だ。ならば、フォン・ブラウンのV2のようなロケットに核弾頭を搭載したらどうか。その種のロケットの信頼性が高まって、数千キロ先からでも正確に標的に命中できれば、モスクワであれ北京であれ、あるいはニューヨークであれ、大空襲時のロンドン並みに無防備になる。

この事実はとくにアメリカ人の心を蝕んだ。アメリカはそれまで、自国に危機が迫っていると本気で感じたことが一度もなかった。二つの世界大戦で勇敢に戦ったとはいえ、国内で被害を受けたのは真珠湾の海軍基地のみ。それもハワイのオアフ島での出来事であって、北米本土からは六〇〇〇キロあまり離れている。そのため、ヨーロッパの住民が空爆と破壊を身をもって耐えねばならなかったのに対し、平均的なアメリカ人はそれを切実なものとして受け止めることはなかった。ところが、にわかにアメリカも破壊されかねない対象となる。しかも自らが開発した兵器で、地球の反対側にいる強大な独裁者の手によって。キノコ雲の到来により、既存の地政学的ゲームは書き換えられた。アメリカのように自由な民主主義がまともに機能している国でさえ、大統領がフォン・ノイマンのような頭のおかしい人間のアドバイスを受けることがあるのだ。スターリンというサイコパスがどんなことを吹き込まれているのか、考えたくもないことである。

偶然にも、アメリカとソ連で双方のロケット計画を牽引する主要な技術者たちは、まだ宇宙旅行という少年時代の夢を心中密かに育み、兵器開発はその隠れ蓑だと考えていた。戦後すぐの時代にあって、その夢の実現のためにそれぞれの政府を説得して多額の予算を拠出させるのは現実的でない。しかし、結局あとになってわかったのだが、地球の裏側にいる相手を核攻撃するのに必要なパワーと、信頼性と、正確さを兼ね備えたロケットを建設することは、地球の重力を脱して宇宙空間に飛び出せるロケットを作るのと技術的な問題はまったく同じだったのである。

兵器技術に巨額の支出をするのは民衆にいい印象を与えず、それは指導者たちの望むところではない。平和な宇宙飛行を実現するという未来的な響きの宣言をするほうが、遥かに魅力的である。そういうロケットを手にしても、相手側がその事実を知らない限り抑止力としては機能しない。つまり、宇宙空間に乗り出すための技術を開発したと発表することは、自分たちが地球上のあらゆる場所を核攻撃できると告げているのと同じなのだ。

強制収容所から宇宙開発のリーダーへ

セルゲイ・コロリョフのもとに彼らがやって来たのは、一九三八年六月二七日、午後九時のことだった。モスクワにあるアパートの六階の部屋で、コロリョフが三歳の娘と一緒にいると、妻が血相を変えて駆け込んできた。階下で、NKVD（内務人民委員部）の職員が大勢アパートに入ってくるのを見たのである。とっさに、彼らの狙いが自分の夫だと妻は悟る。コロリョフはロケット科学者として働いていた。ソヴィエトの体制全体がそうだったように、軍事研究の世界も恐怖と異常な猜疑心に満ちていた。友人で同僚のヴァレンティン・グルシュコが少し前に連行されている。拷問係の言いなりに誰かれ構わず告発したとしても少しもおかしくはない。スターリンの大粛清下では、こうしたことが日常茶飯事だった。

まもなくNKVDが現われ、家宅捜索したあげくにコロリョフを家族のもとから連れ去る。二日後、拷問を受け、家族にも危害を加えると脅されたあげくに、コロリョフは内務人民委員部宛ての自白書に署名し、自分が反革命組織に関与していて祖国に対する破壊活動を行なったと認めた。コロリョフを告発した二人の年上の同僚は、その後射殺されていた。コロリョフは裁判もないままに一〇年の刑を言い渡され、シベリアのコリマに送られる。北極圏の端にある、悪名高き強制収容所だ。

たぶん言うまでもないだろうが、反革命組織などは存在せず、破壊工作もなく、コロリョフは一〇〇パーセント無実だった。この時代には多くの人が何の罪もないまま粛清され、その恐怖の前では理性も正義も役に立たなかった。

コロリョフが命を落とさなかったのは奇跡と言っていい。コリマでは毎月、何千人もが死んでいった。コロリョフは飢え、暴行を受け、歯は折れて顎も骨折する。身を切る寒さは耐え難く、栄養不良から壊血病にもなる。最終的に収容所から救い出されたのは、直接には関係のない遠くの出来事がきっかけだった。新たにラヴレンチー・ベリヤがNKVD長官に任命されたのに伴い、前任者の手がけたケースの見直しが行なわれたのである。コロリョフは強制収容所を出てモスクワに出頭するよう命じられ、そこでもっと軽い罪での再審理を受けることになった。

とはいえ、公共交通機関などないので、自力で帰り着かなければならない。まず、オホーツク海に臨む港町マガダンまでの一五〇キロあまりをトラックに乗せてもらう。だが、その年最後の船には間に合わなかった。連れてきた報酬として、トラックの運転手はコロリョフのコートを取り上げる。一人残されたコロリョフは、何とか生き延びるしかないものの、栄養状態は悪く、眠ると薄着の衣服が床に凍りついた。

最低気温がマイナス五〇度にもなるなか、コロリョフは冬のあいだ中マガダンに留まる。春になってようやく船で本土に戻り、モスクワ行きの列車に乗る。ところが、具合が悪すぎて旅を続けられないとして、ハバロフスクで降ろされてしまう。そのまますぐに死んでもおかしくはなかったが、一人の老人がコロリョフに目を留め、哀れに思って介抱してくれた。数週間後、コロリョフは木の下に寝そべり、春の温もりを肌に感じていた。まぶたを開くと、得も言われぬほど美しい蝶が目の前をひらひらと飛んでいる。それが、自分は生きるのだと実感した瞬間だった。

アメリカが日本に原爆を投下したのを受け、スターリンは一九四六年五月一三日に「ＮＩＩ－８８」と呼ばれる科学研究機関の設立を命じる。ソ連のロケット研究は一九三〇年代の大粛清のあとストップしていたが、これを機に再開されることになる。そしてコロリョフも再びロケットの分野に戻ってきた。そもそもこの道を目指したのは、パーソンズやフォン・ブラウンと同様、幼い頃に夢見た宇宙飛行を実現したかったからである。

最初に任された仕事は、可能な限りナチスから学ぶことだった。ヴェルナー・フォン・ブラウンがドイツから永遠に去ったあとのある日、コロリョフはベルリンの地に降り立つ。ミッテルヴェルクやペーネミュンデのロケット製造工場では、ソ連を利しかねないと判断したものをアメリカ軍が根こそぎ奪っていた。だが、アメリカ人はロシア人がどれだけ粘り強いかも、コロリョフの頭脳がどれだけ優れているかも計算に入れていなかった。わずかに残った断片や手がかりを丹念につなぎ合わせることで、V2ロケットの仕組みが浮かび上がっていく。コロリョフにはそれがどうやって動くのかがわかったし、さらに重要なのはその欠陥にも気づいたことだ。この男はフォン・ブラウンの偉大な業績を眺めて、自分ならこれを改良できると思った。

一九五〇年代には、東西間の不信が社会にも影を落とした。アメリカでは反共産主義的な妄想の嵐が吹き荒れ、共和党の上院議員ジョー・マッカーシーによる審問へとつながった。マッカーシーの「魔女狩り」により、誹謗中傷が横行してブラックリストが作られ、さらには焚書までが行なわれるに至る。これを見て、アインシュタインは大いに心を傷めた。せっかくナチスの台頭を切り抜けたのに、歴史はまた同じことを繰り返そうとしているかに思えたのである。自由民主主義には自らの行き過ぎを修正する力があり、それはワイマール共和国にはなかったものだ。だが、アインシュタインは生きてその修正を目にすることがなかった。一九五五年にプリンストンの病院で人生の幕を閉じたのである。七六歳だった。愛情と尊敬を一身に集めつつも、自らの理論が誕生の一助となった複雑な国際政治を憂いながら。

この間、合衆国陸軍はフォン・ブラウンとそのチームを遊ばせておき、天才ロケット科学者の不満は募る一方だった。陸軍には、地球を離れるというこの男の夢を叶えてやるために大枚をはたく気がなかった。一九五〇年代半ばにフォン・ブラウンがウォルト・ディズニーと手を組んだのも、宇宙研究への関心を高めて大衆の支持を取りつければ、それが研究費に姿を変えてくれるのではないかと期待してのことである。テレビに出演したおかげでフォン・ブラウンは宇宙旅行に関する大衆向けの「顔」になりはしたものの、陸軍のなかにも政府のなかにもこの元ナチス党員に対する愛情などなかった。フォン・ブラウンにうってつけの研究プロジェクトがあっても、海軍や空軍に回されたり、陸軍の別のアメリカ人技術者に任されたりした。

一方のコロリョフは一心不乱に仕事をしていた。スターリンからの信頼を取り戻し、この指導者を説いて長距離ロケット技術の重要性を理解させた。一九四七年の時点では、すでにV2ロケットのコピーを作って試射も終えていた。一九四八年には、いよいよ自身の設計によるロケット開発に着手する。これがR2ロケットであり、V2よりも正確で射程距離も二倍だ。一九五〇年にR2の試射に成功すると、一九五三年にはクレムリンを説得してさらに大型のR7ロケット製造への支援を取りつける。R7が完成すれば、地球の軌道に人工衛星を打ち上げられるほど強力なものになる。このすべてを、成果を求められる極度のプレッシャーのもとで成し遂げたのだ。しかも戦争で国土は荒廃し、経済は国家統制による「五か年計画」という、うまく行くはずもないスターリンの政策によって組織されていた時代である。強制収容所で過ごした年月はコロリョフに生き延びることを教えたが、このままでは働きすぎで命を落としかねなかった。

フォン・ブラウンもコロリョフも、軍人の被害妄想をくすぐるような言葉で宇宙征服を語るようになる。宇宙を最初に支配下に置いた国家が全能の力を有するのだと。軌道上に宇宙ステーションを常設すれば、敵国のあらゆる側面を探ることができるし、地球のどんな場所にも爆弾を落とすことができる。我々がこの技術を開発しなければ、相手側が間違いなくそうすると二人はそれぞれ訴えた。コロリョフは、スターリンと後継者のフルシチョフを説得して、こうしたすべてが実現可能な段階に達したと納得させた。一方のフォン・ブラウンは、大衆のあいだの知名度とは裏腹に、アメリカ政府からまだ多少の不信の目を向けられていた。

アメリカが公式に宇宙開発競争に参入したのは一九五五年のこと。一九五七年の「国際地球観測年」に合わせて人工衛星を打ち上げ、「第二の月」にするとアイゼンハワーが表明したのである。だが、大統領はこの偉業をドイツ人ではなくアメリカ人に達成してほしいと考えた。結局、このプロジェクトは合衆国海軍に与えられ、フォン・ブラウンは歯噛みする。

コロリョフもまた、一九五七年に人工衛星を打ち上げる計画を立てていた。コロリョフの人工衛星は直径五八センチの金属の球で、四本の長い無線アンテナがついている。金属に光沢があるため、単純な形状でありながら胸躍る未来的なデザインに見えた。しかも不思議なことに、その物体には目を見張るような美しさがあった。コロリョフもその点を十分に認識し、ベルベットに載せて展示するよう言い張ったほとである。人工衛星は「スプートニク1号」と命名された。

技術的に見ると、スプートニクはきわめて単純である。気温や気圧を計測する機器がいくつかついているほかは、ほぼ無線送信器を積んでいるだけで、そこから二種類の周波数で定期的に信号が発信されていた。当初はもっと複雑な装置を打ち上げる計画だったが、アメリカより先に何かを軌道に乗せろというクレムリンからの圧力に負け、その計画は断念せざるを得なかった。もっと精巧な人工衛星の設計と製造も済んではいたものの、機能の信頼性を高めている時間がない。さらに悪いことには、その人工衛星を運搬していた車の運転手が、大量の工業アルコールを飲んだあげくに木に激突してしまった。

それに代わるものとして土壇場で登場したのが、この金属の球だった。ピッピッと信号を出す以外にたいしたことはできないながらも、一九五七年一〇月四日、人類が軌道に打ち上げた最初の物体となる。アメリカ中、いや世界中で、短波受信機を正しい周波数に合わせさえすれば、頭上を飛ぶスプートニク1号の無線信号を誰でも聞くことができた。ソ連のこの歴史的快挙にほとんどの国が拍手喝采を送った。だが、アメリカにとっては思ってもみない恐ろしい出来事であり、市民は衝撃を受ける。ロシア人が自分たちを上回ったのだ。

アメリカは本気になった。政治家は宇宙計画を後押しすることにあれほど後ろ向きだったのに、その空気はにわかに消え失せる。だが、アメリカ人にとって不幸だったのは、コロリョフにペースを落とすつもりがなかったことだ。心臓に黄色信号が灯りながらも、スプートニク1号から一か月と経たないうちに「スプートニク2号」を打ち上げたのである。2号にはライカという名の犬が乗っていて、生きている動物としては宇宙空間に飛び出した第一号となった。飛行中、人工衛星の冷却システムが故障して犬は熱死する。ところが当時はそのことが発表されなかったため、ライカは民衆の英雄となった。別の天体に着陸した最初の宇宙船は「ルナ2号」で、一九五九年九月一四日に月に到達した。もっとも、公正を期すなら、月面に着陸したというより衝突したと言ったほうがいいだろうが。それでも、ソビエト連邦の国章を刻んだペナントを月面に届ける目的は十分に果たした。フルシチョフはアメリカを訪問した際、無邪気を装ってこのペナントのレプリカをアイゼンハワーにプレゼントしている。翌一〇月に発射された「ルナ3号」は、初めて月の裏側を撮影するのに成功した。一九六〇年八月一九日には、ベルカとストレルカという名の二匹の犬が、宇宙に行って無事に生還した（そこが肝心）初めての動物となる。そして一九六一年四月一二日、戦争で荒廃したロシア西部の農場出身で、大工と乳搾り女の息子として生まれた一人の若者が、世界で初めて宇宙を飛行した。名前はユーリイ・ガガーリン。

ソ連が宇宙開発競争に勝った瞬間である。

「私は地球を眺めている。……いい気分だ」。ガガーリンは軌道上からそう報告した。「無重力は不思議な感覚だ。何もかもが浮かんでいる！　美しい。面白い。……地球の地平線が見える。淡く綺麗な光の輪に包まれて。……私は地球を眺めている。海の上を飛びながら……」

ガガーリンは物に動じず、気立てがよく、ハンサムで少年のような顔をしている。ドイツ軍の侵攻で多くの命を失い、その深い心の傷がまだ癒えない国にとって、この若者は絵に描いたような希望の象徴であり、ロシア人の自信と誇りを取り戻すきっかけを作ってくれた。ガガーリンは一夜にしてその名を世界に轟かせる。

発射前にコロリョフとチームは、ガガーリンが操縦するカプセル「ボストーク1号」を何と表現するかを決める必要があることに気づいた。議論を重ねた末、「宇宙船」という言葉を使うことにする。こうしたすべてが、現代的なデジタルコンピュータが開発される前の時代に、しかもジェットエンジン搭載の飛行機が初飛行に成功してからわずか二二年後に成し遂げられたのだ。

一方、アメリカの宇宙計画は順調とは言い難かった。やはり一九五七年、海軍が人工衛星の打ち上げを試みるものの失敗した。これを受けて、突如フォン・ブラウンは自分に追い風が吹いてきたのを感じる。時を移さず、一九五八年一月にはアメリカ初の人工衛星を地球の軌道に乗せてみせた。しかし、このささやかな成功を手にするまでには、屈辱的な大失敗が続いていた。急いでソ連に追いつこうとしたせいで、何基ものアメリカ製ロケットが発射失敗や大爆発の憂き目を見たのである。おまけに、ソ連なら失敗があっても伏せられのが通例であるところ、アメリカではあらゆる失敗が衆人環視のもとで起きた。新聞はすかさずそれを書き立て、「おしゃか、ぽんこつ」を意味する「カプート（kaput）」と「スプートニク（Sputnik）」を合わせた造語「カプートニク（Kaputnik）！」の文字で見出しを飾る。一〇センチしか離陸しなかったロケットはとりわけ情けないものだった。ガガーリンの宇宙飛行が報じられると、誕生まもない宇宙機関NASAに一人のアメリカ人記者が電話をかけ、反応を聞こうとした。時刻は午前五時三〇分。受話器を取った広報担当の男性は、夜遅くまで仕事をしてそのまま自分のオフィスで寝ていた。「失せろ」と男は記者に言う。「みんな寝ているんだ」。その記者はこんな見出しをこしらえた。「ソビエトが人類を宇宙に送る。アメリカは寝ているとスポークスマンは語る」。一九六一年五月五日、アメリカはようやく初の有人飛行に成功したが、弾道飛行しかできなかったことがいやでも目を引いた。ユーリイ・ガガーリンが地球をぐるりと一周したのに対し、アメリカの飛行士アラン・シェパードは真っ直ぐ上がって、一五分後に真っ直ぐ戻ってきたのである。

一九六〇年一二月、セルゲイ・コロリョフは最初の心臓発作に見舞われる。回復して仕事に戻ると、体が耐えうる限度を超えて自らを駆り立てた。健康状態は悪化し、不整脈に加えて内出血や腸の不具合も現われる。しかし、この男は強制収容所時代にも死に直面していたので、そんなことに仕事の邪魔をさせるつもりはなかった。引き続き歴史的偉業を積み重ねていき、一九六三年六月には史上初の女性による宇宙飛行を、そして一九六五年三月には初めての宇宙遊泳も成功させる。しかし、一九六六年一月についに帰らぬ人となり、それとともにソ連の宇宙計画も崩壊した。「世界初」に彩られたソ連の宇宙時代が唐突に幕を下ろしたのである。

生前、コロリョフの名が知られることはなかった。アメリカによる暗殺を恐れて身元を伏せられ、大衆には匿名の「主任設計士」という肩書のみが伝えられていたのである。だが、その死とともに名声が訪れた。亡骸は国葬に付され、遺灰がクレムリンの壁に納められた。今や歴史はコロリョフに対し、人類が宇宙に印した最初の一歩を創造した人物という評価を与えている。いずれ人類が本当に星々のあいだで未来を迎えるのだとすれば、二〇世紀を代表する重要な人物としておそらくコロリョフの名が記憶されているに違いない。

「地球の出」

一九六一年五月二五日、ユーリイ・ガガーリンが人類初の宇宙飛行を行なってからまだ六週間と経たないうちに、アメリカの新大統領ジョン・F・ケネディは議会で次のように演説した。「この国が目指すべき目標は、六〇年代が終わる前に人間を月に着陸させ、無事地球に帰還させることだと私は確信している。この時期に実施される宇宙計画のなかで、これほど人類に強い印象を与えるものはなく、宇宙の長距離探査にとってこれほど重要なものもない。そして、これほど実現が困難で多額の費用を要するものものもないだろう」

これが「アポロ計画」である。いろいろな意味で常軌を逸した構想だった。なんといっても、アメリカはすでに宇宙開発競争に敗北しているのだ。「困難で多額の費用を要する」と指摘した点ではケネディは正しい。だが、「危険」についても触れておくべきだっただろう。「アポロ1号」の乗組員三名は、一九六七年一月の発射台上の火災によって焼死することになるのだから。

科学研究のために月面のサンプルを入手するのが目的なら、ソ連のやり方のほうが理にかなっている。ソ連は一九七〇年に無人探査機「ルナ16号」を送り、月面の土壌を掘削して岩石を収集し、それを地球に持ち帰っている。小さな探査車で月面を走り回って写真を撮るのが目的なら、これまたロシアが一九七〇年に無人探査機「ルナ17号」でやってのけている。アメリカの有人月探査計画はあまりに危険で費用がかかりすぎ、そうするだけの正当な理由をとうてい示せそうになかった。

しかし、アポロ計画の目的は科学だけではない。それは、二〇世紀後半を特徴づけることになるアメリカ人特有の性格が現われたものだ。宇宙開発競争に負けたとしたらどうすればいいか。市民にまったく別の角度からその競争を眺めさせることができれば、まだ勝つことはできる。ゴールポストを動かせばいい。

アメリカは民衆が何を求めているかを理解していた。みんな、男たちが宇宙船に乗り込み、月に着陸し、外に出て歩きながらゴルフボールを打つところを見たいのだ。宇宙飛行士が宇宙探査車を運転して異質な風景のなかを走り、故郷の妻や子供に愛のメッセージを送るのを期待しているのである。コロリョフの成し遂げた有益で真面目な科学も素晴らしいに違いはないが、市民が本当に望んでいるのはB級映画やSF漫画が約束してくれたものだ。アポロ計画が成功すれば、宇宙開発競争に対する大衆の受け止め方を塗り替えることができる。敗北したものとしてではなく、勝利が前々から運命づけられていたものとして心に残せることになる。とはいえ、これは尋常ではなく危険な賭けだ。ケネディがＮＡＳＡに要求していることは、当時はとても実現できそうにない困難なものである。アメフト用語で言うなら、史上最も高額な「ヘイルメアリー・パス〔ゲームの終了間際に行なう、成功の見込みのまずない一か八かのロングパス〕」だ。

演説からもわかるように、ケネディの理屈は科学ではなく政治的なものである。「今現在、世界中で繰り広げられている自由と圧政との戦いに我々が勝利したいと願うなら、ここ数週間に宇宙で成し遂げられた劇的な冒険の成果が、一九五七年のスプートニクのときと同様、どちらの道を選ぶべきかを決めようとしているさまざまな地域の人々の心に大きな影響を及ぼすことを肝に銘じなくてはならない」。言い換えれば、ユーリイ・ガガーリンの素晴らしい宇宙飛行が、人々を共産主義に向かわせる可能性があるということだ。うまく行くはずのない共産主義の恐怖体制より西側の民主主義のほうが本当に優れているというなら、どうしてロシア人に地球の周りを回りながら成果を掻き集めることができるのか。しかもそれは、率直に言ってアメリカ人技術者には力の及ばないものだ。

この問題を解決するには予算を投入することであり、ケネディの演説は納税者の莫大な税金を確保するためのものだった。「この取り組みにおける我々最大の資産はアメリカ国民だ。国民がこの計画のために進んで代価を支払い、長期にわたる取り組みを理解して受け入れ、自らの富を不運な人々と分かち合い、私の要求した税金の水準を満たして税金の抜け穴を塞ぐことである」。今であれば、大統領がこんな言葉を使うなど考えられない。ケネディが求めたのは七〇億ドル。だが最終的なコストは二五〇億ドル超にまで膨らんだ。自由と個人主義に基づくアメリカの体制が共産主義より優れていることを実証するのが目的だったにも関わらず、結局は国家が巨額の予算を投じなければ、一人のひたむきなロシア人が成し遂げた偉業を上回ることができなかったのである。これもまた、アメリカの宇宙計画を巡って数ある皮肉の一つと言えるだろう。

こうなればフォン・ブラウンの独擅場だ。コロリョフが無名のままこつこつ働いて人生を終えたのに対し、フォン・ブラウンはアメリカ宇宙計画の顔になる。すでにその半生を（不都合なところを少し削って）描いた一九六〇年の映画『私は星々を狙う（*I Aim at the Stars*）』を通じて、この男の知名度は高まっていた。イギリスで上映された際にタイトルが『ヴェルナー・フォン・ブラウン（*Wernher von Braun*）』に変更されたのは、映画の正式なタイトルが「私は星々を狙う（がときどきロンドンを撃ってしまう）」だと揶揄されるのを避けたかったからかもしれない。だが過去はどうあれ、フォン・ブラウンがこの仕事に適任であることに疑いはなかった。そそり立つ「サターンＶ」ロケットはフォン・ブラウンがチームとともに作り上げたものであり、最先端を行く世界の驚異である。このロケットがフロリダの空を指して優美に立ち上がったのは一九六九年六月一六日のこと。その巨体に比して圧倒的に小さい「アポロ11号」を先端に載せている。そのなかに座っているのは精鋭中の精鋭たち。宇宙飛行士のマイケル・コリンズ、バズ・オルドリン、ニール・アームストロングの三人だ。

管制センターがカウントダウンを始める。数が減っていってゼロで発射するというのは、フリッツ・ラングの映画『月世界の女』（一九二九年）から取ったアイデアだ。フォン・ブラウンはこの映画が大好きで、ペーネミュンデで初めてＶ２ロケットを打ち上げたときには、映画のタイトル・ロゴをロケットの基部に描いたほどである。

四日後、三八万四四〇〇キロの旅を終え、アームストロングは人類として初めて地球以外の天体の土を踏んだ。この瞬間を見事に凝縮したその言葉通り、それは一人の人間にとっては小さな一歩だが、人類にとっては大きな飛躍だった。

それはまた、アメリカにとっての大きな飛躍でもある。一九世紀には、文化にしろ科学にしろ、何かしらの進歩にしろ、先頭に立っていたのはイギリスだった。二〇世紀の前半には、ドイツとドイツ語圏のヨーロッパの国々がその役割を担った。それらの国々がファシズムのがんに蝕まれて低迷すると、世界を牽引する国家の称号を求めて二つの大国が名乗りを上げる。核兵器によって均衡を保つ冷戦下の地政学において、安全に競い合える場所は地球の外にしかなかった。アームストロングのブーツが月面の細かい灰色の砂を踏み締めた瞬間、勝負は決した。二〇世紀はその後も未来永劫、「アメリカの世紀」として記憶されるようになるのである。

アポロ計画は、軍事や政治や、科学の進歩を超えたレベルに訴えかけるものだった。安物のSF雑誌を読んで育ち、それが現実になるのを夢見たのはジャック・パーソンズやセルゲイ・コロリョフや、ヴェルナー・フォン・ブラウンだけではない。この三人のように強い意志で目的に邁進していくのは稀だとしても、彼らの夢を分かち合う者はほかにも数え切れないほどいたのだ。

一九七二年一二月一四日、「アポロ17号」の乗組員が月をあとにする。そのときは誰一人知る由もなかったが、人間が地球の軌道を越えて旅をする日は少なくともそれから半世紀はやって来ない。二一世紀には中国か私企業が月どころか火星にまで到達することが期待されているものの、人類は二度と宇宙に戻らない可能性もある。アポロ計画の持つ政治的な目的がひとたび達成されてしまえば、あれだけの規模で政府が宇宙研究を支援する理由づけがもはや成り立たない。宇宙への熱意は、一九五〇～六〇年代のソ連レベルに落ち込んだ。つまり、貴重な科学実験を行なう無人探査機になら資金を捻出できても、人類の夢を叶えるだけの目的で宇宙探査をすることには正当な理由がないと見なされるようになったのだ。これをあっけない幕切れと捉えることもできるが、そうとは言えない出来事も一つだけあった。

一九六八年一二月、「アポロ8号」の乗組員は人類として初めて地球の軌道を離れ、宇宙空間へと乗り出していった。目的は月を周回し、月の裏側を初めて肉眼で見ることである。目的は達成されたが、彼らが目にしたものはそれだけではなかった。それは事前に予期していたものではなかったとはいえ、結果的にこの上なく大きな意味を持つ出来事となった。月の裏側を回り終えたとき、アポロ8号の乗組員は人類として初めて地球という惑星全体を眺めることができたのである。たった一つで宇宙に佇み、青く、白く、言葉にならないほど美しい。乗組員はその写真を撮り、「地球の出」と名づけた。

一九四八年、「ビッグバン」という言葉を作ったイギリスの天文学者フレッド・ホイルは、次のように予言していた。「地球を外側から撮影した写真が手に入るようになれば、過去の何物にも引けを取らない新しく強力な思想が解き放たれるに違いない」

アポロ8号が飛び立ったとき、地球は巨大で完璧に頼りになる存在だった。ところが、宇宙に浮かぶ地球は限りなく小さく、胸を衝かれるほど儚《はかな》げに見えた。地表から一〇〇キロまでの高さに広がる大気圏は、パーソンズやコロリョフや、フォン・ブラウンのような技術者にとってあれほど越えがたいものに思えたのに、今やそれは地表を取り巻く薄く脆い膜か、さもなければ濡れた岩石の球を真空から隔てる一本の線にすぎないと見なされるようになった。
二〇世紀に人類は月へ行き、そのとき地球を見つけた。

SEX

第10章 セックス 女性を解放しなかった性革命

女性の心身が幸福になるために

激動の時代、人は自分の考えを一度として変えなくても、保守的から危険なほど過激に、さらには呆れるほど反動的になることがある。二〇世紀前半の数十年間に、イギリスの古植物学者マリー・ストープス博士の身に起きたのもまさしくそれだった。

マリーの母親シャーロット・カーマイケル・ストープスはシェイクスピアの研究者であり、スコットランドの女性として初めて大学を修了した。まだ女性が講義を受けたり学位を取得したりすることが許されていなかった時代である。シャーロットはシェイクスピアに関する学術的な著作を数多く執筆したが、最も成功した一冊は『イギリスの自由女性――その歴史的特権（*British Freewomen: Their Historical Privilege*）』（一八九四年）だった。これが一つのきっかけとなって、二〇世紀に女性参政権運動が盛んになっていく。シャーロットは強固な女権拡張論者であり、女性の参政権を求めて闘った。

一方のマリー・ストープスは母と違って、初めは学問に興味があるようには見えなかった。正規の教育を受けるようになったのはようやく一二歳になってからのこと。女性参政権論者が設立したエディンバラの寄宿学校に送られた。だが、遅いスタートをものともせず、やがてミュンヘン大学の植物学研究所に入学する。当初は五〇〇〇人いる学生のなかで唯一の女性だった。二四歳には母親の学業を上回り、博士号を取得する。ストープス博士は植物化石の権威として高い評価を受け、石炭を調べることに生涯を捧げるかに思えた。

マリーも母親と同様、女性が教育を受けて平等な参政権を得られるべきだと信じていた。ただ、母親のシャーロットが、婦人参政権活動家エメリン・パンクハーストが始めたような過激な活動を好んだのに対し、マリーはもっと節度をもった行動のほうがいいと考えていた。パンクハーストは、女性参政権運動が一九世紀に目に見える成果を上げられなかったことに苛立ちを募らせ、対決姿勢を前面に出すようになっていた。これは現在では「直接行動」と呼ばれている。パンクハーストの支持者たちは大声でわめいて政治家の演説を妨害したり、自らを手すりに鎖でつないだり、放火したりした。また、「憲法に則ったやり方では無視されるので、窓を割ることにした」と記した紙を石に貼って、それをバッキンガム宮殿に投げつけて窓を破ったりもしている。活動家の一人エミリー・デイヴィソンが一九一三年のエプソム・ダービーで、国王ジョージ五世の所有する馬の前に飛び出して踏みつけられて亡くなったことが、パンクハーストの直接行動を象徴する決定的なイメージとなった。

マリー・ストープスにとって、こうしたことはいささか度を越しているように思えた。女性にも選挙権が必要なことについてはマリーにも異存はない。それが達成できれば、女性から離婚を切り出すことや税金の支払い方など、ありとあらゆる分野で平等が実現すると考えていた点でも母親と同じだ。二人の見解の相違を煎じ詰めれば、気質の違いに行き着く。マリーの目には、直接行動が「はしたない」ように映ったのだ。母に言わせれば、女性といえども家に泥棒が押し入ってきたらほうきで頭を殴っていいのだから、政治的な権利を奪われた女性のふるまいとして直接行動は間違っていない。しかしマリーは、初めのうちこの言葉に納得できずにいた。

ところが、マリーのほうがシャーロットより過激なところが一つあった。性の面である。シャーロットの生きてきた社会では、子づくりに関して妻が夫に従うのが当然とされ、女性は自分の性的感情をかりそめにも表に出さない。妥当と見なされる二人の子供を夫のヘンリーに与え終えると、シャーロットは妻としての義務を果たしたと考え、肉体の面で夫から離れた。ヘンリーは肉体関係がなくなったことに悩む。一八八六年には妻に宛てて手紙を書き、次に会うときは「私たちのあいだにより大きな愛が存在することの必要性とその影響について、君の目を曇らせているものを取り払ってもらいたい」と記している。「最愛の君よ、その素晴らしい頭脳が学んだことを脇に置いて、自分の心の奥深くのみを覗き込み、あらゆる女性が子供の父親に対して抱く愛情がそこにあるかどうかを確かめてもらえないだろうか。私たちは空白の七年間に終止符を打って、より本物に近い蜜月を始めよう」。だが、妻からの返信のよそよそしい調子を見る限り、この必死の訴えも功を奏さなかったようだ。以後、ヘンリーの手紙からは、心身ともに充実した結婚生活を送ることへの望みがしだいに影を潜めていく。数年後、ヘンリーはまだ五〇歳で世を去った。

それにひきかえ、マリーは母よりも情熱的だった。生涯を通して書いていた詩にも、しばしば性愛詩すれすれの表現が用いられている。マリーは男女の肉体が結合することを宗教の視点から捉え、天が結びつけた対等の存在同士が愛し合うことをキリスト教社会の極致と見なした。これは、少なくともマリーの人生の前半においては純粋に理論上のものである。本人の弁によれば、二九歳になるまで同性愛や自慰の存在をまったく知らず、三八歳でもまだ処女だったという。その三八歳の一九一八年に、ベストセラーとなった最も有名な著書『結婚愛』（美学館）を発表した。

マリー・ストープスは一九一一年に最初の結婚をしたものの、性的関係を持たないままわずか二年で結婚は破綻した。『結婚愛』はその失敗を踏まえて書かれたものである。二人の関係が壊れたあと、夫のレジナルドはカナダへ渡り、マリーは離婚に向けて自ら舵を切る。法的に説得力のある理由を組み立てる過程で、性交渉のない結婚生活がいかに異常なものかも気づかないまま、ストープスは図書館に足を運んで人間の性について調べ始めた。すると、科学も学問も、夫婦の性生活についてほとんど語っていないことにすぐ気づく。絶滅した植物の生殖について研究してきた身にとって、これは意外なことだった。そして、人間の性についての本があれば、社会にとって有益かもしれないと思うようになる。

同じ階級に属する多くがそうだったように、ストープスは性生活の現実について何も知らずに最初の結婚をした。教育を受ける機会があってもそうだったのである。こうした無知は「うぶ」だとして好ましい性質と見なされ、広く推奨されてもいた。しかし最初の結婚は、真の意味での結合という憧れを叶えてくれるものではなく、無知が幸せにつながらないことにストープスは気づく。ほかの人に同じ思いをしてほしくないと考え、ストープスは新婚夫婦のための手引書を執筆し始めた。それは、生物学の教科書で学んだことと、自らの夢見がちな心のなかで感じていたことを組み合わせたものだった。

女性の心身と魂が幸福になるには、性的に満たされていることが重要だとストープスは説く。そのためには、夫が妻をうまくその気にさせ、女性が性的に興奮する月ごとのサイクルを理解することが肝心だ。その責任が男性にあるというのは、女性からセックスの誘いをかけたり夫にほのめかしたりするのはどう考えても不適切だからである。

『結婚愛』に続く一冊はさらなる物議を醸した。一九一八年に発表した『賢明な親の性生活』（理論社）のなかで、避妊というテーマを取り上げたのである。配偶者同士が性的に睦まじい関係を育むことは、確かにそれ自体に価値がある。とはいえ、下手をすると女性は望むと望まないとに関わらず、成人としてのかなりの時間を妊娠と出産に費やすことになりかねない。これを一種の肉体的・精神的な奴隷状態と感じる女性も少なくなかった。それを解決するのに産児制限が必要なのは、今の目からは言わずと知れたことに思える。ところが、当時これは非常に議論を呼ぶ問題だった。『結婚愛』が攻撃されたときには、未婚のカップルが読んで堕落するかもしれないという理由だったのに対し、『賢明な親の性生活』はもっと広範な敵に直面することになる。

避妊を奨励することがイギリスで公式に違法とされていたわけではない。しかし、そんなことをしたら猥褻法の名のもとに訴えられかねなかった。当時、国として産児制限を認めていたのはオランダだけである。オランダで第一号の避妊クリニックが開設されたのは一八八二年のこと。これとは対照的に、アメリカの看護師マーガレット・サンガーがアメリカ初の避妊クリニックを一九一六年にニューヨークで開いたときには、すぐさま逮捕された。罪状は、避妊具を配布して「社会に迷惑をかけた」ことである。

イギリスの家庭では、子供の数が一九一一年には平均二・八人だったのに対し、二〇一一年には一・七人だ。かつては大家族が望ましいとされていた。二一世紀なら、労働者階級の子だくさんが大衆紙から頻繁に叩かれるが、一九二一年の『デイリー・エクスプレス』紙はイギリス一の大家族を見つけるコンテストを開催している。優勝賞金は二五ポンドだ。政治家も医師も市民（とりわけ女性）も、産児制限には声高に反対していた。医師は妊婦の手当てをすることで金を儲けているのに、避妊具が広まったらそれが危うくなる。社会的な外聞を考えれば、既存の文化によって確立された立場に従っているのが無難だった。つまり、セックスが許されるのは夫婦が子供をつくる目的に限られ、それ以外の性行為は猥褻だというものである。この筋書きから外れる者は、暗に性行為に快楽を覚えていることを意味すると見なされ、一種の変質者の烙印を押されるおそれがあった。

マリー・ストープスをはじめとする産児制限運動の草分けたちは、怒涛のような反対に直面した。このことを振り返ると、世界における自分たちの位置づけをどう考えるかが、二〇世紀前半にどれだけ変わったかを思わずにいられない。個人主義の時代には、女性が自分の体のことを自分で決める権利を持つというのは当然の話である。だが、帝国主義の世界では、物事のあるべき姿は階級主義的な社会が定める。国の宗教は、その時々の社会構造を映す鏡であるから、ストープスの活動に最も強固に反対したのがカトリック教会だったのも驚くにはあたらない。

キリスト教のほとんどの宗派が避妊に反対した。一九二〇年には、聖公会に属する諸教会の世界的連合（アングリカン・コミュニオン）の主教が集まるランベス会議の場で、避妊は「人を悪徳へと走らせる誘因になり、その点では猥褻文学や、劣情を誘発するような戯曲や映画や、公然ないし秘密裏の避妊具の販売や、いまだなくならない売春宿と同等だ」として排除を呼びかけた。最も強い言葉で非難したのはカトリックである。ローマカトリック教会のニューヨーク大司教P・J・ヘイズは、一九二一年に避妊具は堕胎よりひどいと糾弾した。「命が始まってからそれを摘むのは恐ろしい犯罪である。しかし、創造主が今まさに人の命を誕生させようとしているのに、それを阻むのは悪魔の所業である」

論争が最高潮に達したのは、ストープスがカトリックの医師ハリデー・サザーランドを名誉毀損のかどで訴えたときである。サザーランドが一九二二年の著書『産児制限――新マルサス主義に反対するキリスト教教義についての一発言（*Birth Control: A Statement of Christian Doctrine against the Neo-Malthusians*）』のなかで、ストープスを批判したのを受けてのことだ。サザーランドの弁護人はカトリック教会の資金で雇われたため、この裁判は一人の女性とカトリック教会との対決の様相を呈した。

このとき功を奏したのがストープスの保守的な気質である。反ストープス陣営はこの女性を、社会の風紀を乱す存在に仕立て上げようとした。ところが、法廷に現われたその姿は、どこから見てもそうした脅威には思えない。ストープスは堕胎にも婚外性交渉にも反対している。魅力的で気品があり、その身なりについては新聞が長々と書き立てて賛辞を送ったほどだ。ストープスは、女性らしくないとか過激だとかいう批判を受けないように注意を払った。おかげで、女性には自らの生殖をコントロールする権利があるという訴えが、おかしな議論によって論点を逸らされてしまうことがなかった。のちに、ある鉄道員の主催する会がリバプールのフィルハーモニックホールで開かれ、ストープスが講演を行なったことがあった。そのとき、主催者は講演後にこんな手紙を書き送っている。「あなたとは頻繁に会いたくありません。あなたに恋をしてしまいそうだからです。たとえあなたが保守党員であっても。なぜなら、あなたの声、あなたの勇気、そしてあなたの聴衆の扱い方を素晴らしいと思うからです。……その巧みな弁舌と声質、つまりあなたの甘やかな声についても賛辞を送るのをお許し下さい。それはまさしく、〝女性らしさ〟という言葉が意味すべきすべてを備えているのです」

新聞がこの裁判に関心を寄せた結果、それまでのストープスには成し得なかったことが達成できた。何かと言うと、ストープスの産児制限運動が労働者階級の目に留まったことである。それまでも著書はよく売れてはいたが、本を買うゆとりがあるのは中流以上の階級だった。ストープスが一九二一年に最初の避妊クリニックを開設したとき、それがロンドン北部のホロウェーという労働者階級の住む地区に建てられたのは重要な意味を持つ。ストープスは貧しい層にこそ最も避妊が必要だと考え、彼らだけに向けた小冊子も執筆している。ストープスが訴えたことの一つは、自分に反対する中流階級の医者も聖職者も記者も偽善者だということだ。中流階級の出生率は労働者階級よりも低い。つまり、自分たちには避妊の知識がありながら、それを自分たちより貧しい人々には禁じていることになる。新聞のおかげで、そうした層の人々にもストープスの名前と使命が広く知られるようになった。さらにはそれが子供の遊び歌にもなって、永遠の命を授かることになる。「ジーニー、ジーニー、希望に溢れ／マリー・ストープスの本を読んだ／けどその様子から察するに／読んだのはきっと間違った版だった」

裁判は紆余曲折をたどった。裁判官は、陪審員の意に反するかのようにしてサザーランドに軍配を上げる。ところがその裁定は控訴院でひっくり返り、上院への上訴の末にそれもまた覆された。最高司法機関としての上院で裁判にあたった法官貴族たちは、五名中三名が八〇代の高齢だった。イギリスの作家ジョージ・バーナード・ショーはこの判決を「恥ずべき醜態」と評したが、世間全般の意見を見れば、ストープスの主張が勝利を収めたのは明らかだった。産児制限は一般大衆に見出され、そして受け入れられたのである。

この裁判がストープスの名声の頂点だった。以後はしだいに反動的な考えを表明していくようになる。たとえば、産児制限は人種に関わる問題だと主張し始めた。劣った人種は優れた人種よりも速く子をつくるので、白人が長期的に生き残っていくためにはこの状況を是正する必要があると訴えたのだ。混血の子供は出生時に断種し、親として不適格な母親も同様にすべしとも説く。優生学に関してはヒトラー並みに極右の立場を取り、一九三四年には「望ましくない者たち」を強制断種するプログラムを開始した。押しの強さに加えて、誤りを素直に認められず、人に賞讃されないと気の済まない性分でもある。おかげで敵を作りやすく、せっかく広がりつつあった産児制限運動の輪のなかで活動することがすぐにできなくなった。

ストープスの性格には、後年の過激な人物たちを彷彿させるところがある。たとえば、サイケデリックの伝道師ティモシー・リアリーや、ハッカーから密告者に転じたジュリアン・アサンジがそうだ。三人とも、それまでは想像だにできなかったテーマを市民の議論の的にさせる力があった。そして、束の間とはいえ三人ともが名士としてもてはやされた。だが、自分を救世主と信じて一つの目的に邁進する性格が災いして、結局は市民に背を向けられ、その名を毒々しいものにしてしまった。彼らが囲った土地のなかで拍手喝采を浴びる者はその後も登場する。しかし、そもそも最初にその土地を区切って世界に示すには、稀有な精神が必要だった。

マリー・ストープスの名は時とともに色褪せた。しかし、避妊という概念を社会一般に知らしめるという、それまで誰も成し得なかったことをやり遂げたのは間違いない。子供をつくる意図のないセックスの価値がついに認められたのだ。

新しい女性の創造

これは一つの流れであって、その背後にはより大きな革命の潮流が進行していた。個人主義はその当然の帰結として、女性が自己意識と社会的地位をともに書き換えることを求めたのである。父権主義的な帝国主義の時代には、妻であり母であり主婦であるという伝統的な役割以外に、中流階級の女性が望めるものはきわめて限られていた。イギリスのモダニスト作家ヴァージニア・ウルフは、一九二九年のエッセイ『自分ひとりの部屋』(平凡社)のなかで次のように回想している。「私は封筒に宛名を書いたり、高齢のご婦人に本を読んであげたり、造花を作ったり、幼稚園で子供たちにアルファベットを教えたりして数ポンドのお金を稼いでいた。一九一八年より前の時代、女性に開かれていた仕事はそれくらいしかなかった」

このエッセイでは女性と小説というテーマも考察し、なぜシェイクスピアに匹敵する女性作家が過去に誕生していないのかと疑問を投げかけている。そして、仮にシェイクスピアに妹がいて、兄と同じくらいの才能に恵まれていたらどうなっていたかを想像した。結論は、女性は経済的な独立とプライバシーを伝統的に持たないうえに、社会の階級制度から決まりきった役割しか期待されないため、妹は事あるごとに抑え込まれていただろう、というものだ。女性の天才が登場するのは、女性が自分一人の部屋を確保できるようになり、そのドアに鍵をかけて何事にも煩わされずに過ごせるようになって、さらに自力で年に五〇〇ポンド(現在の価値で約五〇〇万円)稼げるような立場になるまでは無理だとウルフは考えた。

男性と女性の双方が、生まれたときの周囲の期待から自由になるにつれ、やりがいと価値のある仕事を求める競争は激しくなった。男性にすれば、女性が従来通りの位置に留まってくれていたほうが競争が少なくて済む。このように、伝統的に男性のものとされる職業に女性を対等の存在として受け入れることには、男性が抵抗を覚えているとウルフは指摘する。「当然のように非難の矛先が向けられたのが、女性参政権運動だった。これが、自らを誇示したいという男性の思いを異常なほど高めたに違いない。……挑まれると、たとえそれが黒い婦人帽をかぶった女性数人からであっても、そうした経験のない男性はいささか度を越したやり方で仕返しをする」。ウルフの見方によれば、世界の半分である女性が自分たちより劣っていると信じ込むことで、男性は自分に対する自信を高める貴重な機会を得られ、そのおかげで前進して偉大な成果を上げることができるのだ。

個人主義が広がるにつれ、従来の役割に女性を押し留めようとする圧力がしだいに軋轢を生むようになる。アメリカの作家で女性解放運動家のベティ・フリーダンは、結婚・出産を機にジャーナリストの仕事を奪われ、無理やり専業主婦にさせられたという思いを抱えていた。フリーダンは、戦後のアメリカで大勢の主婦が名状しがたい不満に苛まれているのに気づき、それをテーマにして一九六三年に『新しい女性の創造』(大和書房)を発表する。この本では、女性が伝統的な役割の外で自己実現を図るにはどうすればいいかを考察している。「アメリカの主婦は、撃たれて脳みそが吹き飛んでいるわけでもなければ、臨床的な意味で精神の病に侵されているのでもない。しかし……人間の根本的欲求が、快楽を求めることでも生物としての必要を満たすことでもなく、成長して自らの力を余すところなく発揮することだとすれば、安楽だが空疎で目的のない彼女たちの日々は、確かに名もない恐怖を生む根源に違いない」。女性にも一人の個人として、夫や家族ではなく自分自身を中心に置いた目的意識が必要だった。

フリーダンにとってフェミニズムとは、「女性と男性の両方をその役割の重荷から解放する」ことにほかならない。フリーダンはのちに全米女性機構を共同設立する。また、その著書の成功はフェミニズムの思想と活動に新たな波をもたらした。フロイト以後のフェミニズムにおいては、女性の性的感情を認めることは、個人主義の時代における女性の役割という大きなテーマの一部にすぎないのである。

性交が始まったのは一九六三年

イギリスの詩人フィリップ・ラーキンは、イギリスの文化にセックスが受け入れられたのがいつからなのかを、ひどく具体的に示してみせた。それ以前のセックスは、「一六歳に始まって／あらゆるものに広がった恥ずかしい出来事」として存在していただけだと、「驚異の年」という詩のなかで書いている。すべてが変わったのは、「チャタレー夫人の発禁が解けてから／ビートルズの最初のLPが出るまでのあいだ」だったという。これは一九六〇年代の初めであり、新聞が「プロヒューモ事件」を報じていた頃だ。この事件は、イギリスの大臣が、ソ連の海軍武官の愛人と関係を持っていたことが発覚して、大臣を罷免された一大スキャンダルである。新聞がこの事件を書き立てたということは、裏を返せばそれだけ性についてオープンに語る機運がイギリス大衆のあいだに高まっていたということだ。当時四〇代だったラーキンは詩にこう綴っている。「性交が始まったのは／一九六三年／（僕にはちょっと遅すぎた）」

D・H・ロレンスは作家として、生前は評論家に認められることも賞讃されることもなかった。亡くなる二年前の一九二八年に小説『チャタレー夫人の恋人』（光文社）を発表したものの、当初は私家版として、もしくは大幅に削除した修正版としてのみ公開されていた。そのため、表立った賛辞を受けるまでには数十年を待たねばならなかった。というのも、性愛を露骨に扱い、禁忌とされる言葉を使っていたからである。しかもそうした表現が、チャタレー夫人の恋人である森番メラーズにより、ノッティンガムシャー地方の方言丸出しの粗野な言葉で語られたことが、多くの読者にさらなる衝撃を与えた。たとえばセックスのあとで、メラーズはチャタレー夫人にこう声をかける。「このまんまいさせてくれ。俺ぁあんたが好きだ。あんたがそうやって寝てんのにぞっこんさ。女ってなぁ可愛い生きもんだぜ。深くぶち込めて、おまんこが素敵ならな。ああ、あんたはすごくいい。脚も、体つきも、女らしさも。ああ、その女らしさがたまんねえ。俺ぁタマも心もあんたに惚れてんだ。でも今はなんも訊くな。なんも言わせんな」

のちに完全版の出版が試みられたものの、インド、カナダ、日本などの国々で猥褻裁判を起こされる。アメリカでは一九三〇年、モルモン教徒の上院議員リード・スムートがこの本を糾弾し、上院の場で本文を朗読すると言って脅した。「これほど忌むべき本はない！　病んだ心と、地獄の闇をも霞ませるほどの暗黒の魂を持った男によって書かれたものだ！」

イギリスではペンギンブックスが無修正版を出版しようとしたところ、猥褻出版物禁止法のもと一九六〇年に裁判を起こされる。裁判中、主任検察官だったマーヴィン・グリフィス＝ジョーンズが陪審員に向かい、「この本をあなたの奥さんや使用人に読ませたいですか？」と尋ねたのは有名な話だ。この言葉は、一九二三年のマリー・ストープスの名誉棄損裁判を思い出させる。そのとき、ストープス側の参考人として証言台に立った医師のジェームズ・バーに対し、この本を「あなたの若い使用人に読ませたり、さらにはあなた自身の女性の親族にあげてもいいと思うか」という質問がなされた。この種の発言は当時としては珍しくなかったものの、一九二三〜一九六〇年のあいだにイギリスは変わった。グリフィス＝ジョーンズの質問は、イギリスの体制側がいかに時代と乖離してしまったかを如実に物語っている。結局ペンギン社は無罪となり（フィリップ・ラーキンの詩にあったのはこのこと）、以後、出版業界は性表現の露骨な書籍も大手を振って刊行できるようになった。

使用人に関するグリフィス＝ジョーンズのずれた質問がこの裁判を象徴するものになったというのは、いろいろな意味でいかにも『チャタレー夫人の恋人』にふさわしい。この小説の主人公はコンスタンス・チャタレー。貴族のクリフォード・チャタレーのもとに嫁いだばかりの若き花嫁だ。チャタレー卿は第一次世界大戦で重傷を負って下半身不随となり、性的能力を失った状態で戻ってくる。しかし、家系の最後の一人であるため、跡継ぎをつくらねばならないという重圧に苦しむ。この男は、第一次世界大戦前と同じ階級社会としてしか世界を見ていない。それは、妻に次のように語っていることからもわかる。「支配者階級と使用人階級のあいだには、越えがたい絶対的な隔たりがあると私は思う。両者の役割は正反対であり、役割が個人のあり方を決める」。クリフォードにとって重要なのは人間の地位であって、その人が何者で何をしているかではなかった。「貴族階級は一つの役割、運命の一部だ。大衆は、運命の別の部分を担っている。個々の人間など、ほとんどどうでもいい」

D・H・ロレンスは、第一次世界大戦頃を境に世界が変化したことを認識していた。ところが、貴族は自分たちが突如時代と合わなくなったことに気づいていない。この小説が社会秩序を脅かすものとされたのは、その露骨な性描写が原因とされることが多いが、この作品の本当の脅威は、上流階級の人間が自分が用済みであることを理解できないさまを描いたところにある。第一次世界大戦後のイギリスの支配階級には、後戻りのできない変化が起きた。そのことを受け入れようとする試みが、数々の小説によってなされている。たとえば、一九二八年のフォード・マドックス・フォード著『パレーズ・エンド』(論創社)や、一九五三年のJ・P・ハートレイ著『恋を覗く少年』(新潮社)などがそうだ。だが、『チャタレー夫人の恋人』ほど残酷なまでにあけすけに、そのテーマを扱ったものはない。貴族たちが以前と同じことを続けようとしている姿が、ロレンスの目にはまるでゾンビのように映った。肉体は存在していて、まだ動いてはいるが、中身はまったくもって死んでいるのである。

チャタレー夫人は、性的不能の夫との生ける屍のような暮らしから逃れようと、使用人で森番のオリヴァー・メラーズとの情事に走る。禁じられた関係が赤裸々に描かれているにも関わらず、この情事の核心にある心情自体は、マリー・ストープスの本に長々と説明されたキリスト教的な結合と違ってはいなかった。チャタレー夫人は、肉体のうえでも精神のうえでも、そして魂のうえでも生き生きとした状態になるために、性的に満たされる必要があったのである。それは、まさしくストープスが助言した通りのことだ。そうした充実感は、夫人とメラーズがどちらも進んで、完全かつ無条件に自らを相手に捧げることでしか得られない。二人はばらばらの個人であるのを放棄することによって、一体感を味わうことができた。それは、ストープスの詩にたびたび描かれる理想的な魂の愛に似ている。ストープスなら、二人が不義の関係であることに身震いするにせよ、その関係が愛情深く、優しく、心の知能が高いものであることに気づいたはずだ。その点で、来るべきセックス革命とは一線を画している。

だが、ストープスやロレンスが理想的な魂の合体をどれだけ奨励しようとも、向かってくる個人主義の荒波にはとうてい太刀打ちできない。性に関する道徳規範が緩んだ結果として現われたもっと典型的な姿勢は、アメリカの小説家ヘンリー・ミラーの作品に見ることができる。第5章でも触れたように、ミラーの一九三四年の処女作『北回帰線』は、ダリとブニュエルのシュルレアリスム映画『黄金時代』が性を大胆に扱ったことに影響を受けたものだ。『北回帰線』は半自伝的なモダニズム小説であり、ミラーが傑作を書けないままに一文無しでパリを彷徨うさまが描かれている。『チャタレー夫人の恋人』やジョイスの『ユリシーズ』と同様、この小説も数々の猥褻裁判を起こされるが、一九六四年にアメリカの連邦最高裁判所が作品に文学的価値を認めたため、以後は自由な出版が可能になった。

女性をモノとして見る

『北回帰線』は、初期のモダニズム文学と、のちのビート小説や実存主義小説をつなぐ作品である。「意識の流れ」手法を用いている点と、話の筋に興味のないところはジョイスを彷彿させるものの、主人公の虚無主義や自己中心性は心情的にサルトルやケルアックに近い。ミラーは徹底的に人間嫌いの視点から書いていて、小説の初めのほうでは「人はシラミのようなものだ」と言い切っている。作家のアナイス・ニンは、この本の序文のなかで次のように説明している。「この本は、そんなことが可能であるならの話だが、根本的な現実に対する私たちの欲求を回復してくれるかもしれない。辛辣な調子が全体を貫いているように思えるだろうし、実際、辛辣さは十分なほどにある。だがそれと同時に、溢れんばかりに荒々しく、常軌を逸したほど陽気で、熱情と活力に満ち、熱狂と言っていいほどになることもある」。『北回帰線』を重要な作品にしているのはこの熱狂だ。とりわけビート族の目にはそう映った。

しかし、ニンが警告したように、文章から最も強く感じられるのは冷淡さである。

この小説のなかでは、何らかの真実を垣間見るような瞬間がときおり訪れはする。たとえば、一人のパリの娼婦が、私利私欲なく我が身を投げ出すさまに接したときなどがそうだ。しかし、魂の合体というような美化された概念にミラーはまるで興味がない。事細かに綴られる数々の性的な出会いは、愛情や慈しみよりも怒りと嫌悪に衝き動かされているケースが多い。チャタレー夫人だったら、恋人としてのミラーの言動には何の魅力も感じなかっただろう。ミラーは下宿先のメイドであるエルザとセックスをしたあと、こう考える。「なんとなく彼女がひどく気の毒になったが、知ったことじゃない」。このセリフは、心の知能の低さに関しても自己中心性に関しても、十代の少年レベルだ。ヘンリー・ミラーにとって、セックスとは自分が欲するものにほかならない。相手が何を求めているかなどどうでもいいのである。ミラーは初めはこの小説を『狂ったちんぽ (*Crazy Cock*)』というタイトルにしようとしたほどだ。

一九六〇年に経口避妊薬が登場し、以前より避妊が簡単かつ確実にできるようになると、ミラーが望んだセックス革命は一気に文化の主流へと躍り出た。一九六〇年代は自由奔放な時代と呼ばれ、自由な恋愛が賛美されるとともに、公民権、同性愛者の権利、菜食主義、環境主義などが大きな前進を遂げた。そのため、女性の解放もこの時期に進んだと思われがちだが、実際はそうではない。

むしろ、六〇年代に女性がどう扱われていたかということが、七〇年代に女性解放運動が盛んになる理由の一端だったと言える。女性はヒッピー運動で重要な役割を果たし、性を取り巻く雰囲気がもっと気楽なものになることを熱烈に支持しはしたものの、男性からも女性からも男性を補佐する役割と見なされることがほとんどだった。日本人芸術家のオノ・ヨーコのように自らの道を歩む女性は、いぶかしげな眼差しを向けられたものである。

個人としての他者に何らかの制約を加えるのが著しくカッコ悪い時代にありながら、すぐさま男性は「好きなようにできる対象」として女性を捉えた。アメリカのロックバンド、グレイトフル・デッドのボブ・ウェアが一九七一年の曲「ジャック・ストロー」で請け合ってくれたように、「俺たちは女を分け合えるし、ワインも分け合える」のだ。イギリスのロックバンド、マンゴ・ジェリーも、飲酒運転を讃えた一九七〇年の曲「イン・ザ・サマータイム」でこう歌っている。「彼女のパパが金持ちなら、彼女を食事に連れて行こう／彼女のパパが貧乏なら、ただ好きなことをしよう」

一九六〇年代から七〇年代にかけてのイギリスのテレビ番組からは、女性をモノとして、つまり性的対象物として見ることがどれだけ常態化していたかがよくわかる。少なくとも、コメディや軽い娯楽番組のプロデューサーの頭のなかではそうだった。よくあるネタは、年配の好色な男性が、一人ないし複数の若い女性を延々と追いかけるというものである。女性が逃げているということは、怖がっていて同意がないことの現われに違いないのだが、これが可笑しいと見なされた。そのいい例が、BBCの家族向けSFシリーズ『ドクター・フー』で一九六五年に放映された一編だ。古代ローマにタイムトラベル中のドクター（演じたのはウィリアム・ハートネル）は、皇帝ネロが一人の女性を追いかけて手込めにしようとしているのを目撃する。ところがドクターは、その女性が旅仲間のバーバラだと気づかずに、にやにや笑うと手を振ってこの出来事を忘れてしまう。「女性を追い回す」ネタがあまりにおなじみになったため、ベニー・ヒルのようなコメディアンはそれを逆手にとって、若い女性に老いた男性を追わせて笑いを取った。それでもやはり、ベニー・ヒルの番組の女性はほとんど口を利かず、色目を使われて誘いをかけられて、服を脱がされる対象としてのみ存在し続けた。

女性をモノとして見る一九七〇年代初頭の風潮の極致と言うべきものが、ピーター・ウィンガードの曲「レイプ」かもしれない。ウィンガードは有名な俳優であり、とくに女好きの探偵ジェイソン・キングを演じたことで知られる。その膨らんだ髪形と大きな口髭、そして派手な服装をヒントにして、マイク・マイヤーズのコメディ・キャラクター、オースティン・パワーズが生まれた。ウィンガードはRCAレコードと契約を結び、一九七〇年に一枚のアルバムをリリースした。そのなかの一曲でウィンガードは、いろいろな国の女性をレイプするとそれぞれどんな喜びがあるかを物柔らかな口調で語っている。背後に流れるのは、イージーリスニング・ミュージックと女性の悲鳴だ。これを大手レコード会社が発売し、有名人がその名声の絶頂期に録音したのである。現代と比べて、いや過去のどの時代と比べても、この一九七〇年前後の時期が特異だったことがよくわかる。

女性の扱い方において、この時代が特殊だった点がもう一つある。極端なまでにモノ扱いする風潮が大衆文化の前面に置かれる一方で、性的虐待が（実際には蔓延していたのに）隠されていたことだ。階級制度的な古い権力構造のもとでは、権力ある男性がその立場を悪用しても、訴えられたり大衆から非難を浴びたりするおそれはまずなかった。

一九七〇年代初頭には、古い権力構造はまだたくさんそのまま残っていた。しかもそれが今や個人主義的な文化のなかにあり、その文化では女性を声なき物体として扱うことができる。この空気のなか、そうした権力構造の内部では、性的虐待者たちの異常なネットワーク組織が発展する土壌があった。子供に対する組織的な性的虐待がイギリス支配者層にどの程度はびこっていたかについては、ようやく光が当たり始めたばかりだ。だが、「小児性愛情報交換センター」という組織が実在し、自分たちの目的に向けて公然と活動していたという事実から、当時の状況がある程度は垣間見える。この組織は一九七四年に設立され、内務省から助成金をもらっていた。カトリック教会の構成員による児童への性的虐待も、いくつもの国々で恐ろしいほどの規模で行なわれていた。そのうち、アイルランド、アメリカ、カナダの三か国を中心に、近年になってこの暗黒の歴史にも捜査のメスが入ってきている。

このように、組織によって守られた児童性的虐待者のネットワークは、言うまでもないが同意というものにほとんど関心がない。自分が被害者にどんな影響を与えるかなど眼中にないのだ。彼らが追求する性生活は、マリー・ストープスやD・H・ロレンスが求めた魂の合体とは遠くかけ離れたものだった。

これらは極端な例だとはいえ、そこからは共通するパターンが見えてくる。バチカンの虐待者からイギリスの支配者層、さらにはミュージシャンやエンターテイナーに至るまで、一九六〇年代のセックス革命を個人主義の視点から捉える者が多かったということだ。欲しいものを手に入れろ、大事なのは自分の利害だけだ、と。人々はようやく、肉体的に満たされた生活を自由に謳歌できるようになったが、自己を中心に据えた結果、多くの人が孤独で魂のないセックスを選ばざるを得なかった。

去勢された女、ウーマンリブ

こうした風潮のなかで登場した重要なフェミニズム書籍のなかでも、最も大きな影響を与えたのが『去勢された女』(ダイヤモンド社)である。一九七〇年にオーストラリアの作家ジャーメイン・グリアが発表したものだ。現在までに何百万部も売り上げ、一一か国語に翻訳されている。議論と学術研究を手当たりしだいに組み合わせ、一般的なフェミニズム書籍より平易な言葉でユーモアを織り交ぜたこの本は、熱心な読者を獲得してまたたくまにベストセラーとなった。

グリアが気づいたのは、セックス革命の向かっている方向が女性の利益にならないということだ。「セックスは今、力のある者とない者、支配する者とされる者、性欲のある者とどうとも言えない者のあいだのやり取りになっている。その状態からセックスを救い出し、能力と思いやりと愛情を持った、人間同士のコミュニケーションの一形態に変えねばならない」。さもないと、時代特有の空虚な性生活を送るしかなく、「これ以上ないほどの意思疎通のなさと、これ以上ないほどの孤独に陥ることになる」

この本のタイトルが言わんとしているのは、女性がかつてないほどモノ扱いされているにも関わらず、完全な性的対象とは見られていないということである。女性はさながらバービー人形であり、美しく受け身であることが求められはするが、その体に性器を持たないことが期待される。「女性は性的な物体であり、ほかの性的存在に使われたり鑑賞されたりする存在と見なされている」とグリアは書いている。「受け身であるとされることによって女性の性的感情は認められず、さもなければ誤って伝えられている。女性らしいとされるイメージのなかから、膣は完全に消し去られている」。ベティ・フリーダンも同じような懸念を抱いていた。「女性の人間性を否定しているなら、性の解放というのは間違った呼称だ。いわゆる性の解放の第一波がアメリカに訪れたが、そこでは女性が受け身の性的物体にすぎず、それを本当の解放と呼ぶことはできない。男女ともが本物の解放を享受するには、どちらの側も受け身の役割に追いやられてはならない」

女性の進むべき道は、自らの内なる価値に気づき、完全に性的な生き物になることだとグリアは主張する。それによって女性は「見られる対象から解放される」のだと。それが男性にとっても素晴らしい贈り物になるとグリアは指摘した。

女性解放運動は、フリーダンの『新しい女性の創造』によって火がつき、グリアの著書の成功によって文化の主流に躍り出て、「ウーマンリブ」として知られるようになる。それまで、女性にも参政権が与えられたのを最後に、フェミニズムは棚上げにされていた。だが、女性が選挙権をもらっても、それが初期のフェミニストたちが望んだような特効薬にはならないことが明らかになった。四〜五年に一度、一票を投じる権利を得たくらいでは、大きな改善は望めない。女性への偏見が幾重にも根づいた現状を打破しようにも、参政権では威力に欠けるのだ。男女平等はさまざまな領域で、とりわけ賃金の平等に関して、頑ななまでに実現しようとしなかった。今日でもこの状況が解消したわけではないが、ウーマンリブの活動がいろいろな分野で大きく花開いたことは間違いない。一九六〇〜七〇年代のように女性をモノとして扱うことは、現在ならけっして許されないだろう。

こうした作家たちのことを思うと、私たちの文化が自分たちで得意がっているほどセックス中心ではないことに改めて気づかされる。ストープスやロレンス、あるいはグリアが訴えたように、互いに身を捧げ合う無私で充実した関係を築くには心の知能が必要だ。しかし、現代の文化には往々にしてそれが欠けている。どれだけ乳房が露出されていようと、魂の交歓がない限りどこまでいっても本当の意味でのセックス文化にはなれず、独りよがりのマスターベーションに耽っているにすぎない。フィリップ・ラーキンが「性交が始まったのは／一九六三年／（僕にはちょっと遅すぎた）」と書いたのはたぶん間違っていたのだ。文化全体のレベルでは、私たちはまだその時がくるのを待っているのかもしれない。

TEENAGERS

第11章 ティーンエイジャー 反逆者のジレンマ

ワッボップ・ルモッパ・ロッバンバン！

リトル・リチャードの一九五五年のシングル「トゥッティ・フルッティ」は、「ワッボップ・ルモッパ・ロッバンバン！」というシャウトで始まる。それからドラムと二台のサックスが入り、叩きつけるようにピアノが鳴る。リトル・リチャードはジョージア州の貧しい町に生まれ、当時は二五歳の皿洗いだったが、独特の髪形と態度とともにあの歌に乗せて世間に名乗りを上げ、野性的な力を爆発させた。あんなに生き生きとした歌手がいまだかつていただろうか。

これが、新たな文化の生まれた元年だった。曲に意味のない言葉が出てくるのは当時も珍しくはなかったが、リトル・リチャードの「ワッボップ・ルモッパ・ロッバンバン！」というシャウトは、ペリー・コモが「ビビディ・バビディ・ブー」と歌うのとはまるで違っていた。曲の長さ自体は二分あまりにすぎないのに、その衝撃は今なお鳴り響いている。イギリスのポピュラー音楽雑誌『モジョ』が「世界を変えたレコード・ベスト一〇〇」のランキングを作成したとき、一位は「トゥッティ・フルッティ」以外になかった。

ロックンロールは数十年かけてゆっくりと発展を続けていた。そのルーツをたどれば、アメリカ南部のリズム・アンド・ブルース、ジャズ、カントリー、そしてブルースに行き着く。文化的な現象として捉えると、一九五〇年代半ばの十代の若者のエネルギーが稀有なかたちで組み合わされてロックンロールは誕生した。この音楽が直接のターゲットにしたのは、使える小遣いがあり、羽目を外して楽しく過ごしたいと願う白人のティーンエイジャーである。ロックンロールがきっかけとなって、RCAが一九四九年に発売した毎分四五回転の七インチ（約一七センチ）シングル盤と、エレキギターの導入が一気に進んだ。

とはいえ、テレビでは検閲係の強い意向により、エルヴィス・プレスリーはウエストから上しか映されなかった。歌っている姿自体が過度に卑猥だというのである。「ロックンロールは執拗なまでに野蛮だ」と言い切ったのは、『ブリタニカ国際年鑑』の一九五六年版だ。「芸術的で理想的なジャングルと故意に競っている」（ここでは熱帯のジャングルと、映画『Blackboad Jungle（『暴力教室』）でプレスリーの歌がテーマ曲として使われたことを掛けている）。「ロックンロール」という言葉が二〇世紀前半に初めて使われたとき、それはセックスを婉曲に言い換えたスラングでもあり、黒人の福音教会で精神が高揚したときの熱狂の波を表わしたものでもあった。

音楽自体は恍惚状態を表現しているので、性的であると同時に宗教的でもあった。性的な性質は歌詞を見れば明らかである。なにしろ、リトル・リチャードの「グッド・ゴーリー・ミス・モリー」では、主人公のミス・モリーについて私たちが最初に教わることが、「ミス・モリーはアレをするのがきっと好き」なのだ。しかし、歌詞を超えた音楽自体にも明らかに性的なニュアンスが潜んでいた。ザ・キングスメンの古典的名曲「ルイルイ」については、ＦＢＩ（アメリカ連邦捜査局）が二年にわたって捜査を行なった。狙いは、発音が不明瞭で一見無害そうな歌詞の真意を読み解くことである。ＦＢＩ検察官のリロイ・ニューは、最終的に歌詞には問題がないとの結論を下した。しかし、曲そのものが猥《みだ》らで汚らしいと断じ、「調子外れのギターと、のしかかるようなジャングルのリズムと、騒々しいシンバルの不快きわまる」曲だと評している。ただし、「猥褻法は汚らわしい音を想定して作られてはいない」とも認めた。

とりわけ優れたレコードは、教会で仲介役のフィルターを通して伝わるのとは違って、制約を受けない直接的な啓示と魂の交わりを感じさせることができた。また、ティーンエイジャーに絶えずつきまとうホルモンの疼《うず》きを意識していた。一九五〇年代のロックンロールと、それ以後のロック音楽は、いわく言い難い喜びと、その喜びを恋人と分かち合いたいという思いを生み出した。アメリカのバンド、ダイナソーJr.のシングル「ザ・ワゴン」のコーラスが、その喜びをたった二語に凝縮している。「ベイビー、ウーウィー」

リトル・リチャードは女装と化粧をした両性愛の黒人男性で、古い保守的な世代には受け入れるのが難しい存在だった。それでも本人は、曲の性的な過激さを多少は和らげる努力をしている。たとえば、「トゥッティ・フルッティ」の歌詞はもともと次のような有益なアドバイスになるはずだった。「トゥッティ・フルッティ、いいケツしてる／入らないんなら無理するな／グリース塗って楽にやれ」。だが、リトル・リチャードには宗教的な側面もあった。ほどなくして世俗のロックンロールを捨てて、牧師になったのである。きっかけは、一九五七年のオーストラリア公演中、真っ赤に輝く火の球が尾を引きながら夜空を翔《かけ》るのを見たことだった。リチャードはこの経験に深く影響を受けた。その火の球はまず間違いなくスプートニク1号である。

一九五〇年代の終わり、それぞれ無関係な出来事がいくつか重なって、第一世代のロックンロール・スターたちはほぼすべてがステージから姿を消した。リトル・リチャードは教会へと去り、エルヴィス・プレスリーは志願して合衆国陸軍に入隊し、ジェリー・リー・ルイスは一三歳の従姉妹と結婚していたことが発覚してスキャンダルに呑み込まれ、チャック・ベリーは一四歳の少女に州境を越えさせたとして逮捕された。この裁判は数年続き、最終的には一九六二年からベリーは服役した。もっと恐ろしい悲劇が起きたのが一九五九年二月三日である。リッチー・ヴァレンス、ビッグ・ボッパー、バディ・ホリーの三人を乗せた軽飛行機がアイオワ州に墜落し、三人のミュージシャン全員とパイロットが死亡したのだ。この事件は、ドン・マクリーンが「アメリカン・パイ」のなかで「音楽が死んだ日」と歌ったことで、後世に残ることとなった。

主役級のアーティストたちがこれほど大勢いなくなるというのは、空前絶後の出来事である。ロックンロール「熱」は二度と復活しないかに思われた。ところが、新しいティーンエイジ文化を求める状況自体が変わったわけではないため、次世代のバンドがすぐに現われて空隙を埋めた。一九六〇年代のミュージシャンたちは、五〇年代には考えられなかったような方法でロック音楽を発展させていくことになる。第一世代のロックンローラーが消えるという、意図せぬ「焦土作戦」が功を奏して、あとには非常に豊かな土壌が残ったのだ。

ストーンズの「個人主義」、ビートルズの「愛」

ローリング・ストーンズのリードギタリスト、キース・リチャーズは、一九七五年にアーカンソー州で警察といざこざを起こし、そのエピソードを自叙伝の書き出しに選んだ。聖書地帯《バイブルベルト》と呼ばれるほど信仰心の篤い南部を敢えて走らないほうがいいことは、わかっていたのだとリチャーズは認めている。ツアーのためにストーンズにアメリカ滞在のビザが下りたことに対しては、賛否両論が飛び交っていた。その大きな理由が、リチャーズに麻薬関連の前科があったことである。バンドの顧問弁護士は、南部の警官がリチャーズを現行犯で押さえようと手ぐすね引いていると警告していた。それでもリチャーズはリスクに目をつぶることにし、真新しい黄色のシボレー・インパラに乗って出発した。自分でも多すぎると思うほどの大量のヘロイン、マリファナ、ペヨーテ、コカインを積んで。

リチャーズはパトカーに幅寄せされ、フォーダイスという小さな町の警察署に連れて行かれた。そこで司法当局と対決する。メディアと弁護士が集まるなか、トランクからコカインを入れておいたスーツケースが見つかり、それを開ける法的権利を手に入れようと警察は判事に申し立てを行なった。そのあいだリチャーズは、帽子のなかや体のあちこちや、車のドアパネルの裏に隠した麻薬をどうにかして捨てようと、もしくはそこから注意を逸らそうと必死になっていた。自叙伝の冒頭としては、ローリング・ストーンズが掴み取った栄光や拍手喝采の話を書いてもよかった。あるいは、アメリカのブルースに対する生涯にわたる深い愛を綴ってもいい。ところがリチャーズはそうせず、保守的な司法当局との茶番めいた衝突から始めることで、自身の人生の物語をどういう調子で書いていくかを方向づけたのである。

リチャーズ自身が認めているように、それだけのドラッグと一緒に旅をする必要は少しもなかった。そのツアーに向けて、薬を断つためのリハビリを終えていたので、「当時は強いヤツはやっていなかった」のである。強くないヤツについても、バンドの機材と一緒に置いていったほうが遥かに安全だったろう。ところが危険を知りながら、しかもまったく必要のないことなのに、非合法な薬物を車に積み込んでアーカンソー州を走った。

一九五五年の映画『乱暴者《あばれもの》』のなかで、マーロン・ブランド演じる若き暴走族はこう尋ねられる。「ねえ、ジョニー、あんたは何に反抗しているの?」。ブランドは答える。「何がいい?」。この暴走族は、同じ年に公開されたジェームズ・ディーンの映画のタイトルのように、理由なき反抗をしている。こうした姿勢を一つのシーンにうまく封じ込めたのが、一九六六年のB級映画『ワイルド・エンジェル』だ。このなかに、ピーター・フォンダ演じる不良青年が年上の聖職者と言葉を交わす場面がある。「君はいったい何がしたいのかね?」という問いに対し、フォンダはこう返す。「俺たちは自由になりたい。何でも好きなことをしたい。大人につべこべ言われずに自由にマシンに乗って、それからヤクでハイになって楽しく過ごしたい。それが俺たちのやりたいことだ。楽しくやるんだ。羽目を外すんだ」

リチャーズのスタンスもこれと同じだ。それを自ら端的にこう語っている。「俺たちにはしたいことをする必要があった」。これはフロイトの言う「イド」の声でもある。イドが何物の制約も受けず、自分以外の人間のことも社会のことも頓着せずに、大きな声で語っているのだ。こうした姿勢は間違っていると、理詰めで議論するのはたぶん簡単だろう。だが、そんなことをしたところで、後先を考えない個人主義が素晴らしいものに感じられるという事実が変わるわけではない。

六〇年代半ばから七〇年代初めにかけて、人気の絶頂にあったローリング・ストーンズは、若者の反抗的な精神を象徴する存在だった。家族受けするビートルズとは対照的にローリング・ストーンズは「悪ガキ」であり、不健全で危険なグループだった。彼らが体現していたのは、真面目くさった体制側とは衝突必至の悪びれない個人主義である。それを如実に物語っているのが、バンドメンバーであるミック・ジャガー、キース・リチャーズ、ブライアン・ジョーンズが麻薬関連の罪で逮捕されたことだ。その裁判は世間の注目を集めた。キース・リチャーズなどは、度を越した量のドラッグを摂取したのに死ななかったことで、ロックの神様という名声を得たほどだ。一九六〇年代の若者たちにとって、ローリング・ストーンズは「結果を顧みない自由」のシンボルだったのである。

ローリング・ストーンズの曲に繰り返し現われるテーマは、望むこと、求めること、欲することだ。ミック・ジャガーは「欲しいものがいつも手に入るとは限らない（You Can't Always Get What You Want）」〔邦題「無情の世界」〕とか、「満足（が全然得られない）（[I Can't Get No] Satisfaction）」〔邦題「サティスファクション」〕などと歌う。かたやビートルズの音楽はどうかというと、「私は欲しい／したい」という姿勢の曲はさほど多くない。たまに「君の手を握りたい（I Wanna Hold Your Hand）」〔邦題「抱きしめたい」〕や「君に言いたい（I Want to Tell You）」〔邦題：「アイ・ウォント・トゥ・テル・ユー」〕という曲のなかでそれが現われるときには、単純な要求というより人との触れ合いを願っていることが示される。ビートルズがローリング・ストーンズのために書いた「彼氏になりたい」も、やはり人との触れ合いを懇願しているが、ビートルズのほかの曲に比べるともっとストレートで、強くせがむような響きがある。リチャーズはこう指摘している。「［ビートルズは］意図的に［あの曲を］俺たち向けに書いたんだ。彼らはソングライターだし、ここはティン・パン・アレー〔ポピュラー音楽業界関係者が集まる界隈のことで、「ティン・パン」とはブリキ鍋を叩くようなやかましい音のこと〕だから、自分たちの曲をガンガン叩いて俺たちに合うように直したんだ」

ローリング・ストーンズは、アレイスター・クロウリーとアイン・ランドの提唱した「汝の意志することをなせ」という哲学の系譜に、意識的に連なる行動を取っていた。たとえば、「悪魔を憐れむ歌」といった曲や『サタニック・マジェスティーズ』のようなアルバムでは、悪魔的なイメージを用いている。また、高額なチケットを発売するあからさまな商業主義で知られるほか、ミック・ジャガーはマーガレット・サッチャーを讃美した。バンドの顧問弁護士までが強欲さを見せ、ザ・ヴァーヴの「ビター・スイート・シンフォニー」に対して楽曲の著作権使用料を支払うよう迫っている。確かにザ・ヴァーヴは、この曲のなかでローリング・ストーンズの楽曲の一部をサンプリングして使用してはいた。だが、それについてはすでに許可を取っていた。それなのに、過剰に使用したという理由で追加の使用料を要求されたのである。ローリング・ストーンズは音楽的には一貫して保守的であり、実験的な方向に手を広げることなく、リチャーズの愛するブルースの伝統から離れなかった。『タイムズ』紙主幹で、極右として知られるウィリアム・リース＝モッグが、メンバーの麻薬裁判中にローリング・ストーンズを擁護する社説「些細なことを大事《おおごと》にするのは誰か？」を書いたときには、多くの人が目を疑った。しかし、リース＝モッグとローリング・ストーンズは、初めに受ける印象ほど政治信条が異なっているわけではなかったと思われる。

ローリング・ストーンズのスタンスが「私は欲しい／したい」だとすれば、ビートルズの哲学とは何だろうか。それが最も明確に現われたのが、一九六七年のテレビ番組『われらの世界』に出演したときだ。これは、複数の通信衛星の打ち上げ成功を祝って実施された世界初の宇宙中継特別番組であり、二六か国で四億人が視聴した。このときビートルズは、番組のために作った新曲「愛こそはすべて」を披露している。思えば彼らのキャリアは「シー・ラヴズ・ユー」や「ラヴ・ミー・ドゥ」といったラブソングで始まり、最後は「あなたの得る愛はあなたの与える愛に等しい」とポール・マッカートニーが歌って終わったわけだ。

つまり、ローリング・ストーンズが「私は欲しい／したい」なら、ビートルズのテーマは「愛」だ。もちろん、ビートルズが物質的な富に背を向けていたわけではない。金銭に対する彼らの姿勢は「タックスマン」のような辛辣な歌に現われているし、ポール・マッカートニーなどはジョン・レノンと曲作りをする前に、「家にプールが作れるような曲を書こうぜ」と言ったとされている。しかし、レコードとして発表された音楽から判断するに、ビートルズの哲学にとっては物質的な物事は二の次だったように思える。

「愛こそはすべて」という考え方は、一九六〇年代半ばから後半にかけて登場したヒッピーのカウンターカルチャーの産物であり、メンバーがLSDなどの幻覚剤に興味を持っていたことの影響が大きい。LSDを使っても何か新しいものが得られるわけではなく、すでにあるものが強烈に増幅されて感じられる。それが快適なトリップになるとは限らないため、使用するときの心の持ちようと周囲の環境（いわゆる「セットとセッティング」）を肯定的で好ましいものにすることが必要になる。もっとも、ヒッピーは不快なトリップになるリスクを覚悟していた。たとえ不快なトリップであっても、ドラッグが垣間見せてくれる世界からは霊感を得ることができ、それで報われると感じていたからである。

幻覚剤の厄介なところは、ドラッグによって自分の物の見方が変容しても、どう変わったかをあとで説明するのが腹立たしいほど難しいことだ。ＬＳＤはコカインのような麻薬や酒とはまったく違って、人を孤立させたり個人主義を助長したりすることがない。幻覚による心の変化について多少なりとも確かに言えることがあるとすれば、それは「私は欲しい／したい」という個人主義的姿勢とは大きく異なるということだ。ローリング・ストーンズにも短いあいだながらＬＳＤに触発されたサイケデリック期があるにはあり、一九六七年にはその影響を受けて「この世界に愛を」というシングル曲を発表している。しかし、その数か月後にはアルバム『サタニック・マジェスティーズ』をリリースした。

ＬＳＤを使用すると、自己充足して孤立した個体ではなく、より大きな何かの一部として自分を見るようになる。だが、その「大きな何か」が何なのかを説明するのが一筋縄ではいかず、結局は「つながり」とか「すべては一つ」といった曖昧な表現に終わる。この点ではモダニストに似ている。彼らもまた、新たに広がった自分の視野をどんな言語で伝えたらいいかを模索した。適切な言葉を探して、ヒッピーは東洋の宗教に目を向けた。それは、アレン・ギンズバーグのようなアメリカのビート詩人をはじめ、オルダス・ハクスリーやアラン・ワッツといったイギリスの作家・思想家を通して学んだものである。ヒッピーたちは、自分たちの体験を言い表すために仏教とヒンドゥー教の言葉に頼ろうとしたものの、近代的なテクノロジーの時代には古代の比喩がどうもしっくりこない。それなら、曖昧で単純すぎると思われようとも、最も普遍的で、個人主義から最も遠い感情を用いて、自分たちの経験を表現するほうが簡単だった。それが「愛」である。だからこそ、ヒッピーによるサイケデリック文化が花開いた一九六七年が、「愛の夏（Summer of Love）」と呼ばれたのだ。

ＬＳＤによってもたらされる意識の変容があまりに強烈だと、愛という感情は自分の外側にいる他者と一体化する行為となる。そして、二人が離れることなど考えられなくなる。聖書が肉体的な愛のことを「相手を知ること」と表現するのには、理由があるのだ。このように、ヒッピーの「愛」は、二〇世紀を支配する孤独な個人主義と明確に一線を画している。しかしそれは、簡単に敷衍して組織の原理にできるようなものではなく、社会全体にすぐに適用することはできなかった。

過去二世紀のあいだ、キリスト教は懸命に愛を奨励しようとしていた。教会は信者に対し、「汝の隣人を愛せ」といった戒律を通して他者を愛することを命じた。あたかもそれが理にかなっていて、実行可能な行為であるかのように。だが、愛しなさいと命じることは、愛するなと命じるのと同じくらい現実的ではない。愛はそういうふうに作用するのではないからだ。それが可能だと考えたこと自体が、教会に不信の目を向けたくなる原因を作ったように思える。ヨーロッパより個人主義的な色彩の強いアメリカのキリスト教は、愛と社会正義に関してもともとの聖書の教えにあまり重きを置かなかった。世界中で礼拝参加者が減少したのにアメリカでそれが起きなかったことを思うと、この点は注目に値する。

一九七〇年代から八〇年代にかけて、自尊心を焚きつけるようなコカイン文化が登場すると、ヒッピーの愛の文化は足を引っ張られた。個人主義的でない視点をどれだけ説明しようとしても、ドラッグによって誘発されたものだから本物ではないと切り捨てられた。意識の変容を表現するヒッピーの言葉は拙《つたな》く曖昧で抽象的にすぎ、こうした攻撃を切り抜けることができない。結局は、青二才による格好の悪い失敗として片づけられた。それでも、その後の数十年で、彼らの思想の多くが主流文化に浸透していくことになる。

カウンターカルチャーとサッチャリズム

二〇世紀が個人主義を信奉した理由を理解したいなら、子供を育ててティーンエイジャーになるまで待つのが一つの手だ。

子供が幼いうちは、家庭内での序列を受け入れている。ところが、一三歳を過ぎるあたりからとたんに変化が訪れ、大きな集団に広がっていた関心が縮んで自分自身に焦点を合わせる。何が起きても、誰と何を話しても、「私の場合はどうだろう?」という分析のフィルターを通らないことがない。どれだけ優しくて思いやりのある子供でも、自分のことで頭がいっぱいになった様子や無分別な態度を見せる。他者を気遣うことにはなかなか気が回らなくなり、そのことを注意しようものなら、あらゆる場面に使える反論の言葉が返ってくる。「そんなのひどいよ!」。この根底には脳神経の変化がある。思春期の若者が、思春期前の子供に比べて自意識が強くて内省的であることは、脳神経科学の研究からも確認されている。

父権主義的なオシリスの時代が終わって、私たちが「第三の時代」、すなわち「王冠をかぶって世界を征服する子供」の時代に入ると宣言したとき、アレイスター・クロウリーは重要なことに気づいていたのだ。二〇世紀に発展した個人主義は、ティーンエイジャーの物の見方と驚くほどよく似ている。

ティーンエイジャーの行動の変化を、単なる乱暴や反抗と見るべきではない。大人としてのアイデンティティが思春期のあいだに形作られていて、初めは内に閉じこもるのがどうやらこのプロセスにとって重要らしいのだ。しかし、二〇世紀の半ばから後半にかけて、文化の特徴がかつてないほどこのプロセスと一致したというのは面白い。その理由の一端は人口構成にある。戦後のベビーブームによって、それまで以上にこの世代の人数が増えた。思春期や青年期の若者が目立つようになり、一九四〇年代に初めて「ティーンエイジャー」という名前をもらった。この言葉は、一三〜一九歳という、語尾に「-teen」のつく年齢の若者を指している。「大量虐殺」や「人種差別」もそうだが、以前にはそういう言葉がなかったというのはなんとも意外だ。

戦後には世代間ギャップが露わになった。親や祖父母の古い世代は第二次世界大戦を生き抜いた。友人や家族が死ぬのを目の当たりにしているし、自分の大切にしているすべてがいつ何時失われてもおかしくない状態を味わい、先行きの確かなものなど何一つないという経験をしている。ところが、その子供たちにとって世界はまったく違った場所であり、それを当然のものとして扱った。世界的な好景気が始まり、第二次世界大戦末期から一九七〇年代という長期にわたって続く。仕事が欲しい者には与えられ、車やラジオやさまざまな商品を買う金をもたらした。ベトナム戦争のような海外の戦争に徴兵された兵士を除けば、戦後のティーンエイジャーに銃口を向ける者などいない。彼らには、次の食事がどこから来るかを心配する理由がなかった。この傾向がとくに顕著だったのがアメリカである。戦争で国土が荒廃することがなく、したがって再建する必要もない。つまりは、天然資源に恵まれ、始まったばかりの黄金時代を謳歌する広大な世界だったわけである。古い石頭連中が小言をやめて放っておいてくれさえすれば、この世は楽しくなれるとティーンエイジャーには思えた。

ティーンエイジャーは暴力と非行で不評を買う。古い世代の目に映る若者は、自分個人が満足することにのみ関心があり、もっと大きな目的意識が欠けているように見える。一方のティーンエイジャーには、古い世代は過去にしがみついていて、新しい時代について行けていないように思える。とにかく大人はわかっていないのだ。六〇年代のヒッピーの言葉ではないが、「三〇歳より上の人間を絶対に信用するな」なのである。世代がどこで区切れるかは、服装が唐突に変化することでわかる。男性にとっては、スーツにネクタイ、帽子というのが何世代も前から続く制服だった。それが、もっとリラックスしたTシャツにジーンズ、スニーカーという姿に変わる。二〇世紀後半のティーンエイジャーに、誰でもいいからモダニストの写真を見せたら、きっと古臭くて面白味のない連中だとして洟《はな》にも引っかけないだろう。実際はモダニストたちのほうがよほど反抗的で危険で、無謀だったのだが、きちんとした髪形をしてスリーピースのスーツを着ているというだけで相手にする価値はないのである。古い連中に二〇世紀後半の暮らしの何がわかる、というわけだ。

一九五〇年代に芽生えた若者文化から、カウンターカルチャーが育っていった。その特徴は、「それが何物か」ではなく「何物でないか」によって決まる。というのも、主流文化に対抗することがその目的だからだ。カウンターカルチャーは遥か昔から存在してきた。ソクラテスの信奉者や道教信者もそうだし、イスラム神秘主義の運動もそうだ。だが、二〇世紀後半には個人主義的な風潮が非常に強く現れたために、カウンターカルチャーが成長し、花開き、はびこるのに恰好の生態系ができていた。

カウンターカルチャーを研究する歴史家のケン・ゴフマンによれば、カウンターカルチャーは権力側との衝突として語られがちだが、その狙いはけっして対立にあるのではない。ゴフマンはこう指摘している。「何かを創り出したいという個人の意志に、できるだけ制約が加わらない状態で生きようとすることに主眼があり、そのためには場所と手段を選ばないということなのだ」

一九五〇年代半ばからほぼ四〇年のあいだに、ほとばしる個人の創造性はティーンエイジャーのカウンターカルチャーを成長させ、また突然変異させて、思いがけない刺激的な方向へと向かわせていった。新しい世代のティーンエイジャーが登場するたびに自分たちらしい舞台を欲しがり、年上のきょうだいたちとはまったく違った存在になろうとした。新しいテクノロジーと新しいドラッグに後押しされて、再発明や革新が絶え間なく続いていく。ロックンロールはサイケデリックに、サイケデリックはパンクに、パンクはレイヴに取って代わられた。ディスコ、ヒップホップ、レゲエ、ヘビーメタルなど、さまざまなジャンルが誕生し、新たな可能性を感じさせる音楽の仲間入りをしていった。この「可能性を感じさせる」というのが、二〇世紀後半のポピュラー音楽の大きな特徴と言えるだろう。こうしたカウンターカルチャーが発展して広まった結果、今度はそのカウンターカルチャーが、それが作られたときの拒絶の対象だった堅苦しい音楽文化の後釜に座った。ロックンロールを聞いて育ったティーンエイジャーが成長するにつれ、そのロックンロールが主流となったのである。

この間、個人主義への流れは政治の方面でもしっかりと確立された。一九七〇年代の後半にイギリスでマーガレット・サッチャーが頭角を現わしたことにより、個人主義が支配する状況が確固たるものになったのである。当然ながら政治派閥の論理から、個人主義に反対するような意見が排除されたり攻撃されたりするようになった。

サッチャーは、一九八七年のハロウィーンの日に刊行された『ウーマンズ・オウン』誌のインタビューのなかで、自らの理念を次のように述べている。「私たちが通ってきた時代には、〝困ったことがある、どうにかするのが政府の仕事だ〟とか、〝困ったことがある、どうにかするために補助金をもらってこよう〟とか、そういう考え方をする人が大人も子供も多すぎたように思います。〝住む家がない、政府に何とかしてほしい！〟などと言って自分の問題を社会に投げるわけですが、社会って誰なんでしょうか。そんなものはどこにもないのです！　個々の男性と女性がいて、家庭があるだけです。人々を通じてしか政府は物事を行なえませんし、人々が自分自身の面倒を見ることが先決です」

珍しいことに、サッチャー内閣はこの発言が誤解を招かないようにと、後日『サンデー・タイムズ』紙にコメントを出している。「この国の病弊は、あたかも社会の問題であるように誤った受け止め方をされることがあまりに多い。同様に、行動が必要なときは、社会が行動することを求められる。しかし、そのような社会は概念のうえでしか存在しない。社会は人々によって作られている。義務と信念をもって解決するのは人々のほうである。物事を成し遂げるのは人々なのだ。マーガレット・サッチャーは抽象的な概念として社会を捉えるのではなく、個人と家庭の行動が社会の力の真の源泉だと考えるのを好む。社会に対する彼女の姿勢は、個人の責任と選択を深く信じていることの現われだ。物事を〝社会〟に委ねるのは、現実世界での意思決定や、実態を伴う責任や、実効性ある行動から逃避しているのにほかならない」

個人が第一であることを考え方の根底に据えるというサッチャーの姿勢は、当時の若者によるさまざまな運動と見事に一致した。サッチャーと若者の主な違いは、サッチャーが責任の重要性を強調することで自らの理念を正当化した点にある。初めこれは、ローリング・ストーンズに代表される「結果を恐れぬ個人主義」とのあいだに明確な溝を作るかに思えた。しかし、サッチャーが言うのは自身に対する個人の責任であって、他者に対する責任ではない。自身に対する責任とは、ほかの誰からも助けを必要としないという意味であり、要は個人主義の思想を少し見てくれのいい表現に改めただけだ。

このことからわかるのは、イギリスのカウンターカルチャーがその根幹部分で二極に分裂していた点である。若者文化は、自らを徹底した反サッチャーと見なしていた。憎悪に満ちた狂気の女が、他者への思いやりもなく権力を振るうさまに、ぞっとしてもいた。そして、もっとビートルズ的な世界を、つまり、より大きな何かに個人が結びついていることに気づかせてくれる世界を求めた。その一方で、若者のカウンターカルチャーはストーンズのように個人主義を讃える風潮の後押しもし、イギリスの社会をよりいっそうサッチャー寄りの方向に向かわせるのに一役買った。この状況がすっかり定着したために、その後の歴代首相（メージャー、ブレア、ブラウン、キャメロンなど）の政治方針は、言葉にしてはいなくてもサッチャリズムである。

何人もの右派の評論家が、「社会などというものは存在しない」という言葉が文脈から切り離されて独り歩きしていると訴えてきた。サッチャーが、若者のように個人主義者で自己中心的だと解釈されるのは間違っているし、社会が存在しないというのも言葉の綾だというのである。

サッチャーより前の時代の国家は、社会というものが実際に存在するという認識のもとに動いていた。政府は大西洋の西でも東でも、一九世紀の自由放任主義的な資本主義と、ロシアや中国のような新しい国家共産主義とのあいだで、現実的な妥協点を見つけようとしてきた。いくつか成果も上がっており、アメリカならルーズヴェルトによる一九三〇年代のニューディール政策、イギリスでは終戦直後のアトリー政権による福祉国家の建設がその例である。非の打ちどころのない結果とは言えないにせよ、東側の共産主義国家のように画一的な生活を押しつけられたり、ビクトリア時代のイギリスのように貧困と不平等にあえいだりするよりはましだ。おかげで社会が安定し、民主主義が花開いて、極端な全体主義的政治が本格的には根を下ろせない状況が生まれた。終戦直後の若者文化が反抗していた対象は、確かに退屈で面白味がなく、古臭いものだったかもしれない。救いがたいほどに興を削ぐものだったろう。だが、政治と歴史の視点からは、けっして最悪と言うほどではなかった。

若者の文化的運動に加わった者たちは、自分たちを反逆者や革命家と見ていたかもしれない。だが、資本主義体制を脅かす存在ではなかった。靴をアディダスに履き替え、スーツをやめてパンクなボンデージパンツを穿き、ワイシャツを脱いでアイアン・メイデンのTシャツを着ても、そんなのはたいした問題ではない。人がバリー・マニロウのレコードを買いたかろうが、セックス・ピストルズのアルバムにしようが、資本主義にとってはどうでもいいことだ。筋金入りの反資本主義者にさえ、オーガニックな食品や、パワースポットへのツアーや、チェ・ゲバラのポスターを嬉々として売りつけるのが資本主義というものである。

つまり、カウンターカルチャーと体制側でどんな衝突があろうと、それは文化のレベルで起きることにすぎない。ビジネスの妨げにはならないのだ。カウンターカルチャーはいつの時代も、新しいことを始める精神に溢れていた。だが、以前のものより新しくカッコいい文化を通して自分自身のありようを決めたいと願い、カッコ悪いとか古臭いと思われるのを恐れることは、使い捨ての消費主義を助長する。消費主義に染まった悪しき社会への反動をいくら標榜したところで、新しくカッコいいものを通して自身を規定しようとしている限り、消費中心の文化に拍車をかけるだけだ。

アメリカのグランジ・バンド、ニルヴァーナのボーカルだったカート・コバーンが、一九九〇年代の初めに苦しんだのもこのジレンマだった。主流である消費主義的な価値観を拒絶することが、コバーンのあらゆる行動に見て取れたのは間違いない。作る音楽しかり、着る服しかりである。しかし、何をしようと音楽産業にとっては痛くも痒くもなかった。コバーンの音楽は何百万もの人々に買われ、まるでニュー・キッズ・オン・ザ・ブロックのような作られたアイドルグループの音楽と変わらないかのようである。音楽業界にすれば、消費主義を毛嫌いするコバーンの価値観は一つのセールスポイントであって、消費をさらに拡大してくれるものだったのである。自分が有名になることをコバーンがどれだけ憂いていたかは、ニルヴァーナの出世作で三〇〇〇万枚以上売れたセカンドアルバム『ネヴァーマインド』にすでに現われている。シングル曲「イン・ブルーム」のなかで、自分の作った歌詞の意味もわからないくせに一緒に歌いたがる観客を攻撃しているのだ。三作目にして最後のスタジオ・アルバムとなった『イン・ユーテロ』でのコバーンは、この矛盾を克服できずに敗北してしまったかのようである。アルバムのオープニング曲では、十代の苦悩は十分に報われたが今は飽きて年を取った、とこぼしている。それに、「ラジオ・フレンドリー・ユニット・シフター」のような陰鬱な曲もこのアルバムには入っている。翌年、コバーンは自殺する。遺書には次のように記されていた。「君たちのコミュニティと無縁でいることと、それを受け入れることに関わる倫理とでも言うべきものに、僕が初めて触れてから何年ものあいだ、パンクロック初期の連中が発してきた警告はすべてまさしく真実だったことがわかった」

コバーンは、反体制的な反消費主義の信念と、自分の音楽がメジャーな成功を収めたことのあいだに、折り合いをつけることができなかった。「愛こそはすべて」の系譜に連なるカウンターカルチャーの思想は、「私は欲しい／したい」の個人主義をうまく防げたためしがない。なぜなら、自我より大きな何かと一体化するという難しい作業が、個人主義の持つわかりやすい魅力に太刀打ちできるはずがないのだ。なんといっても個人主義は、解放と欲望と、掛け値なしの楽しさをもたらしてくれるのだから。では、個人主義の魅力を認識してそれを受け入れながらも、そこに内包される孤立と無意味感を避けるにはどうすればいいのか。不幸にもコバーンは、そんなスタンスを取るのは不可能だと確信しながら死んでいった。

二〇世紀後半の文化は、大人でも子供でもないティーンエイジャーの個人主義だったと捉えることができる。しかし、子供は恩知らずでわがままだという側面がある一方で、青年期は子供が大人へと成長するうえで欠かせない通過儀礼でもある。何もかもを締め出す「私の場合はどうだろう？」のフィルターを通してしか世界を理解できないのも、結局は一つの段階にすぎない。

ティーンエイジャーの時期は何もかもが激しい。無鉄砲で愉快で荒々しくて不幸で、それがしばしば同時に起きる。だが、その状態が長く続くことはない。私たちはサッチャーに惑わされ、個人主義が最終目標であるかのように考えていたが、実際にはそれは発達段階の一つにすぎなかった。ティーンエイジャーが永遠にティーンエイジャーでいるわけではないのだ。

CHAOS

第12章　カオス　自然は予測不能で美しい

気象をコントロールする

かつて私たちは宇宙が予測可能だと考えていた。

宇宙は時計仕掛けの機械のようなものだと思っていたのだ。組み立ててぜんまいを巻き、スイッチを入れたら神の仕事は終わる。あとはどこかでゆっくりするもよし、神のみぞ知る不可思議な行動を取るもよし。なぜなら、宇宙は誰の助けも借りずに自分だけで先を続けていくはずだからだ。宇宙のなかで生じる出来事は、厳密な自然の法則に従う。原因から結果が生まれるという避けがたいプロセスに沿って物事が起きるのだから、すべてはあらかじめ決まっていると言ってもいい。仮に神が宇宙のスイッチを切り、初期状態にリセットしてから再びスイッチをオンにしたら、初めとまったく同じことが繰り返されるだろう。任意の時点で宇宙がどのように働き、どういう状態にあるかを正確に把握できれば、次に何が来るかも、その次はどうなるかも、先の先まで割り出すことができる。

こうした考え方は、二〇世紀を生き延びることができなかった。

アームストロング、コリンズ、そしてオルドリンが、高さ一一一メートルのロケットの上に取りつけた宇宙船に乗り込んだとき、月に連れて行ってくれるものと三人が当てにしていたのはニュートンの法則だった。ニュートンが素晴らしいのは、二五〇年以上前に発見した法則が見事に役目を果たしてきたことである。相対性理論と量子力学によって、極大と極小のレベルではニュートンの法則が成り立たないことが示されはしたものの、その中間の物体については問題なく機能する。

アポロ11号を月に送るための計算をしたとき、数学者は自分の使う数字がけっして正確でないことを承知していた。たとえば、ロケットの総重量が二八〇万キロだとか、一段目のエンジンが一五〇秒間燃焼するとか、月までの距離は三八万四四〇〇キロだとかいう認識で作業を始めたとする。こうした数字は目的を達成する分には正確と言えるが、どこまで行っても概算にすぎない。たとえ誤差が数十万分の一桁のレベルだとしても、誤差は誤差だ。とはいえ、それが問題になることはなかった。計算と実際の飛行に乖離があっても、ミッションを進めながら修正できるからである。ロケットの重量を実際より小さく見積もっていたら、飛行速度が予想より少し速くなる。軌道を離れる角度がわずかにずれていたら、遠ざかるにつれてますます予想から逸れていく。その場合、管制センターか宇宙飛行士自身がステアリング・ロケットを噴射させて、進路を元に戻せば大丈夫だ。こうした考え方は、数学者には完全に理にかなったことに思えた。方程式のなかの変数が少し違えば結果に影響しはするが、理解可能で簡単に修復できる変化しか生じない、と。

この前提が通用したのは一九六〇年までだった。その年、アメリカの数学者で気象学者でもあるエドワード・ローレンツが、初期のコンピュータを手に入れたのである。だが、その話の前にあの天才に再登場いただこう。

第9章でも触れたジョン・フォン・ノイマンはブダペスト生まれの天才数学者であり、スタンリー・キューブリックの映画『博士の異常な愛情』(一九六四年)でストレンジラヴ博士のモデルになった人物だ。アイゼンハワー大統領の説得に失敗し、ソ連への一方的な核攻撃を実現できなかったあと、この男はコンピュータに関心を向けた。

フォン・ノイマンには、コンピュータ技術を利用してやってみたいことがあった。天候を予測し、それをコントロールしたいと考えたのである。自分の手にかかれば気象は新たな「最終兵器」となり、氷河期をもたらしてロシア人を一人残らず氷の下に埋めることができる、というわけだ。さまざまな資料を総合するに、よほどロシア人が嫌いだったようである。

やがてフォン・ノイマンは、コンピュータの基本設計とプログラミングにおける先駆者となる。初歩的なコンピュータを設計して作動させたのが一九五二年。そして、ふと我に返る瞬間が訪れたのか、そのマシンにMANIAC《マニアック》という名をつけた(「Mathematical Analyzer, Numerator, Integrator and Computer[数学的分析機・計数機・積分機・ならびに計算機]」の頭文字を取ったもの〔「maniac」は狂人の意〕)。一九四九年には世界初のコンピュータ・ウイルスも設計している。要するにその手の人間だったわけだ。

ロシア人云々を除けば、気象をコントロールしたいという願いはもっと愛他的な精神に根差していた。極地の氷冠を紫色に塗って、全球温暖化を誘発したいと考えたこともある。そうすれば氷が宇宙に跳ね返す日光の量が減って、地球がほどよく温まると踏んでのことだ。アイスランドもフロリダ並みに温暖になれる。これは幸いと言うべきかもしれない。なぜって、そのフロリダ自体はほとんどが水没しているだろうから。フォン・ノイマンはもちろんこの点に気づいていなかった。単に、地球の気温が上がったほうが、いろいろ差し引きしてプラスのことのほうが多いと思ったにすぎない。イギリスの環境大臣オーウェン・パターソンも、二〇一三年に同じ考えを表明している。フォン・ノイマンの肩を持つわけではないが、フォン・ノイマンがこの着想を得たのはローレンツの発見より前のことだから、頭のおかしさにかけては明らかにパターソンに軍配が上がる。

フォン・ノイマンは一九五七年に亡くなったので、自分がなぜ間違っていたのかを知る機会がなかった。アメリカの核兵器開発に関わった科学者はたいていがそうだが、この男もまた、放射線被曝が有害だとする考えを鼻で笑っていた。そして、そうした科学者の多くと同じように、まだ五〇代という若さでがんに斃《たお》れた。

当時は気象を正確に予想することも、最終的に気象をコントロールすることも、けっして無茶な話だとは受け止められていなかった。潮の高さから月の満ち欠けまで、完全に予測可能な自然現象はいくらでもある。いずれもいくつか方程式を用いれば、見事なまでの正確さで計算できた。ただし、気象は潮の満ち引きよりは複雑なので、手なづけるには方程式もデータももっとたくさんないといけない。そこで登場するのが新しい計算機である。余分に必要になる計算を機械に助けてもらえば、気象の予測は一〇〇パーセント実現できるかに思われた。エドワード・ローレンツが一九六〇年に初期のコンピュータの前に座って、気象のシミュレーションを始めたのはそのためである。

蝶の羽ばたきが、竜巻を起こす

ローレンツはコネティカット州生まれの数学者であり、アメリカ陸軍航空軍の気象予報官として第二次大戦に服役した。気象モデルを作成すべくローレンツが取り組んだコンピュータは、通称「ロイヤル・マクビー」。ニューヨークのロイヤルタイプライター社が開発した、ワイヤーと真空管の巨大な塊である。マイクロプロセッサが誕生する前の時代の装置だから、今の目からはとてもコンピュータに見えない。それでも十分に進んでいたので、ローレンツはそれを使い、単純な気象現象をモデル化することを目論んだ。このモデルには、雨や霧や山といった要素は含まれていない。それでも、完全に球体な仮想惑星の周りで大気がどう動くかを追跡することができた。

本物の気象と同様、ローレンツの仮想気象も完全に同じ現象が二度起きることはなかった。これはきわめて重要なポイントである。というのも、初期段階での気象状況とまったく同じ状態に戻るのなら、同じことがループ状に繰り返されるはずだからだ。そうなればローレンツの仮想気象はたちまち予測可能なものになってしまい、本物の気象のありようと乖離することになる。ところが、絶えず音を立てるプリンターのアウトプットから明らかになったのは、ローレンツの仮想気象がループしないということ。単純な方程式をいくつか並べただけなのに、これほど予想不能のシステムが再現できるというのは、かなり意外なことだった。

ある日ローレンツは、自分の気象モデルのなかでもとりわけ興味深い箇所をもう一度再現してみようと考えた。シミュレーションを途中で止め、再スタートさせたい時点とまったく同じ状態に戻れるようにすべての変数を設定し直す。そして再びプログラムを走らせてから、席を外してコーヒーを飲みに行った。

帰ってみると、気象モデルが前回とまったく異なることをしているのに気づく。数字をタイプし間違えたのかと最初は思ったが、再度確認してみてもタイプミスは見つからない。モデルを再スタートさせた当初は前回のシミュレーションをそっくりなぞっていたはずなのに、結果がずれてしまった。乖離は初めのうちはごくわずかだったものの、しだいに大きくなって、ついには前回とは似ても似つかないふるまいをするようになる。

詳しく調べたところ、端数の処理が違っていたのが原因とわかる。コンピュータ自体は数字を小数点六桁まで正確にメモリに入れていたのだが、それがプリントアウトされる際に小数点四桁以下が切り捨てられていた。ローレンツがそのプリントアウトを見ながら初期設定をやり直したために、乖離が生じたのである。たとえば五・六八四二一九であるはずが五・六八四になってしまったわけだ。だからといって、理屈のうえではそれほど大きな差が生まれるはずはない。アポロ11号を月に向けて打ち出すときにその数字が使われたとしても、それくらいの誤差ならたいした支障はなく、宇宙船はおおむね正しい方向に進んでいく。ところがローレンツの気象モデルは、喩えるならアポロが月とはかけ離れた方向に飛んでいき、複雑な軌道を描きながら太陽の周りを回り出したようなものだった。

このように、複雑なシステムは初期条件のわずかな違いに大きく左右される。この発見を、ローレンツは一九六三年の論文「決定論的非周期な流れ」で発表した。この論文を機に誕生した新しい研究分野は、一般に「カオス理論」と呼ばれる。気象のような複雑なシステムにおいては、一つの変数がほんの少し変化しただけでもまったく予想外の方向に結果がずれる。この点が呑み込めれば、気象を征服したいというフォン・ノイマンの野望がどれだけ見当違いだったかがわかるだろう。

この考え方は、ローレンツの「バタフライ効果」という言葉によって一般にも広まった。何かと言うと、ブラジルで一匹の蝶が羽ばたくことが、最終的にテキサス州で竜巻が起きるかどうかを決める可能性があるというものだ。これはなにも、昆虫が羽ばたくたびに竜巻などの天災が起きるという意味ではない。そもそも竜巻になってもおかしくないような条件が整っていない限りそれは無理だ。バタフライ効果が言わんとするところは、可能性が現実となるかどうかは、一見すると無関係な変化がそのシステムの初期段階で生じていたことに起因しているかもしれないということである。

バタフライ効果と同じ発想は、すでにSF作家レイ・ブラッドベリの一九五二年の短編「サウンド・オブ・サンダー（雷のような音）」（『太陽の黄金《きん》の林檎』〔早川書房〕所収）に登場する。この物語では、未来のハンターが恐竜を狩るために時間を遡る。しかし、歴史を変えることを防ぐため、地表の数十センチ上に浮かぶように敷設された通路から降りず、死にそうな動物だけを殺すよう注意を払う。やがて、元いた時代に戻ってみると、未来が変化してしまったことに気づく。その原因は、通路から落ちたメンバーが、靴底で一匹の蝶を踏み潰していたことだった。

ローレンツが使用したのは、（当時としては精一杯だったとはいえ）非現実的なほど単純なモデルだ。なのに、あまりに予想外の結果が導き出されたことにローレンツは戸惑う。そこで、非常に単純でありながら、まったく同じことが二度と起きないようなシステムがあるかどうかを考えてみた。すると意外にも、簡単な造りの水車であっても、結果を正確には予測できないことがわかる。水車というのは、輪の周りにいくつか羽根がついているだけの構造だ。てっぺんの羽根に水が注がれると、重力に従って輪が回転する。あまりに単純なので、そのふるまいは当然予想できるものと思われた。数学者であれ、技術者であれ、物理学者であれ、水車がこの先どうふるまうかがわからないなどと聞かされたら呆れて笑っただろう。

ローレンツは自分の気象モデルで一二個の変数を使用していたが、水車の場合は三つの変数だけでモデル化できる。水車に流れ込む水の速度と、羽根から溢れ出す水の速度、それから輪が回転する際の摩擦だ。

このモデルがどうふるまうかには、確かに単純と言える面もある。羽根に落ちる水の量が十分でないと摩擦を克服できないし、入ってくるより速く水が羽根から出ていってしまえば輪は回らない。十分な量の水がてっぺんの羽根に注がれて、羽根が一番下に来る前にその水のほとんどが落ちるようなら、水車は規則正しく安定して回転する。製粉所の脇で水車が動いているのを目にしたら、そういう状態にあると思っていい。この単純なモデルで行けば、水車は順調に回転するか、じっとしているかの二つに一つしかない。ところが実際は第三の選択肢として、予測のつかない無秩序《カオス》な動きが起きる場合がある。

羽根に注がれる水の量を増やすと、一番下まで来てもまだ羽根のなかに水が残っている。ということは、反対側を上に向かっていくときに羽根が通常より重たいことになる。すると、上に戻っていく羽根の重さと、下に下りてくる羽根の重さが拮抗する。そうなれば輪はいったん止まって、逆向きに回転を始める。それでもなお水が流れ込み続けると、水車は繰り返し回転の向きを変えるため、まったく予測できない無秩序なふるまいを示し、予想できるパターンに落ち着くことがない。

水車はつねに三つのうちどれかの状態になる。静止しているか、時計回りに回転するか、反時計回りに回転するかだ。だが、一つの状態から別の状態にどのように移行するかは予測不能で秩序がない。おまけに、それぞれの変化を引き起こす（もしくは引き起こさない）条件同士は非常によく似ていて、ほとんど区別がつかない。このようなシステムを「ストレンジ・アトラクター」という。システムは特定の状態に向かって引き寄《アトラクト》せられていくが、一つの状態から別の状態に切り替わる理由は奇妙《ストレンジ》きわまりないのである。

ストレンジ・アトラクターは、ローレンツの三変数モデルより遥かに複雑なシステムにも存在する。たとえば惑星の大気がそうだ。地球の大気は、つねに動いているのが一つの状態だが、それがすべてではない。地球の気候を再現した初期の単純なモデルからは、たびたび「スノーボール・アース」と呼ばれるシナリオが突如として現われた。これは、地球全体が雪に覆われるというものである。こうなると大量の日光が宇宙空間に跳ね返されてしまうため、再び気温を上昇させることができなくなる。火星のように「死んだ」惑星になったり、金星のように灼熱地獄になったりするのも、取り得る状態の候補だ。

初期の気候モデルでは、こうした別の状態に切り替わるたびに実験を停止し、ソフトウェアをリセットしていた。そのモデルに明らかに改良の余地があるしるしだからである。本物の地球はそういう状態にならずに済んでいるし、製粉所の水車も確実に安定した回転を続けている。私たちの大気は、太陽からちょうどいい量のエネルギーを絶えず受け取って動いており、それは水車がちょうどいい量の水を川からもらっているのと同じだ。大気が別の状態に唐突に変化するというのは、モデルの土台となる変数が大きく変動しない限りは起きないはずである。もちろん、大気に関する基本的な変数の一つについては、産業革命が始まってから実際に大きな変動を見せている。だからこそ気候学者は非常に憂慮しているのだ。

歴史と政治の領域であれば、複雑なシステムが突然異なる状態に切り替わった事例がいくつも見つかる。しかも、変化の原因となった出来事を事前には誰も予測できず、理由を巡って学者が何世紀も議論に明け暮れる結果を招いている。フランス革命しかり、一九九一年のソ連崩壊しかり、第一次世界大戦前後に世界の帝国主義体制がいきなり終焉を迎えたのもしかりだ。だが数学者にとっては、このプロセスが繰り広げられていくのをストレンジ・アトラクターを通して初めて目の当たりにしたわけである。彼らが目を見張ったのは、それが単なる珍しい例外などではなく、複雑なシステムのふるまい方に内包されたものだとわかったことである。それなら問題はなさそうに思えるかもしれないが、さにあらず。システムの状態が唐突に変化するということは、複雑なシステムが非常に壊れやすく、制御不能であることをまざまざと示しているからだ。

バタフライ効果のおかげで、気候をモデル化するのはフォン・ノイマンの予想より遥かに難しいことが明らかになった。しかし、気象の予測と長期の予報が求められることに変わりはないため、気候モデルの作成者は懸命な努力を続けている。ローレンツが初めて仮想大気のモデルをプログラムしてから半世紀、現在の気候モデルはとてつもなく詳細になり、大量の計算を必要とするようになっている。また、得られた結果がどれくらいの確率で起きるかを弾き出すために、プログラムを何度も走らせなくてはならない。モデルの性能が向上するにつれて、「スノーボール・アース」のような起こりそうにない状態に急変するのは稀になっている。ここまで来るあいだに、カオス理論の草分けたちに衝撃を与えた発見に間違いのないことが裏づけられていった。つまり、複雑さを調べ、渦巻く予測不能な無秩序〔カオス〕を覗き込むとき、決まってこの上なく奇妙なものが見つかるということだ。何かと言うと、そこからある種の秩序が立ち現われるのである。

私たちの生態系は、これほど複雑だからこそ安定を保てていたのだ。

心惹かれる黒いしみ

ブノワ・マンデルブロはいろいろなことに手を出すポーランドの数学者で、丸く優しげな顔と、何を見ても強烈に面白いと感じる気質を持っていた。ワルシャワ生まれのユダヤ人であり、幼い頃にナチスドイツの侵攻を逃れて初めはフランスへ、のちにはアメリカへと渡る。一九五八年、ニューヨークにあるＩＢＭのトマス・Ｊ・ワトソン研究所に入所し、純粋研究の道に進んだ。ここでマンデルブロは、好奇心の赴くままにさまざまな研究を進める。

一九七九年からは、コンピュータに短い方程式を入力し始める。ローレンツの水車モデルと同様、マンデルブロの方程式も驚くほど単純なものだ。掛け算一個と足し算一個に毛の生えた程度であり、過去のどの時点で試されていてもおかしくなかったたぐいの数学である。それまで試みる者がいなかったのは、その方程式を何百万回と繰り返し計算する必要があったからだ。方程式から導かれた答えをまた方程式に戻して計算し、それを何度も何度も実行する。だからコンピュータが不可欠だった。どんなにみすぼらしい初期のコンピュータであれ、単純な計算を気の済むまでやらせても文句一つ言わない。

マンデルブロはこの計算の結果を視覚的に表現したいと考えた。そこで、コンピュータの画面上の一ピクセルごとにその反復計算を実施してみることにする。結果は二つに一つだ。しだいに値が小さくなって限りなくゼロに近づくか、どんどん大きくなって無限大へと向かうかである。前者の場合には、そのピクセルを黒くする。後者の場合には、ピクセルに色をつけた。何色にするかは、数値が増加していく速度に応じて決める。このようにして視覚化された数の集合は「マンデルブロ集合」として知られるようになった。

数値を変えながら何度も計算を行ない、画面全体に色がついてみると、中央には心惹かれる黒いしみが現われた。その縁は縮れていて色がついている。しみの形は完全な円ではないものの、申し分ないほどふっくらとしていた。てんとう虫と桃を掛け合わせたような、雪だるまを横に倒したような姿である。誰も見たことがないのに、不思議と見覚えのある形だった。

事態ががぜん面白くなり出したのは、マンデルブロがこの黒いしみの縁を詳しく調べてみたときである。

縁はなめらかではなかった。ぎざぎざとし、複雑で、ところどころ本体と似たような丸い膨らみが飛び出している。そこをズームしていったら形がはっきりしてよさそうなものだが、そうしてみてもどんどん細かい図形が現われてくるだけだ。近寄っていけばいくほど、さらなる形が湧き出てくる。象の鼻のような曲線もあれば、葉脈かシダの葉のように枝分かれしたものもある。どこまで行っても終わりがない。当初の中央の黒いしみをうんと小さくしたようなものが、それ自体の奥深くから顔を出したりもした。それでいて、完全に同一のパターンが繰り返されることがなく、どれもつねに新しい。

マンデルブロは短い一個の方程式のなかに、無限の複雑さを発見したのである。

しかも、でたらめで調和のかけらもないものが現われてもおかしくなさそうなのに、そうではなかった。美しさが感じられるのだ。数学者は自分の研究対象をすぐに「美しい」と表現することで有名だが、マンデルブロ集合に関してはその言葉に偽りはない。非常に自然で、調和の取れた画像なのだ。当時のコンピュータ・グラフィックスで描かれるようなものとはまるで違って、自然界の葉や川や、雪の結晶に似ていた。

マンデルブロは自分の発見したものに「フラクタル」という名前をつける。フラクタル図形とは、部分と全体が自己相似をなし、どれだけ拡大しても似た細部が現われるものを言う。たとえば島の海岸線も一つのフラクタルだ。海岸線はつねにぎざぎざしていて、それは眺める対象が岬であれ、岩であれ、浜辺に落ちている個々の小石であれ変わらない。どこまで拡大しても、さらなる細部が現われる。

それを思うと、海岸線の長さを測る作業がいかに絶対的なものではないかがわかる。細かい部分をどこまで含めるかによって、結果が異なってくるのだ。イギリスの海岸線は、イギリス陸地測量部によれば一万七八二〇キロだが、ＣＩＡの『ワールド・ファクトブック』では一万二四二九キロで、イギリス版のほぼ三分の二だ。こうした測定は、どういう縮尺が用いられているかによってまったく違ってくる。そこを明確にせずに、数値だけ取り上げても意味がない。ここでもやはり、観測される対象を理解しようと思ったら、観測者との関係を考慮に入れる必要があるのだ。

コンピュータ上にフラクタルを発見したあと、マンデルブロは実世界に目を戻して、フラクタルがいたるところに存在するのに気づく。雲の形もそうだし、立ち昇るタバコの煙もそうだ。枝を張った木々にも、葉の形にもフラクタルが見て取れる。雪片も、氷の結晶も、人間の肺の形もフラクタルだ。血管がどう張り巡らされているかや、川の通る道筋も、フラクタルで説明できる。あるときマンデルブロが、ハーヴァード大学に招かれて講義を行なったとき、自分が作成した図の一つがすでに黒板に描かれているのに驚く。その日、マンデルブロは所得の格差について話すつもりでいた。そのデータのなかにフラクタルなパターンを見出したからである。ところが、黒板にあった図は所得格差とは何の関係もなかった。八年間にわたる綿花の価格変動を示したものだったのである。それでも、そのデータからは非常によく似たフラクタルなパターンが浮かび上がっていた。

マンデルブロが玄関から一歩外に出てフラクタルな自然界を眺めるたび、そこにはユークリッドやニュートンの数学とはかけ離れた世界が広がっていた。山は大まかに言ってピラミッドの形をしているものの、あくまで「大まかに言って」だ。球、立方体、円錐、円筒といった、古典的なユークリッド幾何学の図形は、実際の自然界のなかには一つも存在しない。数学者が考え出すまで、直線などというものはなかった。現実は、考えられているより遥かにややこしく、好むと好まざるとに関わらずフラクタルでカオス的なのである。

ローレンツやマンデルブロの発見に加え、コンピュータという猛烈な計算能力が手に入ったことにより、数学と自然に対する私たちの理解はともに大きく変化することとなった。さまざまな研究が積み重ねられるにつれ、二つの驚くべき事実が浮き彫りになったのである。秩序があるように見えるものを詳しく調べてみると、その縁の周辺にカオスが顔を出し、今にも足かせを振りほどいて飛び出していきそうな気配を見せている、その一方で、カオスのなかを深く覗いてみると、そこには規則性と秩序のパターンが見つかるのだ。

カオスのなかに秩序が見出されることは、大いに生物学者の興味をそそった。それまで、複雑な生命の存在が熱力学第二法則の精神に反しているように思えることが、科学者たちを悩ませていた。熱力学第二法則とは、「孤立した系ではエントロピーが増大する」というものである。つまり、秩序ある物事は崩壊しなくてはならないのに、進化が時とともに複雑な秩序を生むというのはおかしい、と。だが、カオス理論の登場により、どのようにして自然界に秩序が発生するかを研究する手がかりが得られた。カオス理論は、生命の自然なリズムを理解する役に立つ。個々の動物内部の生体機能のリズムのみならず、周囲にある生態系のリズムもだ。

ほどなくして、私たちが持つ最大の生態系にこの気づきを応用しようとする者が現われた。最大の生態系とは、地球自体と、その上に存在するすべての生命である。

一九六〇年代、イギリスの科学者ジェームズ・ラヴロックがNASAで働いていたとき、火星に無人探査機を送ることになった。ラヴロックの仕事は火星の大気を調べることである。やがてラヴロックは、クロロフルオロカーボン（フロンガス）を検出する装置を考案した。のちにフロンガスがオゾンホールの原因であることがわかると、この発明は大いに役立つことになる。

死んだ惑星の大気は、地球のように生きている惑星の大気とは大きく異なっているはずだ。つまり、火星の大気を分析すれば、火星に生命がいるかどうかを見極める大きな手がかりになる。調べてみると、火星の大気は安定した化学平衡の状態にきわめて近く、その成分のほとんどは二酸化炭素で、酸素やメタンのような興味深い気体はごくわずかしか存在しなかった。だとすれば、火星は死んだ惑星である可能性が高い。

ラヴロックは、死んだ惑星と生きた惑星の大気の違いについて思い巡らせるうち、生きた生物が大気を変化させるプロセスに興味を持つようになった。大気を変えるやり方にはさまざまなものが考えられる。たとえば、気温が上昇すれば植物プランクトンが増殖する。植物プランクトンは海洋の表層にすんでいて、硫化ジメチルという化合物を放出している。植物プランクトンが増加すれば、それだけ多量の硫化ジメチルが大気に入っていき、結果的に大気は雲を作りやすくなる。雲が多くなれば、宇宙空間に跳ね返される日光の量が増え、それが気候を寒冷にし、やがて植物プランクトンを減らして当初の数に近づけていく。このシステム全体が一つのフィードバックループであり、絶えず自らに働きかけている。

ラヴロックがどこに目を向けても、化学、生物、鉱物、人間に関わるあらゆるプロセスにおいて、似たようなフィードバックの事例がいくらでも見つかった。秩序はカオスによって、自然と生み出されていたのだ。地球の生態系は、自分が生き延びるのに必要な状態をはからずも自力で安定させていたのである。

ラヴロックと、共同研究者で生物学者のリン・マーギュリスの研究から、「ガイア理論」が生まれた。二人の主張によれば、地球は自己調節機能を持つ一個の生命体であり、生命に必要な条件を維持するために自らの物理的な状態を変化させている。言い換えれば、地球上の生命が、それ自体の生存に適した環境を自ら作り出し、その途方もない複雑さが途方もない量の安定を生んでいた。惑星が一個の生物のようにふるまっていて、誰かに傷つけられても自力で治す（もちろん程度問題だが）。そうは言っても、これはやはりカオス的なシステムだ。安定した平衡状態を逸脱して、ローレンツが調べたようなカオス状態へと、いつ何時陥らないとも限らない。気候が徐々に変わっていくのではなく、堰を切ったように突如変動するというのが、気候学者の安眠を妨げる恐怖のシナリオだ。惑星の自然なリズムが予測不能なカオスへと傾いていったら、七〇億人を食べさせるだけの作物を育てられなくなる。

当然ながらガイア理論には異論も多く、とくに非線形数学をよく知らない者のあいだで不評を買った。ラヴロックの言う通りだとすれば、個々の自然選択は環境レベルでの問題を考慮しながら行なわれることになるが、そんなメカニズムはとうてい考え難い――進化生物学者のリチャード・ドーキンスや生化学者のフォード・ドゥーリトルといった学識高い科学者たちは、そう反論した。それでもやはり、自然界の個々の要素が複雑にふるまった全体的な結果として、ひとりでに安定が生じているように思えた。生命が物質にただ宿ったように、あるいは意識が生命にただ訪れたように、ただそうなったのではないか。この考え方には大勢の科学者が強い抵抗を覚えた。だからこう解釈した――ラヴロックは比喩を用いているだけであって、地球が生物のようにふるまっていると言いたいのだ、と。しかし、生物のように行動するシステムと、実際に生物であるシステムがどう違うのかという問題に、敢えて踏み込もうとする者は無きに等しかった。

ラヴロックの見解は徐々に受け入れられていったものの、それは非常に厳密な定義がなされたうえでのことだった。現在、この分野は「地球システム科学」という名のもとに研究されているが、ガイア理論との差別化を図るため、地球が自らを意識的に調節しているわけではないという点をことさらに強調している。

「ガイア」という呼称をラヴロックに提案したのは、『蠅の王』(早川書房)で知られるイギリスの小説家ウィリアム・ゴールディング卿である。結局、この言葉は両刃の剣となった。一般大衆に理論を広めるのに一役買いはしたものの、大勢の科学者を遠ざける結果となったのである。「ガイア」とは、ギリシア神話に登場する大地の女神の名だ。地球が意識を持った神であるかのように思わせる説に対して、科学者は慎重にならざるを得ない。これは扱いの難しい領域だった。というのも、二〇世紀が進むにつれて、本当にそういう見方をする人が増えていたからである。

二〇世紀には欧米の宗教が意外な方向に発展を見せた。簡単に言ってしまえば「異教信仰」とか「復興異教主義」という言葉で括られるような、共感をベースにしたさまざまな実践が盛んに行なわれるようになったのである。異教信仰が主眼を置くのは自然界への敬意であり、生きている神聖なものとして自然を捉える。その代表的な例が「ウィッカ」である。アレイスター・クロウリーに触発されて、イギリスの魔術師ジェラルド・ガードナーが広めたものだ。ウィッカは信者を拡大し、今ではアメリカ合衆国軍やイギリスの異教徒警察協会などさまざまな組織から承認されている。ガードナーの宗教はイギリス史のなかで異彩を放っている。というのも、イギリスは昔から世界に対し、物語や発明や、スポーツや音楽を提供してきたが、宗教を与えたことは一度もなかったからだ。

組織化された宗教の説得力と影響力を知っている人なら、異教信仰にも、その活動が草の根的で信者が分散していることにも、そう簡単には心を動かされない。中心となる一冊の聖典に権威を置く宗教からすれば、異教信仰が矛盾に満ちた多様性を無秩序に抱え持っていることや、個人の体験を重視する姿勢が、まったく信頼に値しないように思える。でっち上げに決まっているからだ。だが異教徒の目には、聖典を信仰する人たちのほうがよほど信用できないように映った。オンパロスを失ったこの個人主義の社会にあって、たった一冊の書物が絶対的な権威として機能し得ると考えていること自体、おめでたいにもほどがある。異教徒にとって、個人が自分だけの体験をするという以外の権威など必要ではない。これは階級制度に根差した帝国主義的精神と、個人主義の衝突だった。前者は、自分より上の「主」に仕えることで自らの位置を決め、主は下の者を守る責任を持つと同時に、従わない者を罰すると脅す。後者は、アインシュタインと第一次世界大戦のあとに誕生したものだ。

ラヴロックの考え方や、気候科学がもたらした発見全般に対して、とりわけ強い抵抗感を抱いているのがアメリカの宗教的右派である。すでに指摘したように、アメリカのキリスト教はヨーロッパと違って、教会が空になるほどの衰退を経験していない。彼らの考え方は、一九八八年に次のように発言したマザー・テレサに似ている。「なぜ私たちが地球の心配をしなければならないのです？　私たちの果たすべき責務は、私たちのなかにいる貧しい人や病気の人に対してだというのに。地球のことは神様が面倒を見てくれます」。ここでは神が部族の「親玉」に相当し、奉仕の見返りに保護を提供してくれる。気候がカオスへと堕ちていくおそれがあるのだとすると、そうした保護が存在しないのを認めることになる。このため、気候変動を防ぐために活動すること自体が、思想のうえで受け入れがたいものなのだ。

アポロより前の時代、宇宙から地球を眺めることを想像した人々は、自分の偏見が投影された地球を目にするだろうと考えていた。D・H・ロレンスの『チャタレー夫人の恋人』で、世を拗《す》ねた森番のオリヴァー・メラーズは、人類に悲運が待ち受けていると感じており、その感覚から逃れるにはどうすればいいかを思い巡らす。「月に行ったくらいじゃ遠さが足りない。そこからだって、振り返れば地球が見えるからな。薄汚れて、ぞっとするほど忌々しくて、人間に穢《けが》された姿が、たくさんの星々のあいだに顔を出すんだ」

だが、アポロ8号が軌道の外から地球の写真を撮って戻ってきてからは、地球が一個の調和の取れた存在だという見方が大衆の心のなかに育った。こうした画像がきっかけとなって、一九七〇年代の環境運動へとつながっていく。これが宗教のレベルでも人間に影響を与えたのは無理もない。なにしろ、地球のあの美しさを知ってしまったのだ。アメリカの偉大な天文学者・作家であるカール・セーガンは、次のように記している。「私たちの気取った言動も、自分たちが重要だと思い込んでいることも、人間が宇宙で何らかの特権的な位置を占めていると勘違いしていることも、この淡い光の点〔宇宙から撮影した地球の画像〕によって疑問を投げかけられている。私たちの惑星は、大いなる宇宙の闇に包まれた小さく孤独なしみだ。これだけの広大さの只中に名もなくひっそりと佇み、私たちを私たち自身から救ってくれるものがよそから訪れる気配もない」

アポロ12号の宇宙飛行士アラン・ビーンはこう述べている。「不思議なことに、月に行って地球を振り返ってみたいという言葉を、以前は宇宙飛行士から聞いたことがなかった。皆が思っていたのは、月がどうなっているかを間近で確かめたいということ。ところが、ほとんどの宇宙飛行士にとって、一番忘れられない光景は月の姿ではなく、私たちの美しい青と白の故郷だったのだ。無限の黒い宇宙を背に独りぼっちで、威風堂々と太陽の周りを回っている」。この光景は、ビーンをはじめ大勢のアポロ宇宙飛行士の心に深甚な影響を及ぼした。ビーンはのちに画家になり、何人ものアポロ宇宙飛行士が宗教やスピリチュアルなものに目覚めている。

地球がどれだけ美しく、孤独で、儚げな存在かを目の当たりにしたことで、個人の物の見方が変わることを「概観効果《オーバービュー》」と呼ぶ。これがとりわけ顕著に現われたのがアポロの乗組員たちだった。地球に帰る飛行中は重大な任務がなく、故郷の惑星を窓から眺めながら時間を過ごすことができたからだ。それは、一度見たら永久に自分たちを変える光景だったのである。

GROWTH

第13章 成長 ● 経済と環境がぶつかるとき

不死の利益製造マシン

オレンジヒキガエルは社交的な生き物だった。少なくとも交尾期には。このカエルはコスタリカの熱帯雨林にすみ、コケの生えた林床に大挙して群がる。オスは体長四~五センチ。色は鮮やかなオレンジ色だ。メスは体が一回り大きく、くすんだ黄緑色の体に、黄色の縁取りの小さな赤い斑点が散っていた。交尾期はさながら、蛍光塗料にまみれた両生類の退廃的なお祭り騒ぎである。アメリカの生物学者ジェイ・サヴェッジが初めてオレンジヒキガエルを見たとき、とても本物とは思えなかった。誰かがエナメル塗料を塗ったような気がしたのだ。

私たちがオレンジヒキガエルを知っていた時期は短かった。一九六〇年代に発見され、一九九〇年代には絶滅が宣言されたからである。二〇世紀にはほかにもたくさんの生物に対して弔事が読まれ、オレンジヒキガエル以上に惜しまれたものもあった。オーストラリアのフクロオオカミや、アフリカ北部のバーバリライオンなどがそうだ。私たちが二度と目にすることのない動植物のリストは長く、オレンジヒキガエルはそこに連なった一つの名前にすぎない。

二〇世紀にどれだけの速さで生物種が失われたのか、具体的な数字を突きつけられると背筋が寒くなる。現在、絶滅は自然状態の一〇〇～一〇〇〇倍のペースで進行しており、しかもそれは速度を増している。とりわけ手ひどい打撃を受けているのが、霊長類、両生類、そして熱帯地方の鳥類だ。地質学的なスケールで俯瞰するとこれは尋常ではなく、史上六度目の大量絶滅と呼ばれるようになっている。ちなみに、五度目の大量絶滅が起きたのは約六五〇〇万年前のこと。このときには彗星ないし小惑星が地球に衝突し、動植物全体の七五パーセントもが根絶やしにされた。恐竜も地上から姿を消している。

一部の地質学者は、完新世のなかでも最近の年代を「人新世」と呼んでいる。これは、人間の活動が自然界に大きな影響を及ぼすようになった時代を指すために、新たに作られた名称だ。絶滅のペースが上がっている責任は私たちにある。今や人間の数は昔の比ではないのだ。

一九〇〇年、世界の人口は約一六億だった。以後一〇〇年のあいだにそれはほぼ四倍となり、六〇億を超えた。この増え方は未曽有のハイペースである。経済も爆発的に成長した。世界各国の一年間の経済活動を合計した「世界総生産」は、一九〇〇年には一兆ドルをわずかに上回る程度だったのに、二〇〇〇年の時点では約四一兆ドルにまで拡大している。この成長を支えるためのエネルギー消費量は、一九〇〇年には約五〇エクサジュール(一エクサジュールは一ジュールの一〇の一八乗倍)だったものが、二〇世紀末には約五〇〇エクサジュールと一〇倍になった。一〇の一八乗倍と聞いてもピンとこないかもしれないが、これは相当な数字である。

つまり、一〇〇年のあいだに四四億人が突如地上に現われ、それが四五〇エクサジュールものエネルギーを追加で必要とし、四〇兆ドルを生み出したわけだ。これは二〇世紀最大のニュースである。ほかのどんな事件も、重大さではこれに遠く及ばない。

カオス理論や複雑系の性質を知っている者なら、これほどの急激な変化を大いに憂慮するはずだ。通常の状態であれば、地球の生物圏のような複雑なシステムは安定へと向かう傾向にある。しかし、これだけ指数関数的に変化が起きているとすれば、自己抑制的に作用するはずのフィードバックループが、正常な働きを停止していると考えられる。何らかの要因が、危険で予測不能な領域へと私たちの世界を押しやっているのだ。

その要因とは何なのか。それを突き止めるための第一歩としては、アメリカ合衆国憲法修正第一四条に目を向けるのがよさそうだ。

修正第一四条は、南北戦争終結後の一八六八年に批准された。そこにはこう述べられている。「合衆国に出生もしくは帰化し、その管轄権に従うすべての人間は、合衆国ならびにその居住する州の市民である。いかなる州も、合衆国市民の特権または免除権を制限する法律を制定ないし執行してはならない。また、いかなる州も、正当な法的手続きを経ることなく、何人からも生命、自由、または財産を奪ってはならない」

この修正条項が定められた狙いは、かつて奴隷とされていた人々の人権を法律として明文化することにあった。だが、実際にはまったく異なるかたちでこの法律は使用された。南部諸州の黒人差別法がそのいい例であり、修正第一四条がいかに目的を達成できていなかったかを如実に示している。一八九〇〜一九一〇年までのあいだに、修正第一四条を根拠として起こされた裁判は全部で三〇七件。そのうち、アフリカ系アメリカ人が原告となったものは一九件しかない。残り二八八件を持ち込んだのは会社だった。

歴史的に見ると会社とは、君主や政府が交付する設立勅許状《ちょっきょ》をもとに作られる組織だった。この勅許状を得た個人の集団は、学校を建てるとか鉄道を敷くといった所定の目的を遂行することが許される。この種の勅許状は、組合やトラストと比べると拘束力が強かった。会社の目的が限定されていたし、会社の活動に対して株主に責任を負わせることができたからだ。ところが一九世紀のあいだに会社は様変わりし始め、その力を増大させていった。

この変化が生じる決定的な契機となったのが、一八一九年にアメリカで起きた「ダートマス大学事件」だ。この事件を巡る裁判で、画期的な判決が下されたのである。もともとダートマス大学は、一七九五年に英国王ジョージ三世の勅許状により設立が許可された。一九世紀に入ってニューハンプシャー州議会が、その勅許状に変更を加えて運営権を大学理事会に委ねたのだが、裁判所はそれは違憲であり無効だと裁定した。これが先例となって、州が民間会社の問題に介入することが法的に制限されるようになる。

この判決を受け、一九世紀の会社の弁護士は自分たちの権利をさらに拡大する方策を模索し始めた。会社が本当に必要としていた（と少なくとも弁護士が考えた）のは、修正第一四条が保障するような自由だった。修正条項の文言を見ると、「すべての人間」に権利を与えるとなっている。ならばと、酒でも入らない限り思いつかないような発想の飛躍により、弁護士は法廷に乗り込んで、その権利は会社にも適用されると訴えた。なぜなら、会社も本当は一人の人間なのだから、と。

じつは、このアイデアには歴史的な裏づけがある。中世においては、修道院の法的地位をどうするかが厄介な問題だった。修道院の運営に当たっていたのはたいてい修道士である。だが修道士は清貧を誓っているので、自らに所有権があると認めるわけにはいかないし、修道院の施設に関する法的責任も負えない。この頭痛の種をどうにかしようと知恵を絞ったのが、一三世紀のローマ教皇イノケンティウス五世だ。教皇は、修道院自体を「法律上の人＝法人」と見なすことにし、したがって正規な存在の一形態だという判断を下す。さらに重要なのは、法人は魂を持たないと規定したことだ。魂を持たないので、魂を所有することに伴う通常の責任や倫理問題が法人には免除された。

先ほどの一九世紀の会社の弁護士は、妙な理屈を法廷に納得させることに成功する。そして一八八〇年代の時点では、会社は個人に間違いないとアメリカの裁判所がたびたび確認するまでになっていた（裁判官が平穏無事に暮らしたかったからかもしれない）。ということは、修正第一四条が認めるすべての自由と保護を会社も享受できることになる。この気の利いた解決策により、会社は金を借り、財産を売買し、互いを訴え合う権利を手にした。しかし、会社はどう考えても個人ではない。個人なら法律を犯せば刑務所に送れるが、会社だとそうはいかないからだ。つまり、個人に身勝手なふるまいをさせないうえで、監獄に入れるぞと脅すことは重要な抑止力になっているのに、会社にはその歯止めが存在しないということである。もう一つの違いは、本物の人間はいつか死ぬという点だ。かたや会社は、理屈のうえでは不死である。死は自然界の生態系にとって必要な要素であり、何かを大きく成長させすぎないようにするというのがその存在意義の一つだ。

会社の株主は、会社のしたことに対して有限の責任しか負わない。自分の所有する株式の価値を超えた損失は被らなくていいのである。このシステムによって株式の売り買いが容易になり、株式市場への参加者が増えた。なぜなら市場は、株主が信用に値するかどうかを気にしなくてもよくなったからである。まるで会社が、二〇世紀最大の夢を授けられたようなものだ。つまり、責任を伴わない個人主義である。

もっとも、実際には会社にも責任はあり、それが会社の行動を縛る強い拘束力となった。何かと言うと、株主の利害を何よりも優先することを法律によって求められているのだ。この「何よりも」の「何」には、従業員や顧客の利害も、公共の利益も含まれている。株主の一番の関心事は金儲けをすることなので、会社は最大利益を追求することを法律で義務づけられているも同じだ。だから会社は、投獄不能な不死の利益製造マシンと化すしかなかった。

四半期ごとに会社の利益が膨れ上がるにつれ、その力も増大していった。会社は国家に追いつき、やがて追い越し始めた。二〇〇〇年における経済活動のランキングで上位一〇〇位までを見てみると、五一が会社で四九が国家である。ゼネラルモーターズ、エクソンモービル、ウォルマートといった巨大会社の経済規模は、ノルウェー、サウジアラビア、ベネズエラといった国家よりも大きい。経済力が高まるにつれ、会社の影響力も増していった。政治やメディアへの資金提供も会社が担うようになる。当然ながら、そちらの方面から会社の成長を抑える動きが起きる見込みはなくなった。

最大級の会社ともなると、財政の面でも司法の面でも国家より上に立っている。二〇一二年一二月にアメリカ司法省は、麻薬およびテロ関連のマネーロンダリングに関与したとして、イギリスのメガバンクHSBC銀行の幹部を訴追しようとした。ところが、名ばかりの罰金以上の罰を与えることができなかった。司法次官補のラニー・ブロイヤーは次のように説明している。「刑事責任を負わせる決断をアメリカの司法当局がしていたら、ＨＳＢＣ銀行はまず間違いなくアメリカでの銀行免許を失っていただろう。そうなれば、同行の未来が危うくなるのみならず、金融システム全体が不安定になってしまう」。言い換えれば、たとえ不正な銀行であっても大きすぎる影響力を持っているために、世界で最も強大な国家をもってしても法律に従わせることができないのである。

法人はサイコパス？

なぜ会社はこれほどまでに目覚ましい成長を遂げることができたのか。その理由の一端は「外部性」にあった。外部性とは、組織の行為が、その行為の当事者ではない別の対象に経済的な影響を及ぼすことを言う。外部性はプラスに働く場合もマイナスに作用する場合もある。しかし、コスト削減と利益増大を狙う組織による外部性は、マイナスの結果を招くことが多い。たとえば、工場が川から取水しすぎて、下流の農家が農地に水を引けなくなったとする。この農家の経済的損失が工場のバランスシートに載ることはない。その損失は自分たちとは無関係な外部性だと工場は説明するだろう。ほかにも、騒音公害や、無責任な投機が金融システム全体に及ぼすリスク、あるいは温室効果ガスの排出などが外部性にあたる。

つまり外部性とは、会計担当者と現実世界との乖離だと言える。通常ならフィードバックループが機能して、複雑なシステムが秩序を保って自らを安定させながら存続していけるようにするのだが、そのループが断たれてしまっているのだ。

外部性の問題をどうにかするには、環境保護の法律を整備して、産業界への取り締まりを厳しくするのが一つの手である。だが、会社による法令違反があとを絶たないことからもわかるように、そうした規制など無視して、摘発されたら罰金を払うほうがたいていは得だ。喫煙と肺がんの関係（イギリスの疫学者オースティン・ブラッドフォード・ヒルとリチャード・ドールによって一九五〇年に初めて立証された）をタバコ会社が隠蔽しようとしたり、そのこと自体に疑問を投げかけるキャンペーンを行なったりしたのもその一例である。ほかにも、一九八四年にインドのボパールで、ユニオンカーバイド社の工場で毒ガスが発生して数千人が死亡する事故が起きたにも関わらず、同社は事故後に適切な環境浄化措置を講じるのを拒否した。これらは、会社が自らの利益を高める行動を取った結果として人を殺した事例である。法人には魂がないと判断するとは、ローマ教皇イノケンティウス五世には大変な先見の明があったのかもしれない。

不幸にも、こうした事例は枚挙にいとまがない。スイスのネスレ社を巡る裁判では、会社が故意に人命を奪うのを司法制度では防げないことが露呈している。ネスレは発展途上国の貧しい母親に積極的に粉ミルクを奨励し、乳児の栄養不良や死亡を招いたとして一九七四年に告発された。ネスレはこれに反撃し、イギリスの慈善団体ウォー・オン・ウォントの「ネスレが赤ん坊を殺している」と題した報告書に対して名誉棄損の裁判を起こす。裁判は二年に及んだ。裁判官は、ネスレの活動が非倫理的なものだったことを認めながらも、乳児の死に対して「刑法上の」責任を会社に問うことはできないとして、ネスレに有利な裁定を下している。乳児の死をもたらした行為に関して法的な責任を負うのはネスレの法人性であり、それを投獄することはできない。そうした行為を企画して実施した個々の幹部についても、個人としての責任を取らせることはできなかった。

こうした事例から、反企業の機運が大きく高まった。二〇〇三年のドキュメンタリー映画『ザ・コーポレーション』では、監督のマーク・アクバーとジェニファー・アボットが会社のさまざまな行動を分析し、会社が本当に人だというならどんな性格の持ち主かを考察している。罪悪感を覚えることがなく、法に則った行動を取って社会規範に従うことができず、冷淡なまでに他者の感情に無関心である。こうした数々の非倫理的行為を並べ立てたあと、二人の監督は一つの結論に至る。会社は「サイコパス」として分類されるのが適当である、と。

会社が本当の意味では人間でないにせよ、自らの欲望を追い求め、それに伴う責任を拒絶する姿勢は一九五〇年代以降のティーンエイジャーを思い起こさせる。第11章で紹介したピーター・フォンダの言葉を言い換えるなら、会社はただ大人につべこべ言われずに自由にマシンに乗りたいし、これからもそうしていくのだ。

自然界には、外部性がなければ成長も生存もできない生物がいる。寄生虫やがん細胞がそうだ。ただし、これらは自然界のなかの小さなスケールに留まる。宿主には悲惨な結末をもたらすにしても、より大きな生態系には吸収され得る存在だ。小規模のうちに吸収できるのと、それが大規模に展開されるのとでは、自ずとまったく違った結果を招く。

会社はこれほど大きく成長して、世界のかなりの部分を占める重要な存在になったのに、永久成長を追究することがなおもそれ自体の機構のなかに組み込まれている。これは非常に不自然なことだ。自然界には盛衰がある。ときに無秩序な成長を見せても、自己を制限するフィードバックループが手綱を引いて、かならず元の状態に戻ってくる。この周期に従うのは自然界だけとは限らない。二〇世紀には旅客機の開発が進んで飛行速度が向上し、ついにはコンコルドが登場して、ロンドン－ニューヨーク間をわずか三時間二〇分で結んでみせた。ところが、衝撃音の問題やコストがかかりすぎて非効率だとして、最終的にコンコルドは廃止された。今や旅客機は同じルートを七時間あまりかけて飛んでいる。

旅客機のスピードは無限に上昇を続けるわけにはいかない。経済や工学上の要因によって一定の範囲内に留められていないと、無理のない安定した輸送システムとして機能できなくなるからだ。フィードバックループは自然界にも人工の世界にも作用して、動物の個体数から飛行機の速度まで、すべてを妥当な範囲内に収めてくれている。しかし、外部性を積極的に増大させる企業経済においては、絶え間ない成長に歯止めをかけてくれるはずの自然なフィードバックループが断たれているか、ただ単に無視されている。無限の経済成長というものは、現実と乖離することによってのみ可能となるのだ。

アイデンティティに不可欠

二〇世紀半ばに生きた西側世界の典型的な人間にとって、こうしたことはすべて素晴らしい以外の何物でもなかった。

二〇世紀前半は経済情勢が厳しく、ホラー小説まがいの話がいくつも生まれている。たとえば、一九二三年にはワイマール共和国が極度のインフレに見舞われて、ビール一杯が四〇億マルクになった。一九二九年には世界大恐慌も起きている。ところが、第二次世界大戦が終わってから一九七〇年代までの時期を今振り返ってみると、黄金時代と言っていいほどの好景気だったことがわかる。終戦直後は悲惨な状況だったとはいえ、その後数十年のあいだに数え切れないほどの人々が貧困から脱した。西側世界では、栄養不良と飢餓がほぼ過去の記憶となった。賃金は上昇し、「可処分所得」という言葉も耳慣れたものとなる。正規雇用されている労働者なら、自動車からセントラルヒーティングまで何でも手に入れられるようになった。医療も長足の進歩を遂げ、寿命も延びる。一九〇〇年にはイングランドとウェールズにおける男性の平均寿命が四六歳だったのに対し、一九九〇年には大幅に延びて七三歳になった。女性の場合は、同じ期間中に五〇歳から七九歳に上昇している。一九五七年、イギリスのハロルド・マクミラン首相は次のように言い切った。「本音で話そうじゃないか。国民のほどんどはこれほどいい時代を経験したことがない。国中を巡って、工業都市でも農村でも訪ねてみればいい。素晴らしい発展を目にするはずである。それは、私が生まれてから、いやこの国が誕生してから、誰も味わったことのないものだ」。今の目にはこうした発言がずいぶん独りよがりに映るが、歴史を振り返ればまったくもって妥当な言い分なのがわかるだろう。

生活水準が向上するうえで、大きな要因の一つとなったのが会社の成長だ。一九五三年には、ゼネラルモーターズ（GM）社の社長だったチャールズ・アーウィン・ウィルソンが、アイゼンハワー大統領によって国防長官に任命された。これは今にして思えば、会社が政府にどれだけ影響力を持っていたかをまざまざと示している。二つの役割を担ううえで利害の衝突はないかと尋ねられたとき、ウィルソンはそうしたことはあり得ないと答えて、理由を次のように説明した。「なぜなら私は前々から、国のためになることはゼネラルモーターズのためにもなり、その逆も真だと考えてきたからだ」。当時のGMは世界最大級の雇用主であり、のちにはアメリカ企業として初めて一〇億ドルを超える税金を納めることになる。従業員は高給を稼ぎ、その可処分所得で消費財を購入して、ほかの産業の成長を促す。それが巡り巡って裕福な社会を作り、その社会には、喜んでGMの自動車を買いたがる消費者が大勢いるというわけだ。会社の成長が好循環を生み出し、社会全体がその恩恵を受けていた。

これはアメリカの工業デザイン界にとっても黄金期となる。椅子にしろトースターにしろ、もはや普通に機能するだけでは物足りない。機能に加えて、見た目の美しさも求められるようになった。この動きを牽引した一人が、ミシガン州出身のデザイナー、ノーマン・ベル・ゲディーズである。ベル・ゲディーズは舞台美術家としてキャリアをスタートしたが、しだいに流線形のような空気力学の原理を日用品のデザインに応用するようになった。一九三九年に開催されたニューヨーク万国博覧会では、ベル・ゲディーズのデザインした未来展示パビリオン「フューチュラマ」が大変な人気を博し、戦後世代のデザイナーたちに計り知れぬほどの影響を与えた。強く感化された一人が、パリ生まれのレイモンド・ローウィである。ローウィは石油会社のロゴやグレイハウンド・バス、さらにはコカ・コーラの自動販売機など、じつに幅広いジャンルのデザインを手がけた。ベル・ゲディーズやローウィのようなデザイナーたちが創り出した視覚言語は、東側の共産主義圏のものより遥かに優れていた。クロムやビニールなどの新素材を活用し、成形やプレス加工といった新手法も利用している。幼い頃にB級映画の『フラッシュ・ゴードン』を観たアメリカ人は、大人になると奇抜なフィンのついた車を買うようになった。そのフィンは、明るい未来を謳ったサイエンス・フィクションに出てくる宇宙船を意図的に模倣したものだ。消費者に支出を続けさせる工夫として、「計画的陳腐化」というアイデアも登場する。これは、商品が早く壊れるように設計して、買い替えを促すというものだ。そのいい例が電球だろう。第一次世界大戦後から第二次世界大戦勃発までの時期、ゼネラル・エレクトリック、フィリップス、オスラムを初めとする世界の複数の会社が違法に手を結び（これを「ポイボス・カルテル」という）、二五〇〇時間前後だった電球の寿命を一〇〇〇時間未満に抑えるように取り決めたのである。

広告宣伝は、もはや理性ある消費者に商品の存在を知らせるだけのものではなくなった。それが自分のアイデンティティに不可欠なものだという点を強調し始めたのである。もちろん、消費財が個人のアイデンティティに不可欠なはずなどないが、広告業界にとって真実は説得の邪魔になるだけだ。

私たちは人の顔や名前や、誕生日を失念することがあるのに、一度頭に入ったコマーシャルのメロディやキャッチフレーズは一生忘れない。ギネスの「Guiness is Good For You（ギネスは体にいい）」、ケンタッキーフライドチキンの「Finger Lickin' Good（指を舐めるほどおいしい）」、ＭＴＶの「I Want My MTV（自分のＭＴＶが欲しい）」、コカ・コーラの「It's the Real Thing（それは本物だ）」、ナイキの「Just Do It（とにかくやれ）」。広告は一種の黒魔術だ。無意識の心理を理解したうえで魅惑的なライフスタイルを提示し、人々に金を出させて、それまでは欲しいとも必要だとも思っていなかった商品と交換させる。ドキュメンタリー映画『自我の世紀』（二〇〇二年）のなかでアダム・カーティス監督は、ジークムント・フロイトとその曾孫であるマシュー・フロイトを取り上げ、両者の仕事がつながっていることに焦点を当てている。マシューはフロイト・コミュニケーションズという広告会社の創始者だ。確かに、ブランディングやマーケティング、そして広告宣伝は、金銭的な利益を得るために人々の無意識を操作する技術と言える。しかも、操作されている側にはその自覚がない。あくまで自分たちが一〇〇パーセント自分の意思で決定していると感じ、それが己の個人主義を胸を張って表現する行為だと思い込んでいるのだ。

当然ながら、会社は自社の商品を大量に消費させたいので、個人主義が拡大してくれれば莫大な利益が得られる。だから会社は全力で個人主義を奨励した。

生きているのが楽しくて仕方ないような時代だった。社会が豊かになっていくことですべての市民が恩恵を受け、未来はさらに良くなるしかないように思えた。アメリカンドリームがアメリカの現実となったのである。個人主義と、広告と、会社の成長が混ざり合って、人を強力に酔わせるカクテルができあがった。

ところが、一九七〇年代に風向きが変わり始める。

大分岐

一九七〇年代の後半、ストレンジ・アトラクター的な変化が起きていたのだが、当時はそれが表面化することはなかった。経済成長は予想通り続いていたものの、それが社会に及ぼす影響が変わり始めたのである。プリンストン大学（現在はニューヨーク市立大学）の経済学者ポール・クルーグマンは、一九七〇年代の終わりにアメリカで生じたこの変化を「大分岐」と呼んだ。また、『ニューヨーカー』誌のジャーナリスト、ジョージ・パッカーは、一九七八年以後の時期を「締まっていたネジが緩んでいく過程」と表現している。何かと言うと、人口の多くを占める中流階級から経済成長の恩恵が少しずつ離れていき、非常に裕福な一握りの人々のほうに向かっていったのである。実入りのいい仕事は消え、社会的地位が以前より固定された。結果的に、一九八〇年以降に生まれた「ミレニアル世代」の暮らし向きは、戦後の「ベビーブーマー」より悪くなることが予想されている。少なくともいくつかの人口層については、平均寿命も低下し始めた。同時に所得格差が拡大していき、ついに二〇一五年には世界で最も裕福な八〇人の富の合計が、世界人口の半分を占める約三五億の最貧層の富の合計と等しくなった。たとえその八〇人が懸命な努力の末にその財産を手に入れたのだとしても、ほかの人より四三七五万倍も働いたとは考えにくい。

より良い未来を約束していたアメリカンドリームが後退したのはなぜか。それは、無秩序につながり合った複雑な出来事が、一九七〇年代にいくつか起きたせいである。その一つが、毛沢東の死後に実権を握っていた中国の鄧小平《とうしょうへい》が、一九七八年一二月に改革開放路線を打ち出したことだ。国家による管理のもとではあれ、中国に資本主義を導入するプロセスを開始したのである。この影響がすぐに感じられることはなかった。しかし、西側の会社が中国の安価な労働力を利用できるようになったことで、西側諸国では給料のいい製造職がなくなり、同時に貿易不均衡がもたらされて社会を不安定にした。会社が製造拠点を海外に移せば、その分、政府のバランスシートから法人税が消えることになる。会社はますますグローバル化を進めていき、自らを生み出した国家への恩義などいささかも感じることなく、無国籍の存在として自身を捉えるようになっていった。

もう一つの要因が、一九七一年八月にブレトンウッズ体制が崩壊したことである。ブレトンウッズ体制は国際的な通貨管理の枠組みであり、第二次世界大戦の終盤にアメリカ・ニューハンプシャー州のブレトンウッズという田舎町で合意されたものだ。戦前、各国がそれぞれ勝手に通貨評価を行なっていたことが、戦争へとつながる一つの不安定要素となった。その反省のもと、国際金融を取り巻く環境をもっと安定させることをブレトンウッズ体制は目指した。この体制では、合衆国ドルを世界の基軸通貨としたうえで、各国通貨との為替レートを固定した。そしてそのドル自体は、一定額の金準備と引き換えられるよう定められた。

重要なのはこのドルと金のつながりである。一八世紀にイングランド銀行が初めてポンド紙幣を発行したとき、それは一定量の銀に代わる便利なものとして登場した。つまり、紙切れとはいえちゃんとした価値がある。このように過去の通貨は、物理的な実体を備えていて供給量の限られた物質（金や銀など）に裏づけられてきた。

貨幣の供給が物理的な富と結びつけられているからこそ、通貨に対する信用が生まれる。ところが、途切れることなく永久に経済成長を続けたいと夢見る者にとって、これは絶えざる不満の種だった。このような金本位制のもとでは、成長期の合間にデフレや不況の期間が訪れやすいのである。自然で持続可能な体制ではあるにせよ、民主的な社会が諸手を挙げて賛成したくなるものではなかった。そこで、アメリカの景気が何度目かの低迷に直面したとき、ニクソン大統領は金本位制を終わらせて、物理的な富とドルとのつながりを断ち切る決断をする。こうしてブレトンウッズ体制は幕を閉じた。この結果、ドルの価値は自由に変動でき、市場が認めるだけの価値を得られるようになる。

貨幣を物理的な実体と切り離すという気の利いたトリックのおかげで、以前なら一時的な不況に陥っていたような時期でも成長を続けられるようになった。また、絶え間ない成長には右肩上がりの消費が必要だが、消費を促すための資金は、簿記を工夫したり負債をつくったりすれば捻出できることもわかる。会社の負債の山は大きくなり始めた。二一世紀初頭にこのやり方が行き詰まると、税金で救済してもらうという手段によって会社は永久成長の夢を持ち続けた。

金融トレーダーは、何もないところから富を生み出すことができた。その際に用いるのが、デリバティブ市場で取引されるような、荒唐無稽で幻覚にも似た金融商品である。この市場は実体ある物を売り買いするのではなく、市場が時とともに物の価値をどう変化させるかを売買する。デリバティブ市場はほぼ理解不能と言っても過言ではないため、規制したいと思う側にとっては厄介な代物だ。近年の推定によれば、デリバティブ市場の名目価値は七〇〇兆ドル。地球全体の経済の約一〇倍だ。億万長者の慈善活動家ウォーレン・バフェットの見解によれば、「デリバティブは金融界の大量破壊兵器であり、今は顕在化していなくても致命的な危険を秘めている」のである。

実際に価値ある行為も、実体のあるものを生み出すこともまったくしていないにも関わらず、市場はかたちのない富を築いてくれる。市場で利益を得ている人間は、それで負い目を感じることはなかった。だが、一七七六年にアダム・スミスが『国富論』(中央公論社)のなかで「富」を定義したとき、それは「土地の年間収穫物および社会の労働」だった。実世界で起きることを数学的モデルで表わしたものが、経済であるはずだった。

「大分岐」へと至った要因はもう一つある。一九七〇年代初頭にアメリカの原油生産が頭打ちになり、一バレルあたりの原油価格が上昇したことだ。おかげで、一九七〇年には一バレル四ドルほどだったものが、二〇〇八年には一〇〇ドルを超えるまでになった。原油価格が国内総生産に影響を及ぼすことは実証されている。インフレ分を差し引いたとしてもかなりのコスト増であり、それが経済成長の足を引っ張った。

ということは、会社が従来通りの成長率を維持したければ、今まで以上に努力しないといけなくなる。エネルギー費が増加した分、ほかの経費を削減しなくてはならず、真っ先にその矛先が向くのが人件費と税金だ。結果的に、戦後の経済成長期に見られた好循環が遠のいていくこととなった。会社のためになることと国のためになることが、しだいに一致しなくなっていった。

原油価格がいかにアメリカ経済に影響を与えるかが、一九七三年一〇月に露わになる。石油輸出国機構（OPEC）の加盟国が、アメリカに対する六か月間の石油禁輸措置を発動したのだ。これは、同時期に第四次中東戦争が勃発していたことから、イスラエルを支援しているアメリカへの対抗措置として行われたものである。これにより原油価格は未曽有の高騰を見せ、ガソリンスタンドではガソリンが不足した。初めのうちは再生可能エネルギーの研究に拍車がかかった。また、自動車の形も変化して、見た目の面白みには欠けるがより流線形のデザインへとシフトしていった。しかし、石油会社はアメリカの政治に強い影響力を持っているため、結局この国は炭化水素ベースのエネルギー政策を続けると言明する。将来それがどれだけ高いものにつこうと、お構いなしだ。この方針があからさまに現われたのが、一九八一年にロナルド・レーガンが大統領に就任したときである。レーガンはただちに命令を下して、ジミー・カーター前大統領がホワイトハウスの屋根に設置したソーラーパネルを外させた。

強欲は善

「大分岐」につながるさまざまな政策を正当化したのが、「新自由主義《ネオリベラリズム》」である。新自由主義は経済思想の一つで、その誕生は一九三〇年代に遡る。だが、政治家と会社にとってこれが主流の原理となったのは、一九七九年にマーガレット・サッチャーがイギリスの首相に選出され、同じ年にポール・ヴォルカーがアメリカ連邦準備制度理事会（FRB）議長に任命されてからだ。新自由主義の根幹には、国家のように愚かな存在に国民の幸福を託すわけにはいかないという考え方がある。国家は市場ほど人々を理解していないというのだ。賢明な決定を下すための情報をわずかしか持っておらず、動きも遅すぎ、無能だ。しかも政治のことにばかりかまけているので、そのわずかな情報すら有効活用できていない。

新自由主義者の見る国家の役割は、財産権を保護し、自由貿易と自由市場を認める法制度を整備すること。そしてその制度を軍隊と警察に守らせることだった。国営事業は民営化して利益を追究させる。そこまでやったら国家は一歩下がり、干渉してはならない。あとは民間会社が面倒を見る、というわけだ。

新自由主義はどう転んでも不平等を生み出すが、それはより大きな善のためにはやむを得ないこととされた。少数の選ばれし者が莫大な富を握れば、その富が社会全体に「したたり落ちる《トリクルダウン》」からだ。映画『ウォール・ストリート』（一九八七年）のなかで使われ、一九八〇年代を象徴するものになったキャッチフレーズではないが、「強欲は善」なのである。言うまでもないが、富がしたたり落ちることなどなかった。富はただ中流階級から最上層に向かっただけである。現在ではこの「トリクルダウン理論」をまともに取り合う経済学者はほとんどいない。しかし、その背後にある考え方は、世界経済に関する議論に今もかなり影を落としている。富裕層を「富を生み出す人」と表現するのもいまだによく聞く話だ。正確には「富を蓄える人」と言うべきなのだが。

自由市場と財産権を組み合わせればどんな問題も解決するのだとしたら、ときには過去に存在しなかった市場を作る必要も出てくることになる。この論理を盲目的に信じた一つの結果として、一九九七年に世界銀行は、ボリビア全土の水道事業を外国の会社が所有するのを許可した。これには、住民が伝統的に家の屋根から集めていた雨水も含まれる。新自由主義の理論からすれば、民間会社にやらせることがボリビア国民が水を得るための最良の方法なのだ。だが、ボリビアの人々はそうは考えなかった。

しかもその会社が、独占状態をいいことに水道料金をただちに三五パーセント引き上げたとあっては、なおさら納得できるはずがない。その後、激しい抗議活動が起きて戒厳令が敷かれ、死者まで出して、ようやくボリビア国民は自分たちの水を取り戻した。

新自由主義により、国家の役割は黄金時代に比べて大きく後退した。第一次世界大戦後に帝国の世界が国民国家の世界に取って代わられたとき、その国民国家は、それまで皇帝が臣民に与えていた保護を引き継ぐという言い分で自らの新しい地位を正当化した。国民国家の支配者たちは「ノブレス・オブリージュ（高い身分に伴う義務）」として、社会福祉のための施策を実施したり国防軍や警察を常設したりした。この結果、政府の規模は大きくなった。第一次世界大戦より前、アメリカの政府支出はGDPの一〇パーセントにも満たなかったが、二〇世紀後半にはそれが三〇〜三五パーセントにまで上昇している。このパターンはほとんどの西側諸国に共通している。新自由主義者たちが政府の規模を縮小できると考えたのは、会社が国家より強大になり、しかも会社はいかなる「ノブレス・オブリージュ」にも縛られないからだ。一般市民をサイコパスから守るのは会社の仕事ではない。もっとも、彼ら自身がどんな性格の持ち主かを考えると、そんな連中に守ってもらわなかったのは幸いだったと言うべきだろう。

二〇世紀が終わる頃には、新自由主義が正統的な思想となっていた。会社の力が大きくなるにつれ、大会社が政治家やメディアに与える影響力も増していった。それは、政治とメディアが会社の資金を必要としているという理由によるところが少なくない。会社が力を振るうことに対する抗議活動は、政治や文化の主流から外れた場所でしか起きなかった。西側諸国の主流政党に属する民主政治家が、会社の力を削いだり会社の責務を増やしたりするマニフェストを掲げてしまうと、当選できなくなるような傾向が強まっていった。何かあったときに会社の幹部に法的責任を取らせるという方針が、有権者にどれだけ支持されていても、である。利益第一の社会は味気なくて憂鬱なだけでなく、根本的に人間性が欠如しているのではないか。そうした懸念の声がどれだけ広がっていようと、その意見を投票所で表現する手立てはなかった。

成長か、絶滅か

「大分岐」後の時期には環境運動も高まりを見せた。環境保護を訴える人々にとって、新自由主義者が追い求める永久成長は幻想にすぎず、しかも深刻な問題を孕んでいる。環境保護論者は、アポロの乗組員が撮影した写真によって地球への見方が一変した経験をしている。かつての地球は、地平線がどこまでも広がって未開のフロンティアがいたるところにあり、その資源をいつでも搾取していいかに思われていた。しかし、今はそれが有限の閉じたシステムであることがわかっている。地球には限りがあり、そうした状況下で永久成長を追求するのは危険でしかなかった。

この問題をわかりやすく示したインドの古い言い伝えがある。シャリムという名のインドの王が、じつに美しいチェスボードを贈られた。王はそれがいたく気に入ったため、そのチェスボードを作った職人に対し、何でも好きな褒美を取らせると告げる。すると職人は、ボードの一マス目に米一粒を、二マス目には二粒を、三マス目には四粒を、というように、マス目ごとに米粒の量を二倍にして置いてほしいと頼む。シャリム王はあまりにささやかな要求に驚き、すぐに同意した。ところが、マスからマスへと進むにつれて、米粒の量は急速に増えていく。二一マス目にたどり着いたときには一〇〇万粒を超えていた。最後の六四マス目になったら、世界中の米を掻き集めても足りなくなる。節度ある直線的な増加を王は予想していたのに、実際には数値が幾何級数的に上昇していった。幾何級数的、もしくは指数関数的な増加は、複利と似ている。最後のほうになると、最初の頃のわずかな増加が信じられないほど大幅な増え方を見せる。

米粒の話は確かに極端な事例だ。永久成長をどれだけ願う者でも、経済が実際に毎年二倍ずつ成長するとは考えていない。だが、たとえば年二パーセント程度の手に負えそうな成長率であっても、三五年ごとに経済規模が二倍になる必要がある。ということは、現実世界の売買と経済活動がおよそ一世代のあいだに二倍に増えなくてはならない。しかもそれで終わりではないのだ。成長はその後も指数関数的に拡大していくのだから。さほどの時間が経たないうちに、現実にはあり得ないほどの経済規模が求められるようになる。

ここで疑問が湧く。永久成長を目指す世界経済システムが、限りある物理的な地球の現実と衝突するのはいつなのか。

この問いを投げかけたのが、国際的シンクタンクの「ローマクラブ」だ。ローマクラブは一九七二年、「成長の限界」と題した研究報告書を発表して大きな反響を呼んだ。この報告書では、指数関数的な成長が何を意味するかをさまざまな分野について探っている。たとえば人口、食糧生産、資源枯渇などである。そのうえで、それぞれが指数関数的に増大していったら将来どんなシナリオが待ち受けているかをシミュレーションした。世界が二一世紀半ばから後半にかけて安定し、持続可能なシステムに落ち着くとするシナリオも一つあったが、ほかの二つのシナリオではそうはならず、社会と経済の崩壊が予想されていた。

これはなにも、かならずそうなると断言しているのではなく、世界のシステムがどうふるまう傾向にあるかを理解しようとしているだけだと報告書は強調している。それでも、その後三〇年あまりのあいだに行なわれた数々のフォローアップ研究からは、実際の数値がおおむね予想と一致していることが示されている。しかも、一致したのは安定に向かうシナリオのほうではなく、行きすぎと崩壊につながるシナリオのほうだ。時を追うごとに貧富の差が拡大していることが、状況をさらに悪くしているように思える。現行の体制を変えるのに最も適任なのは、富と権力を握っている層だ。だが、彼らは崩壊の悪影響を誰よりも被らない人々であるうえ、現状を維持することに誰よりも資金を投じている。

結局、「成長の限界」に対する反応がすべてを物語っていた。この報告書は賛否を巻き起こしたものの、政策的には一蹴されたのだ。それも、データや議論の内容に問題があるからではなく、新自由主義的な計画と齟齬をきたすからという理由で。新自由主義者にとっては、個人の行動に制約をかけようとする提言を受け入れるわけにはいかない。彼らに言わせれば、森林伐採、表土の喪失、海の乱獲、あるいは水の塩化に関する研究など考慮に値しないのだ。個人主義と相容れない以上、環境主義的な視点は間違っているに決まっているからである。かつて私たちは、主人と従者という階級主義的なトップダウンの枠組みを通してしか自分自身を理解できなかった。それから一世紀足らず、個人の欲望に従うことが揺るぎないオンパロスとして確立されたのである。

こうした視点に立てば環境主義は人騒がせな思想にほかならず、人類の創意工夫を考慮できていない点で反人間的ですらある。想像力は無尽蔵の資源だ。これまで人間はそれを駆使して環境に適応し、問題が生じても解決してきた。「成長の限界」は、一八世紀末にイギリスの牧師トマス・マルサスが書いた『人口論』（光文社）と何ら変わりないと反対派は主張する。このなかでマルサスは、人口が増加し続ければ大飢饉が訪れると説いていた。だがこの筋書きは、殺虫剤と肥料が開発されたおかげもあって、少なくとも西側諸国では現実のものとなっていなかった。とはいえ、指数関数的な成長を相手に競おうとすれば、初めのうちはついて行けてもそれを永遠に維持できるとは限らない。指数関数的成長は、プレイすればするほど難しくなるビデオゲームのようなもの。レベル1をクリアできたからといって、無事にレベル23まで終えられる保証はない。

環境主義者たちの警告に対する懐疑のなかで、言葉にされないにせよ最も注目すべき問いは、「世界が崩壊する瞬間が訪れるとしても私が死んだあとなんじゃないのか？」だった。ベビーブーム世代の人間は、当時は何の不自由もなく中年期を迎えていて、経済システムはその後も軽く三〇〜四〇年は続きそうに思えた。だから、環境主義者に何を言われようと、そのために個人主義を拒むほどの価値はないと考えたのである。自分たちの子や孫の世代のことを一顧だにしないこの姿勢は、個人主義のとりわけ由々しき弊害だ。

個人主義と環境主義の対立が最も鮮明になるのが、気候変動に対する世界の反応である。産業からの温室効果ガスの排出が従前のペースで継続すれば、壊滅的な結果を招くことが一九八〇年代の後半にはすでに明らかになっていた。何より重要なのは、当時にはまだそれを防ぐための時間があったことである。この問題はまたたくまに世界的な注目を集めた。その一助となったのが、マーガレット・サッチャーによる演説である。とくに一九八九年の国連総会での演説は大きな反響を呼んだ。サッチャーは大学で化学を学んでいたので、気候変動が起きる科学的メカニズムも十分に理解していた。「世界的な気候変動の問題は私たち全員に影響するものであり、対策に実効性を持たせるには世界レベルで動くしかない。誰に責任があるとか、誰が金を出すといったことを言い争っている場合ではない。森林が伐採され、温室効果ガスが蓄積されて、結果的に降雨や季節風のパターンが変わってしまったら、私たちの惑星のあらゆる地域が旱魃と飢餓に見舞われてもおかしくないのだ。私たちは後ろではなく前を向く必要がある。世界各国が手を携えて大規模な取り組みを進めない限り、この問題を解決することはできない」

面白くないのは石油会社である。代替エネルギーインフラを模索するために長期的な研究プロジェクトを立ち上げるより、炭化水素を販売するほうが短期的な利益につながる。炭素を含まないエネルギーを生み出し、しかもその価格と量を石油と張り合えるようにするのは、技術的に見て非常に難しい。科学者が好む表現を借りるなら、「馬鹿にならない」難題だったのだ。

そこで石油会社は、サッチャーの言う世界規模での対策を阻止すべく、自由市場を擁護するシンクタンクと手を組んで、政府やメディアに働きかけ始めた。主な戦法は、科学界の合意に疑問の目を向けさせるような空気を世間に作り出して、運動を失速させることである。これはタバコ産業から拝借した戦術だ。かつてタバコ産業は同じようにして反禁煙キャンペーンを張り、喫煙と肺がんの関係に疑問を投げかけるようなデマを流した。おかげで、喫煙と肺がんの関係が最初に立証されたのは一九五〇年のことなのに、タバコ産業は四〇年以上にわたってそれが虚偽であるかのような態度を取ることができた。会社の論理から言えばこのキャンペーンは大成功である。肺がんというとりわけ苦しい死に方でどれだけ多くの命が失われようとも、会社は大金を儲けることができ、しかも誰も刑務所行きにならなかったのだから。

石油会社による偽情報キャンペーンもまた、気候変動への対策を遅らせる効果があった。結局、アメリカが一九九七年の京都議定書（先進国に温室効果ガスの排出削減義務を負わせるもの）を批准するのは、政治的な配慮から不可能になる。また、台風や旱魃や洪水が起きるたび、政治家の怒りがニュース番組で流れるのがおなじみのものともなった。極端な気象現象が今起きているかといって、それを科学者の見解と結びつけ、今後ますますその傾向が強まるかのように匂わせるのはおかしいと非難しているのだ。サッチャーですら、自分の考えがどれだけ同盟国の不興を買っているかを知って、立場を修正せざるを得なくなる。一九八〇年代の演説では現状を明晰かつ科学的に理解している様子だったのに、二〇〇三年の著書『国政術』（*Statecraft*）では政治的な論点に頼るようになっていて、それを読んだ気候科学者は絶望のあまり頭を机に打ちつけた。『国政術』によれば、気候変動を抑制せよとの主張が、サッチャーと相容れない政治的見解の隠れ蓑なっている。だから、気候変動を抑制するいかなる取り組みも実施すべきではないというのである。イデオロギーが科学を打ち負かした。個人主義が環境主義に勝った。こうして炭素は依然として排出され、表土の減少も止まらず、極地方の氷床も融け続けていった。これらすべての原因は消費活動にあり、その消費活動を促すための会社の負債も増える一方だった。その結果、気候変動に歯止めが効かなくなるのを防げたかもしれない時期は、もはや過ぎ去ってしまったようである。

その間も六度目の大量絶滅は進行していった。こんな世紀に、オレンジヒキガエルが生き延びる見込みがどこにある？

POSTMODERN

第14章 ポストモダン 「知の底なし沼」から「確かさ戦争」へ

スーパーマリオの享楽

ポストモダンを理解したいなら、何時間か「スーパーマリオブラザーズ」をプレイしてみるといい。任天堂の宮本茂が開発した、一九八五年発売の日本のビデオゲーム〔テレビゲーム〕だ。

このゲームのなかでプレイヤーは、口ひげを生やしたマリオという名のイタリア人配管工をコントロールする。マリオの仕事は、キノコ王国のピーチ姫を救い出すために王国を縦横に旅すること。姫は、カメ一族を率いる大魔王クッパの手でさらわれてしまっており、そのクッパは怪獣のような姿をしている。敢えて強調しておくが、これだけ聞いても何のことやらさっぱりわからないに違いない。

「スーパーマリオブラザーズ」は、種々雑多な要素が組み合わされてできている。それらの要素はどんな分類体系にも当てはまらず、ゲームのなかでのみ整合性を持つ。空想上の王国を舞台にすること自体は別段おかしくないにしても、普通はそこがイタリア人配管工の遊び場になることはない。同様に、ゲーム内でマリオが遭遇するさまざまなキャラクターたち（火を吐く鉢植えの植物から巨大な銃弾まで）

も、理詰めで分析するのには向かない。隠された象徴的意味をこのゲームから探すのは無駄だ。なぜって、そんなものは存在しないからである。たとえば大魔王クッパは雄牛のキャラクターになるはずだったのが、宮本が最初に描いた絵がたまたま牛よりカメに似ていたために今の姿になった。マリオ自体もちょっとした偶然の産物と言える。マリオはもともと「ドンキーコング」というアーケードゲーム（業務用ゲーム機によるゲーム）のキャラクターであり、ジャンプできることから「ジャンプマン」と呼ばれていた。それがマリオという名になったのは、仲間内にだけ通じるジョークのようなものである。任天堂のアメリカ法人ニンテンドー・オブ・アメリカで、倉庫を借りていた大家の名前がマリオだったためと言われているからだ。アメリカ版でピーチ姫が「キノコ姫」と呼ばれているのにも、さしたる理由はない。

それでもゲームは大ヒットした。肝心なのは、どのキャラクターもそれ自体が楽しいということ。そしてそれこそがまさに、ポストモダンの一番わかりやすい特徴と言っていい。つまり、何の調和もない無関係な物事を寄せ集め、それが勝手にうまく行ってくれるのを期待する。どの要素をどう分類するかが、外部の意見や権威で決まるという考え方は、ポストモダンでは断固として拒絶されるのだ。

それと関連するポストモダンの特徴に、専門家が「ジュイサンス（jouissance）」と呼ぶものがある。ジュイサンスとはフランス語で「享楽」の意味だ。英語に訳すと「enjoyment（楽しむこと）」になるのだが、ジュイサンスのほうがもっと背徳的で性的なニュアンスを含んでいるので、英語ではなくフランス語がそのまま使われる（「ジュイサンス」はもともとフランスの精神分析家・哲学者ジャック・ラカンによる概念）。ポストモダンの芸術は、ばらばらな要素を寄せ集めることを面白がりこそすれ、けっして恥じることはない。すべきでない何かをすることに心からの喜びを感じるのだ。ポストモダンのジュイサンスを示す好例が、一九八〇年代後半のイギリスのダンスミュージックに見られる。たとえばM／A／R／R／S（マース）の「パンプ・アップ・ザ・ボリューム」や、ジャスティファイド・エンシェンツ・オブ・ムームー（のちのKLF）の「ホイットニー・ジョインズ・ザ・ジャムズ」などがそうだ。いずれも、サンプラーを手にしたばかりのミュージシャンがいろいろな実験をして、どんなことができるかを試した結果である。彼らは大いに楽しみながら、ありとあらゆる無関係な音源を組み合わせて遊ぶのに夢中になった。

ポストモダンの第三の特徴が現われているのが、このゲームが大量生産されていることだ。「スーパーマリオブラザーズ」はプログラムコードで作られており、そのコードをコピーすればゲーム中のすべての瞬間を再現できる。ゲームの「オリジナル版」が一枚あって、それ以外は低品質の模造品、というのではない。宮本茂の開発装置のなかで実行されていたコードは、ゲームが完成して宮本の手を正式に離れたとたんに真性を失う。その点では、オランダのユトレヒトで販売されているくたびれた中古コピーと何ら変わりはない。芸術作品の完全コピーをどう扱うかについては、ドイツの批評家ヴァルター・ベンヤミンが一九三六年にエッセイ『複製技術時代の芸術』（晶文社）を発表して以来、芸術界で熱い議論が戦わされてきた。だが、少なくともポストモダンの実践者にとってはもはや議論の必要はなかった。大量に生産された「スーパーマリオブラザーズ」のコピーにはどれももともと優劣がない。オリジナル製作者自身のコピーになら魔法のオーラ（ベンヤミンが言うところの「アウラ」）が宿っているだろうと、いくら願っても無駄である

第四の重要な要素は、ゲームは自らがゲームであることを重々自覚しているということだ。「スーパーマリオブラザーズ」は、通常のゲームの形式を踏襲していることを隠そうとはしていないし、チェ

スやテニスのゲームでは見られないようなかたちでその点を繰り返し強調する。プレイヤーが緑や赤の「1UP（ワンアップ）キノコ」を見つけて取れば、残機が一つ増えてゲーム時間が伸びる。同様に、さまざまな褒美やパワーアップなどの要素がゲーム内にちりばめられていて、それがプレイの進み方を左右する。こうしたことは、ビデオゲームという文脈のなかでのみ意味をなすものだ。

このように作品が自己を認識している点は、ポストモダンの映画やテレビ番組、あるいは芝居にも現われている。たとえば、ウディ・アレンの映画『アニー・ホール』（一九七七年）では、アレン演じる登場人物が映画を観ようと列に並んでいるとき、後ろの男がメディア批評家マーシャル・マクルーハンの本について独りよがりの解説をしているのを聞く。うんざりしたアレンは、画面の外から本物のマクルーハンを引っ張ってくると、「君は間違っている」と言わせて男をやり込める。そのときアレンはカメラのほうを向き、観客にじかに話しかける。「やれやれ、人生もこんな風に行けばいいのにね！」。それによって、この状況が虚構のものであることを認めているのだ。自分は一映画のなかの一登場人物として、いつか映画を観てくれる人に伝えるためにカメラに語りかけているのだ、と。

こうしたポストモダン的な瞬間が物語芸術に訪れることは滅多にない。なぜなら、虚構を信じさせることで作品の力が発揮されるからだ。そのため、たとえばイギリスのコメディ・グループ、モンティ・パイソンのような喜劇のジャンルのほうがポストモダン的になれる。そのいい例が、彼らのテレビコメディ『空飛ぶモンティ・パイソン』の第二シリーズ第二話「スペイン宗教裁判」だ。この話の最後の場面では、スペイン宗教裁判の三人の審問官が、登場すべきスケッチ〔笑いを意図した寸劇のことで、日本で言う「コント」のようなもの〕に遅れている。それに気づいた三人は、最後のシーンに間に合うように慌ててバスに飛び乗る。三人の上をエンドロールが流れ始めているので、時間が残り少ないことを皆承知しているが、ようやく最終スケッチの場面にたどり着いた瞬間に番組が終わる。

「スーパーマリオブラザーズ」にはもう一つポストモダン的な側面がある。プレイするたびに違うということだ。たった一つの正しいやり方があるわけではなく、したがって宮本の作品を正しく理解させてくれるような「作者の真意」も存在しない。ユーザーのなかにはプログラムコードを書き換えて、ゲームを改造する者までいるくらいだ。ゲーマーにとってこれはまったく正当な行為なのである。

同じ本を読んでも同じ映画を観ても、人によって受け取り方が違うと指摘したのは、第2章に登場したマルセル・デュシャンだ。ポストモダンはこのデュシャンの洞察をしっかりと自分のものにしている。一つの作品に対していくつもの解釈が成り立ち、どれか一つの視点を「正しい」とする言い分はまったく通用しない。たとえその視点が作者のものであってもだ。誰もが一つの作品に対し、作者が思いもしなかった解釈をして好きなように価値を見出すことができる。

もう一つ特筆すべきは、「スーパーマリオブラザーズ」が「高尚」や「低俗」といった分類を超越している点だ。優れた芸術作品であると同時に、大衆受けを狙った軽い娯楽でもある。「スーパーマリオブラザーズ」が一九八五年に発売されたとき、文化評論家なら（このゲームの存在を知っていればの話だが）低俗だとして切り捨てたに違いない。当時のビデオゲームは、騒々しくてくだらない子供向けの遊びだと見なされていて、文化としての価値が認められたのは何十年も経ってからのことだ。それでも、ゲーム系メディアサイトＩＧＮは二〇〇五年、このゲームを古今を通じて最高のゲームと位置づけている。子供向けのくだらない娯楽が、一つの芸術形態における最高峰と賞讃されるのだから、高尚か低俗かに分類するのが難しくもなろうというものだ。

ポストモダンの文化は、深遠であると同時に嬉々として浅薄にもなる。やはりモンティ・パイソンがそのいい例だろう。彼らの「哲学者サッカー」というスケッチでは、ドイツと古代ギリシアを代表する哲学者たちがサッカーの試合で対戦する。モンティ・パイソンのコメディはたいていがそうだが、これもまた馬鹿馬鹿しくもあり、才気が光りもする。試合の実況中継はこんな感じだ。「ヘーゲルが、現実とは非自然主義的な倫理のアプリオリな付属物にすぎないと主張し、カントは定言命法を使って、現実は存在論的に言って想像のなかにしか存在しないと訴え、マルクスが今のはオフサイドだとアピールしています」

宮本茂は史上最も重要なビデオゲームデザイナーであり、その点には誰も異論がないだろう。宮本がゲーム界にもたらした衝撃は、シェイクスピアが戯曲に、またディケンズが小説に与えた衝撃に匹敵する。シェイクスピアやディケンズのように宮本の作品もまた、一般受けする要素のなかにたぐい稀な独創性が織り交ぜられ、それが宮本を他に並ぶ者のない存在にしている。もちろん、ゲームが戯曲や小説に似ていると言っているのではない。戯曲と小説で名作とされる作品は、人間性を多面的に理解しているが、ゲームはそれを真似ようとしているわけではないからだ。だが、プレイヤーを没頭させて「フロー」の状態を作り出そうとしているのは間違いない。プレイヤーは画面上に起きる出来事に反応し、その反応の仕方が出来事自体を変えていく。これにより、ゲームとプレイヤーのあいだには絶えずフィードバックループが働いていることになる。二〇世紀を特徴づける数々の物事と同様、ここでもやはり観測する側とされる側とのつながりがきわめて重要なのだ。

宮本にとっても、宮本のゲームのプレイヤーにとっても、こうした考察などどうでもいいことだった。高尚と低俗を区別するのは、正当性を外部に判断してもらおうとする無意味な言い訳にすぎない。ポストモダンは、そうした外部の枠組みには何であれまったく権威を認めなかった。高尚であれ低俗であれ、「芸術」であれ「芸術ではない」のであれ、そういった概念は、評論家やギャラリーのオーナーが自分たちの利益ために勝手に作品に投影するものだ。作品自体に内包された特性ではない。「スーパーマリオブラザーズ」のようなゲームにとって重要なのは、それがそれ自体として優れているかどうかだけだった。

何の意味もない？

「スーパーマリオブラザーズ」のようなゲームが子供に理解されたということは、ごく一般の人々でもポストモダンを受け入れて苦もなく処理できるということだ。これは、二〇世紀初頭のモダニズムのときにはあり得なかったことである。

資本主義にしても、ポストモダンへの抵抗はなかった。高尚か低俗かという評価をポストモダンが拒んだことに対し、芸術界がどう反応したかを見ればそのことがよくわかる。たとえば、アメリカのポップアートの画家ロイ・リキテンスタインは大いに支持されている。リキテンスタインの作風は、安っぽい漫画本から一コマを取り出し、それを大きなカンバスに拡大して描くというものだ。これは立派な著作権の侵害なのだが、ギャラリーのオーナーはそんなことにいっさい頓着しなかった。リキテンスタインの絵画は重要な芸術であって、堂々と剽窃された大元の漫画のほうはそうではないという見方をしたからである。以後、『部屋全体が見える……しかも誰もいない！』（一九六一年）や『眠る少女』（一九六四年）をはじめとする数々のリキテンスタイン作品が、四〇〇〇万ドルを超える高値で取引されてきた。これは、芸術界のビジネス面にとってはじつにありがたいことである。一方、剽窃元の漫画作品はと言うと、いまだにギャラリーのオーナーからは基本的に無価値と見なされるか、リキテンスタインとつながりがあるから興味を持たれる珍品扱いをされるかのどちらかである。漫画家にとっては面白くない話だ。

しかし、人もビジネスもポストモダンに抵抗を感じていないのだとしたら、なぜこの運動がここまで嫌われるようになったのだろうか。二一世紀初頭において、少しでもポストモダン寄りの発言をする人を探すのはかなり難しい。ポストモダンという言葉自体が侮蔑の響きを持つようになり、それ以上の批評をしなくていいことの理由になっている。まるで、「ポストモダン」のレッテルを貼られたものは、何であれ切り捨てていいかのように。

ポストモダン（「ポストモダニズム」とも）の「ポスト（post）」とは、「〇〇のあとに」という意味であり、したがってこの言葉は「モダニズムのあとに来たもの」を指している。「モダン（modern）」の語源はラテン語の「モド（modo）」で、「最近」を表わす。つまり、ポストモダンとは「最近のあと」ということだ。「モダニズム」のほうにしても、二〇世紀初頭の前衛的な文化全体を指す言葉としてとりたてて使い勝手がよかったわけではないが、少なくともその後継者より肯定的な意味合いで用いられていたことは間違いない。

「ポストモダン」という言葉が、非常に広い範囲で使われてきたこともマイナスに働いている。コカインでハイになってデザインしたような八〇年代の家具もポストモダン。自分たちが架空の登場人物であることに気づいた人々を描いた漫画もポストモダン。自意識過剰でどこか不格好な一九七〇年代の建築もポストモダン。ウンベルト・エーコの『薔薇の名前』（東京創元社）から、ニュー・オーダー（イギリスのテクノロックバンド）のポップなミュージックビデオまで、さらにはジェフ・クーンズの彫刻から、子供向けテレビアニメシリーズ『デンジャー・マウス』まで、そのすべてがポストモダンで括られた。こうした状況が、ポストモダンという言葉自体に意味がないのではないかという疑念を呼ぶ。言葉の定義を明確にしようとすればするほど、胡散臭さが増すのだった。

ポストモダンが重要視されなくなったのは、学問との関係にその理由がある。学者たちとポストモダンの蜜月は、悲しい結末を迎えたのだ。

初めは両者の関係に明るい未来が待っているかに見えた。戦後の学界はすぐポストモダンに目を留め、それについて多くを語った。当代きっての思想家が何人もこの現象に注意を向け、構造主義、ポスト構造主義、脱構築《デコンストラクション》といった運動と結びつけて論じた。ポストモダンを対象にした学術研究がとくにアメリカにおいて盛んになり、ミシェル・フーコーやジャック・デリダといったフランスの哲学者が、ポストモダンの旗手として多大な影響力を持つようになる。ところが、この潮流が大きくなるにつれて懐疑が芽生え始めた。一つには、ポストモダンに関するこうした議論が、何の役に立つのかが見えてこなかったことである。そこから確たる何かが生まれるような気がしなかったのだ。もしかしたら何の意味もないのかもしれないという疑念が拭えない。そんな疑問を口にして無知だと思われるのを恐れ、初めのうちはほとんどの人が不安を胸にしまい込んでいた。しかし、ポストモダンについての学術的な論考の圧倒的大多数が訳のわからないたわ言だという事実から、しだいに目を背けられなくなっていった。

こうした状況が重大な局面を迎えたのが一九九六年。この年、ニューヨーク大学の物理学者アラン・ソーカルが、ポストモダン系の学術誌『ソーシャル・テキスト』に、「境界を侵犯すること――量子重力の変換解釈学に向けて」と題した論文を投稿した。このなかでソーカルは、現実とは「社会と言語によって築かれた構造物」であって、ポストモダン的科学の発達が「改革志向の政治プロジェクトに対する強力な知的サポート」になると論じた。これは、脱構築派の主張を茶化したものである。科学は社会が構築した「テキスト」なのだから、さまざまな解釈が成り立つというのが脱構築派の持論だったのだ。そこでソーカルは、物理法則そのものも私たちの好きなように変換させられると説いてみせた。要するにこの論文はソーカルのいたずらであって、わざと無意味で辻褄の合わないように書かれている。ところが、その点が『ソーシャル・テキスト』誌の編集チームには伝わらず、自分たちの雑誌にお誂え向きの内容だと考えてそのまま掲載してしまった。

普通であれば、ソーカルの悪ふざけは学術誌の世界に対する攻撃と受け止められただろう。皮肉にも、編集者に見る目がないというのは、脱構築派が「科学は社会的なテキストだ」と主張する際に盛んにあげつらったことだった。しかし、当時の学界にはポストモダンを巡ってかなりの不安が渦巻いていたため、ソーカルのいたずらは学術誌に対してではなく、ポストモダンに対する止《とど》めの一撃とも見なされるようになった

ソーカル事件の影響もあって、哲学者たちの関心はポストモダンから離れていった。そのことは、脱構築の理論を創始したジャック・デリダが二〇〇四年に亡くなったとき、批判的な響きの死亡記事が

掲載されたことからもわかる。『ニューヨーク・タイムズ』紙の見出しはこうだ。「難解な理論家ジャック・デリダ、七四歳で死去」。あれほど多大な影響を与えた人物が亡くなった直後とあれば、もう少し敬意が払われてよさそうなものである。しかし、すでに当時の哲学界は、戦後に自らがポストモダン期を通ったことを深く恥じており、その恥部からできるだけ距離を置こうとしていた。

何が問題だったのかと言うと、意味のないものを排除して意味あるものだけを残すメカニズムが、ポストモダンの内部に存在しなかったことだ。そのせいで、実際に賢くなくても賢こそうに聞こえるだけで学者としてのキャリアを築けるようになってしまった。イギリスの進化生物学者リチャード・ドーキンスは、一九九八年に『ネイチャー』誌に評論文を寄稿し、ポストモダン派の論考がいかに無意味に見えるかを示す例として次の文章を引いている。「ここで明らかなのは、線状につながる意味の連関、もしくは書き手によっては原エクリチュールと呼ぶものと、この多指示的・多次元的な機械状の触媒作用とのあいだには、一対一の対応関係がいっさい存在しないことである。これらの拡張が持つ、尺度の対称性、横断性、非論証的な性質。そのすべての特性が、我々を排中律の論理から離脱させ、先に批判の対象とした存在論的な二項対立を斥《しりぞ》ける我々の立場を裏打ちしている」。こうしたものに数十年取り組んできて、哲学者はすっかり嫌気が差していた。誰だって、こんな文章を読むことに自分の職業人生を費やしてきたら、ソーカルに叩きのめされて倒れているポストモダンにさらに蹴りを入れたくもなるというものだ。

学者にとって、ポストモダンは底なし沼のようなものだった。一度落ちてしまったら、まず間違いなく這い上がれない。もがけばもがくほど引きずり込まれる。しかも、ポストモダンは本質的に独りよがりで、自己満足しているように思えた。たとえばこの章の冒頭で、人気ビデオゲームを引き合いに出してポストモダンの解説をしたことを思い出してほしい。じつはこの行為自体が、非常にポストモダン的である。つまり一見すると無関係な概念を寄せ集めて、それが効果を発揮するのを期待したわけだ。おまけに、高尚になるのも低俗になるのもどうにか免れている。あげくにこの章は、今度は自らについて語り始めた。つまり自己を認識しているということである。このような自己認識を示すことは、本段落が説明の役を担った論点を例証するものであり、それによって本章は自らを正当化し、そのことが本章をいっそうポストモダン的なものにして、自己をさらに正当なものにする。さて、ポストモダンがどうして人を苛立たせるのか、これで読者にもよくわかっただろう。

学問の世界とポストモダンは、たぶん根本的に水と油なのだ。ポストモダンは、自分の外側にある枠組みによって成果を判断されるのを拒む。だが、学問とはまさしくそういうものである。厳密な外部の枠組みに照らして、知識を分類・把握するのが学問だ。だから、ポストモダンが外部の枠組みを拒絶したとなると、学問の世界の根幹に欠陥があると言われているようにも受け取れる。学者たちはそのことによって、顔に泥を塗られたように感じた。ゲーデルの不完全性定理が、論理学志向の数学者の面目を失わせたのと同じである。こうした状況下では、主流の思想が侮蔑の対象へと、あれほど急速に移り変わったのも無理からぬことだ。

だが学問以外の世界では、ポストモダンが文化のなかを広がり続けた。自らが巻き起こしているつまらない論争などどこ吹く風である。その影響を受けた領域の一つが宗教と精神世界だ。すでに見たように、いと高き主が服従の見返りに保護を与え、不服従に懲罰をちらつかせるような信仰のモデルは、個人主義の登場によって徐々に力を失っていた。それに代わるモデル探しがすでに始まっており、こうした状況のなかでは、そのモデルは著しくポストモダン的にならざるを得なかった。

ニューエイジという鏡

一九六〇年代から七〇年代にかけては、人類がまもなく輝かしい「ニューエイジ（新時代）」に入ろうとしているという空気が満ち満ちていた。この空気を端的に表現したのが、『ヘアー』の冒頭の一曲である。『ヘアー』は、一九六〇年代後半の時代精神を映したロックミュージカルだ。「アクエリアス（邦題「輝く星座」）」と題したそのオープニング曲は、「水瓶座《アクエリアス》の時代」の夜明けを祝うものだ。この「〇〇座の時代」というのは何かと言うと、春分の日の日の出に太陽の方角にある一二星座が、時とともにゆっくりと移り変わる現象を踏まえている。一つの星座から次の星座へ移行するのはおよそ二一五〇年周期。二〇世紀が始まったのは、「魚座の時代」が終わりに近づいた頃である。魚座の時代はキリスト教の時代とだいたい重なる。初期のキリスト教が魚をシンボルに用いていたことを思うと、なかなか気の利いた符合だ。だが、魚座の時代はまもなく水瓶座の時代に道を譲ろうとしていて、それを大勢の人が霊的に重要な出来事と捉えた。カール・ユングもその一人であり、一九四〇年は「水瓶座第一星の子午線に我々が接近する年であり、これは〝新時代〟の到来を告げる予震だ」と記している。『ヘアー』が讃えたのはこの思想だ。オープニング曲「アクエリアス」の歌い出しには、占星術の言葉が続けざまに出てくる。月が第七宮に入り、木星が火星と直列すると、愛と平和の時代への扉が開くのだと。じつに素晴らしい筋書きに聞こえるが、あいにくたいした意味はない。イギリスの占星術家でジャーナリストでもあるニール・スペンサーが指摘したように、木星と火星の直列は数か月に一回起こるし、月が第七宮に入るのは毎日のことだ。

ただ、この冒頭の歌詞からは、ニューエイジ運動がどういうものだったかがよくわかる。それは非常に肯定的で創造性に溢れ、胸躍るような新鮮さが感じられるものであり、自由で突飛な服装をした美しい若者たちが熱心な伝道師となった（そしてまもなく服を脱いで裸になるわけだが）。もっとも彼らの言葉は、厳密な吟味に耐えるものではなかった。

そもそもニューエイジ運動は強固な基盤を売りにしていたわけではなかったために、ポストモダンと同様、しばしば嘲りの対象となった。だが、理性で反論して、主張が正確さを欠くなどと指摘するのは、多分に的外れである。宗教や霊性が道しるべとなるのは人間の感情の領域においてであって、知性の領域ではない。たとえばキリスト教では、十字架を重要なシンボルとして用いている。磔刑《たっけい》は鉄器時代のとりわけ恐ろしい拷問の一種であり、その想像を絶する苦しみを象徴するアイコンが十字架だ。このアイコンを見ることで、頭ではなく心で苦しみを理解させようという意図がそこにある。ジョークにしても、事実と異なっていようがいまいが可笑しければジョークとしては成功だ。それと同じでスピリチュアルなシンボルも、感情や心理の面で価値を感じられればそれで立派な効力を持つ。そのシンボルを取り巻く物語が、正確かどうかは関係ない。十字架を眺めて、それが象徴する出来事が本当にあったかどうかを尋ねるのはピントがずれている。

ニューエイジ運動の登場からわかるのは、二〇世紀初頭に物の見方が変化したことによって、自己の感情的側面がじつに大きな影響を受けたことである。こうした運動が起きたこと自体が特筆すべきことだ。というのも、外部からの強制なしに広範囲にわたって大勢の人々の精神世界が変容するというのは、歴史を振り返ってもそうはないことだからである。ニューエイジは、神の崇拝に焦点を置く階級主義的な霊性を拒絶し、一人ひとりの自己に霊的な権威を担わせようとする。これにより、ポストモダンが文化の領域にもたらしたのとほぼ同じ結果が精神世界にも生まれた。そして、相反する多種多様な視点が宣言され、それがひいては、世界の宗教とスピリチュアルな実践を自分の好みに合わせて寄せ集めることにつながった。占星術、道教、シャーマニズム、タロット、ヨガ、天使、環境主義、カバラ（ユダヤ教の神秘思想）、人間性回復運動《ヒューマン・ポテンシャル》、古代の伝統や知恵など、さまざまなものが歓迎された。自分が自己充足した個人であると同時に、より大きな全体の一部でもあることを示してくれるなら、どんなものでも検討に値するものとして候補に上った。ニューエイジャーは自分なりの実践をするうえで、そうしたなかから好きなものを選び取って残りを除外した。こうして彼らは、古今の精神性を売買する市場の消費者となったのである。絶対的に確かなものがあると信じ続けている人々にとって、こうした状況には神経を逆なでされるような不愉快さがあった。

ニューエイジという潮流自体の特色を反映して、そのなかに身を置く人たちは、いくつもの相反する世界観を同時に働かせることが多かった。欧米で太極拳が受け入れられたのがその好例である。太極拳とは中国武術の一種であり、一連の型をゆっくりと流れるような動きで正確に行なっていく。欧米の数々の研究が示すように、太極拳には実際に効果がある。毎日実践すれば、血圧の低下や柔軟性の向上など、心身に数々のメリットをもたらすことが知られている。とくに、鬱や不安、変形性関節炎や線維筋痛症、ＡＤＨＤ（注意欠陥多動性障害）の改善効果があるとされる。

太極拳では、「気」を操れるようになるための訓練をする。「気」とは古代中国で生まれた概念で、生命力の源となるエネルギーのことだ。映画『スター・ウォーズ』に出てくる「フォース」に似ていなくもない。欧米の科学者なら「気」など存在しないと言うだろう。しかし、「存在しないにも関わらず好ましい効果を生む」などという単純な話ではない。太極拳を学ぶ人にとって「気」は紛れもなく本物だ。型を行なっていると、それが実際に体内を巡っているのが感じられるのである。というより、「気」を正しく感じられるようにならないと、適切に体を動かすことはできない。したがって、欧米人が太極拳を始めようと思えば、存在しない何かを操ることが自分の健康につながるという、矛盾を受け入れることが必要になる。

ニューエイジ運動は数々の矛盾に満ちているが、それもたぶん驚くにはあたらない。なにしろ、バートランド・ラッセルほどの知性の持ち主でも、矛盾のない論理と数学の体系を築けなかったような世紀だ。精神の世界に分け入った者たちに向かって、論理的な欠陥をあげつらうのは酷というものである。ニューエイジャーが目指したのは、孤立した個人であると同時に全体の一部であるにはどうすればいいかを会得すること。当然ながら、ある程度の矛盾は避けて通れない。

ニューエイジの運動は、世間のデタラメ発見器に引っかかりやすかった反面、二〇世紀後半の人類が自らの霊性をどこに見出したかを正確に映す鏡でもあった。

なぜ広範な影響を及ぼしたのか

ポストモダンがこれほど多方面で嘲笑の的になると、そもそもなぜこれが生まれたのかを忘れがちになる。批判的な陣営は、ポストモダンがただの恥ずかしい過ちだったとか、反省したらあとは忘れるべき愚かな寄り道だったかのように思わせようとする。だがそうではない。「スーパーマリオブラザーズ」からニューエイジまで、ポストモダンが近現代史にどれだけ広範な影響を及ぼしたかを振り返れば、学者の揚げ足取りからは見えてこないもっと深い理由がこの現象の背後にあったのは明らかだ。

二〇世紀が幕を開けたとき、相対性理論が引き金となって自然科学の世界にパラダイムシフトが起きた。私たちの宇宙観を方向づけていたオンパロスが存在しないこと、そして「宇宙に中心がある」とする発想自体が馬鹿げていることをアインシュタインは認めた。「たった一つの正しい見方」という考え方は、複数の異なる視点に取って代わられた。また、何かを測定したとしても、それが観測者とどういう関係にあるかを明らかにしない限り、意味をなさないことも露わになった。

無理からぬことだが、文化や道徳の多様性まで相対性理論で説明しようとするのを、物理学者は快く思っていない。彼らはきっとこう強調するだろう。アインシュタインは「何もかもが相対的だ」と言ったわけではなく、時空という存在を想定すれば、矛盾する複数の視点が並び立つことを研究で示しただけなのだと。確かにそうだが、肝心な点をはぐらかしているようにも聞こえる。すでに見てきたように、二〇世紀初頭に起きたさまざまな出来事の何が不思議かと言えば、芸術、政治、音楽、科学などの多様な分野がほぼ同時期に似たような飛躍を遂げたことだ。これは、芸術家や思想家がアインシュタインからヒントを得ようとするあまり、その研究を曲解してしまった、というたぐいの話ではない。アインシュタインが一般相対性理論を発表する前から、すでに何人もの芸術家が「観測する側とされる側」の問題に取り組み、複数の視点を一つに集約する方法がないかと模索していた。物理学者が嫌な顔をするのを気にしなければ、アインシュタインはモダニズムの科学者だったと言い切ってもけっして無謀ではないだろう。

二〇世紀が進むにつれ、ハイゼンベルク、フロイト、ゲーデル、ローレンツといった科学者や数学者を通して、オンパロスの存在しないことが確かなものとなっていく。代わって、不確実さや不完全さが強調されるとともに、自己充足して無矛盾のシステムなどあり得ないことが浮き彫りになっていった。また、ピカソ、コージブスキー、ジョイス、リアリーなどの芸術家や哲学者は、人間の精神に分け入ってほぼ同じ結論に達した。彼らが切り拓いた多視点モデルが個人主義を育む土壌となり、クロウリー、ランド、サッチャー、ローリング・ストーンズなどが伝道師としてその個人主義を広めていった。私たちは誰もが他者と異なり、他者から切り離され、自分自身の視点が自分にとっての正しさを持つと考えていた。自身の世界観を「誰にとっても正しい」絶対的なものにしたければ、自分以外のすべての人にその見解を押しつけなければならず、そんなことはヒトラーやスターリンをもってしても実現できなかった。

つまり、自分だけの真実というのは相対的なものである。あらゆる人に同じ方向を向かせるような、絶対的な固定点を私たちは持ち合わせていない。北半球の住民にとって、固定点と呼ぶに最もふさわしいのは北極星であり、人間の一生くらいの期間であれば確かに位置を変えない。だが実際には、その北極星でさえわずかに動いている。

この状況がどれだけ気に食わなくても、相対性をどんなに呪おうとも、そして喉から手が出るほど絶対的な位置が欲しくても、そんなものは存在しないという事実が変わるわけではない。

ポストモダンはけっして、人間の知性が迷い込んだ嘆かわしく愚かな一時期などではなかった。人類がそれまでに学んだことを、正しく総括した運動だったのだ。たとえそれが学者にとっては脱出不能の底なし沼に思えようとも。そして、これが大好きだと言える人間がどこにもいそうになくても。

多モデル型不可知論

ポストモダンはさまざまな領域に広がって巨大な潮流を成していた。しかし、二一世紀の初頭には、あらゆるポストモダン的なものが当たり前のように否定されるようになっていた。不幸にも、ポストモダンへとつながったさまざまな思想までが、その拒絶の対象に含まれてしまった。今現在の私たちの姿勢は、「絶対的なものはもちろんある」だ。真実だってもちろん存在する。ドーキンスはその点について次のように述べている。「私たちは〝文化的相対主義〟というかたちで、同様の、しかしもっと悪意ある挑戦を左派から受けている。これはすなわち、科学的な真実は真実の一種にすぎず、とりたてて特権的な地位にあるわけではないとする立場だ」。ローマ教皇ベネディクト一六世も、二〇〇五年にコンクラーヴェ前の演説でこう語っている。「今日、教育の仕事を阻むとりわけ油断ならない障壁は、私たちの社会と文化に相対主義が蔓延していることだ。相対主義は何物をも確実と認めず、欲望を抱く自己のみを究極の基準とする。それは自由の仮面をかぶってはいても、個人にとっては牢獄となるものだ。なぜなら、相対主義は人と人を隔て、各人を自らのエゴのなかに閉じ込めるからである」。マーティン・ルーサー・キングはこう表現している。「私が今朝ここであなたがたに言いたいのは、世の中には正しいこととと間違っていることが現に存在するということだ。永遠にそうだ。絶対にそうなのだ。憎むことは間違っている。いつの時代も間違っていたし、これからも未来永劫、間違っている」。イギリスの哲学者ロジャー・スクルートンはこんな発言をした。「道徳的な問題を議論する際、ならず者が真っ先に逃げ込むのが相対主義である」。これだけではない。絶対的な真実は確かにあると、新自由主義者も社会主義者も、テロリストも自警団も、科学者もヒッピーも言い切ってきた。確かさへの信仰が一大宗教となっているのがわかるだろう。

あいにく、絶対的なものがどんな形態を取るかは人によって見解がまちまちだ。だが、それが存在するという点には彼らの誰もが確信を持っている。

絶対的な確かさを信じているとはいうものの、確かさが存在する証拠があるわけではない。多くの人が、とりわけ高齢の男性が、心情として確かなものを欲しており、その必要性から絶対への信仰が生じているようにも思える。この結果、二一世紀初頭には、文化に関する議論が「確かさ戦争」とでも呼ぶべきものに成り下がってしまった。絶対的真実が存在するという点ではどの集団も一致していながら、その絶対的真実をどう定義するかを巡って、認識の異なる一派を罵倒して黙らせようとしている。

幸い、本当の意味での絶対主義者は滅多にいない。科学者であるなしに関わらず、たいていの人は無意識のうちに「多モデル型不可知論」の立場を取っているものだ。多モデル型不可知論では、私たちが世界を理解する際に、複数種類のモデルを利用することを認めている。それらが相反するものであっても構わない。多モデル型不可知論者は、あらゆるモデルに同じ価値があるとは見なしていない。役に立つモデルもあればそうでないものもあり、特定のモデルが役に立つかどうかは状況に応じて変わる。だからといって、無数の解釈を追いかけるのは現実的でないからそんな真似はしないが、一つの解釈しかないなどということが絶対にあり得ないのを知っている。また、何かが「本物」ではないと訴えたりもしない。本物をどう考えるかは、文化や言語によって違ってくるものだからだ。本物が存在しないと言っているのではなく、ただ私たちの考え方に欠陥があるのを自覚している。多モデル型不可知論者は、要するにあまり肩に力が入っていない。非現実的で極端な主張をすることはまずなく、だからポストモダン系学術誌の編集には向かないタイプだ。

多モデル型不可知論というアプローチは、科学者なら誰にでもなじみ深いものである。科学の世界には、森羅万象を説明するたった一つの大理論があるわけではない。対立し相反するいくつものモデルが存在し、それぞれが特定のスケール、特定の状況下で効力を発揮する。たとえば、カーナビゲーションシステムがそうだ。カーナビ装置内部のシリコンチップは量子理論を活用しているし、GPS衛星は自らの位置を把握する際にはニュートン力学に、また正確であるためにはアインシュタインの理論に頼っている。量子理論のモデルも、ニュートンのモデルも、相対性理論のモデルも、互いに相容れないものでありながら、それでも衛星ナビゲーションシステムは見事に機能する。

このことを思い煩って寝不足になるような科学者はまずいない。そもそもモデルとは現実を単純化したものにすぎず、もとより不完全なものだからだ。絶対主義的な意味で完全でなくても、私たちが帰り道を見つけるのには何の支障もない。

ところが、そこに見え隠れするかすかなポストモダン臭を避けるためか、相反するモデルの背後にじつは絶対性が隠れているとする傾向が科学界にはある。

つまり、そうしたモデルはどれも確かに欠陥を持っているが、万物を説明できる一大理論が見つかった暁にはそれに道を譲ると考えているのだ。その夢の理論はいっさいの矛盾を含まず、あらゆる物事をあらゆるスケールで解き明かすことができる。カナダの科学ジャーナリスト、ダン・フォークは、二〇〇五年に『万物理論への道――Tシャツに描ける宇宙の原理』（青土社）を発表し、そんな「万物理論」を探し求める科学者たちの奮闘を綴った。なぜこんなタイトルにしたかと言うと、そうした理論であれば、「$E=mc^2$」のようにTシャツのロゴにできるほど簡潔に違いないと信じられているからである。

だが、多モデル型不可知論者にとって、この信念はただの盲信にほかならない。その昔アインシュタインが、量子理論の不確定な性質が気に入らないからそれは間違っていると、誤った思い込みを抱いたのに似ている。もちろん、本当に万物理論が発見されたら、多モデル型不可知論者は舞台から退いてみんなと一緒に祝うだろう。だがその日がまだ来もしないうちから、そうした理論がどこかで私たちを待っていると仮定するのはいかがなものか。今はまだ私たちの世界の外側にあって、データの裏づけもない理論に頼ろうとしていることになる。万物理論が存在するに違いないと科学者が発言するのは、その辺の誰かが神は存在するに違いないと言うのと大差がない。実在したら素晴らしいにせよ、差し当たって私たちは相対主義を崩さず、どちらも未証明の可能性にすぎないと認識するに留めるべきだろう。

ウォーホルの「$」

一九八一年、アメリカのポップアーティスト、アンディ・ウォーホルは、ドルサイン（「$」記号）の連作絵画を発表し始めた。ウォーホルはピッツバーグ出身の芸術家。文化を象徴するアイコンをどぎつい色彩で描き、それをシルクスクリーン印刷で大量生産して一九六〇年代に名声を博した。最も有名なのは、キャンベルスープの缶を並べた一連の印刷作品で、ほかのどんなビジュアルアートよりも戦後の黄金時代の本質を巧みに捉えたものと言える。

一九八〇年代に始まったドルサインの絵画が、ウォーホル最後の作品というわけではない。亡くなる一九八七年まで、この画家はいかにも自分らしい作品を量産し続けた。それでも、とうとうアイデアが尽きた瞬間がドルサインだったのではないかと、つい考えたくなる。八〇年代のウォーホル作品を眺めると、しだいに死への関心を深めていく以外は目新しさはほとんどない。やはり、ドルサインの絵画がいろいろな意味でウォーホルの集大成と言っていいように思える。

ドルサインのシリーズは大判な絵画で、高さ二メートルあまり、幅二メートルほどもある。ギャラリーにどの一枚を飾ったとしても壁一面を占める。真っ白な空間に足を踏み入れて、そこに巨大で鮮やかなドルサインだけがあるというのは、なんとも落ち着かないものだ。初めのうちは何の深みもない作品だと片づけたくなるが、ウォーホルには意図があったのではないかという思いがどうしても拭えない。もしかしたらウォーホルにとって、ドルサインをできるだけ色鮮やかに大きく描く以外にできることが残っていなかったのではないか。ひょっとしたら新自由主義者が正しく、彼らが神と崇めるドルだけが世界で真の力を持っていたのではないか。だとすれば私たちのそばには、効力のあるオンパロスがずっと存在していたことになる。

一九八〇年代、人々が自分を特定の方向に向かせるうえで、確かな指針となるのは金銭しかないように思えた。すでに個人主義と「汝の意志することをなせ」が生活の基本指針となっている。だから、自分の欲望を実現させてくれる力を持つものが何より重要であり、その力が最も凝縮されているのが金銭だった。金があればしたいことができ、なければ思い留まる。本当の意味での信仰の対象となるのが金銭しかないなんて、そんな世界は底知れぬほど恐ろしい。だが、そのこと自体は問題ではなかった。ポストモダンの文化においては、そうした価値判断はすべて主観的なものである。芸術家も思想家も、あるいは科学者も、代替案があれば自由に提起して市民の審判を仰げばいいだけの話だ。ところが実際にはそれができなかったということが、多くを物語っているようだった。

一九九二年、アメリカの政治学者フランシス・フクヤマは、その著書としては最も大きな影響を与えた一冊『歴史の終わり』(三笠書房)を発表した。このなかでフクヤマは、ソビエト連邦の崩壊とともに民主主義と自由経済が勝利を収めたと記している。もはや検討され得る経済体制は資本主義だけであり、正当と認められる国家のあり方は自由民主国家しかなくなった。こうして、私たちの社会はたどり着くべくして最終形態にたどり着いたのだとフクヤマは説いた。これは言ってみれば目的論的な主張であり、したがって宗教に似た性質を帯びている。フクヤマは敢えて予言めいた調子で、伝道師のような熱を込めて、資本主義という名の楽園が永遠の勝利を勝ち取ったという「福音」を高らかに告げた。

こうした時代背景を考えると、ウォーホルのドルサインの意味が完全に腑に落ちる。だとしたら、それが二〇世紀の終着点なのだろうか。本書で紡いできた私たちの物語は、そういう結末を迎えるのだろうか。

幸いにもフクヤマはまったくの思い違いをしていた。今ならフクヤマ自身が真っ先にそれを認めるだろう。フクヤマは当初、アメリカのイラク進攻を支持して新保守主義(いわゆるネオコン)の潮流に身を置いていたが、のちにそれと袂を分かち、二〇〇八年の大統領選挙ではバラク・オバマに一票を投じている。

新自由主義の勝利への原動力になったのは個人主義であり、その個人主義こそが人類の終着点だとフクヤマやサッチャーらはかつて信じていた。だが、実際にはそうではなかった。二〇世紀は過渡期だったのだ。一つの大きな体系には終止符が打たれたものの、まだ次なる体系が始まっていない。過渡期がすべてそうであるように、二〇世紀も暴力と自由と混乱が渦巻く激動の時代だった。古い規則が通用しなくなってから新しい規則が誕生するまでは、何でもありだからである。

新たに到来する時代も、二〇世紀にあれほど賞讃された個人の自由を保ち続ける。ただし、ローリング・ストーンズのたぐいが絶対に欲しがらないものと、その自由を固く結びつけることになる。個人の自由は、それまで一貫して避けてきたものとつながるのだ。まもなく自由は自らがもたらした結果に直面し、そして歴史の新時代が幕を開ける。折しもシリコンバレーの研究施設では、一つのフィードバックループの開発が進められていた。

NETWORK

第15章 ネットワーク● 他者とつながる力の未来

デジタル以後

一九九九年一二月三一日の午前一一時。これから二四時間かけて二一世紀が始まる。少なくとも、イギリスのBBCにチャンネルを合わせて、世界各国が新年を祝うのを見ていた視聴者はそう思った。

グリニッジ標準時の午前一一時はニュージーランドの深夜〇時。首都オークランドでは新年を祝して、ちょうど花火を打ち上げていた。その模様を全世界に中継するのが、軌道を巡る通信衛星である。通信衛星は誕生してまだ三五年ほどしか経っていないのに、すでに当たり前の存在として受け止められていた。二時間後、シドニー湾の絢爛豪華な花火ショーが映し出され、オーストラリア東部に新年が訪れたことを告げる。テレビ中継は続き、時間とともに東から西に向かって世界の主要都市が次々と二〇世紀をあとにしていった。

この日はユダヤ暦で言うと五七六〇年テベット（第四月）の二二日。イスラム暦では一四二〇年ラマダーン（第九月）の二三日。コンピュータのUNIX時間で表わすなら946598400だ。この日に大きな意味を感じるのは、グレゴリオ暦という視点を用いているからにすぎない。

本書の冒頭でも触れたように、厳密に言って二〇〇〇年の元日は新しい千年紀の始まりではなかった。その栄誉に輝くべきは翌二〇〇一年の一月一日である。これを気にした人も少しはいて、新聞に投書したりもしたが、ほとんどの人からは無視された。一九九九年の大晦日が二〇世紀最後の日であってほしいと、この個人の惑星がそう願ったのだからそうなるのだ。すでに一八年前から、ミュージシャンのプリンスが「今が一九九九年であるかのようにパーティーしよう」と歌うのを聞いてきている。だから早くそんな風に滅茶苦茶な大騒ぎがしたくて仕方なかった。この世界に住んでいるのは、車の走行距離計の数字が一度に全部変わる瞬間を見守って、そこに奇妙な喜びを感じるような人たちだ。あと一年だなんて誰が待ちたい？　二〇〇〇が二〇〇一になるより、一九九九が二〇〇〇になるのを見るほうがどう考えたって面白い。かつてのグリニッジ王立天文台のような権威がどこかにあるとは、もはや誰も思っていなかった。こうして、互いの同意に基づいて一九九九年一二月三一日の深夜に二一世紀が始まった。それが皆の望んだことだったのだ。

ロンドンでは大勢の人たちがテムズ河畔に繰り出し、酔っ払って歌を歌っている。二一世紀は白紙のページだ。可能性に満ち溢れて真新しく、まだわずかな汚《けが》れすらないように感じられる。九・一一やテロとの戦いや、世界規模の金融危機が、行く手に待ち受けている気配など微塵もない。河畔で浮かれ騒ぐ人々が心と魂を込めて歌った何曲ものなかに、フランク・シナトラの古典的名曲「マイ・ウェイ」のアレンジ版があった。この歌ほど二〇世紀を象徴するものはほかにないかもしれない。歌詞を見れば「私」のオンパレードで、「私たち」は一つも出てこない。たとえば、「私ははっきりと言おう」「私は自分の人生の話をしよう」「私は確信している」といった調子だ。もちろん、「俺、俺、俺」を前面に押し出した歌は少しも珍しくないが、シナトラの傲然とした歌いぶりがこの一曲を特別なものにしている。「マイ・ウェイ」が発売されたとき、その歌詞は雄々しく響いた。一人の男が、思うがままに生きてきた自分の人生を正面から見据え、そんなことのできる自分がいかに誇らしいかを語っている。だが、二一世紀の扉が開く頃には、その歌詞を別の角度から解釈できるようになっていた。この歌に登場する人物は、自分が何か大きなものの一部であることも、より大きな背景と意味のあるつながり方をしていることも理解などしていない。他者と切り離された一人の男が、生涯を丸々捧げて自身の見方を世界に押しつけようとしてきたことを歌い上げているのだ。

二〇世紀の「マイ・ウェイ」は栄光に満ち溢れた曲だった。葬儀の場でも頻繁にかけられ、故人が良き人生を送ったことを讃えるのに使われた。だが、二一世紀に入る頃には、すでにいささか痛々しい響きが感じられるようになっていたのではないだろうか。

二〇世紀から二一世紀への移行を映す生中継は、単に噴水で酔っ払って新年を祝う連中だけを捉えていたのではない。それと並行して、もう一つの物語が繰り広げられていた。いわゆる「二〇〇〇年問題」である。コンピュータシステムが、日付の変更にうまく対処できるかどうかが懸念されていたのだ。

コンピュータが誕生したばかりの頃はメモリが非常に高価だったため、プログラマーは気の利いたトリックを駆使して手持ちのメモリを効率的に使えるようにしていた。そうしたずるの一つが、年を表わすときに「1963」のような四桁にせず、最後の二桁の「63」だけをメモリに保存するというものである。当然それが二〇世紀の六三年を指すという前提だ。一九七〇年代から八〇年代にかけてはコンピュータが発達した。メモリのコストは取るに足らないものになり、こうしたトリックは必要がなくなる。ところが、コンピュータシステムが新しくなっても、古い時代のハードウェアとソフトウェアをそのDNAに残していることが多かった。そのため、数々の重要システムを動かすコードの奥深くでは、一九九九年の次に一九〇〇年が来るようになっていたのである。

これがどれくらい深刻な問題なのかを見極めるのは難しかった。コンピュータは二〇世紀の半ばにどこからともなく現われ、その後の数十年でほぼすべての仕事を肩代わりするまでになっていた。二〇〇〇年問題がどれほどの影響を及ぼすものなのか、誰にも見当がつかない。考えられる筋書きの一つは世界の破滅である。飛行機は空から落ち、地球全体の金融システムが機能を停止し、原子力発電所はメルトダウンを起こして人類は石器時代に逆戻りする。もう一つのシナリオはたいしたことが何も起きないというもの。この一連の大騒ぎは、プログラマーが残業代上げてほしさにでっち上げたものに違いないというわけだ。これだけさまざまな憶測が飛び交えば、ニュースメディアが放っておくはずがない。さっそく「Y2K問題」という新しい表記を捻り出してみせた。そっちのほうがコンピュータっぽいと思ってのことである。

ともあれ、二〇〇〇年問題を受けて政府や企業は大枚をはたき、二〇〇〇年が来る前に自身のコンピュータシステムをアップデートした。世界全体でこのために六億ドルもが費やされたとする試算もある。二〇〇〇年が訪れても大きな問題が生じなかったとき、世界は安堵の溜息に包まれた。と同時に、残業で儲けたコンピュータエンジニアに一杯食わされたのではないかという疑念を拭えずにもいた。

ただ、Y2K問題を通して、自分たちがどれだけコンピュータに依存するようになっているかを、改めて振り返ることができたのは間違いない。デジタル以前からデジタル以後の時代へと、社会はあっという間に全面移行した。その移行が起きている最中にそれに気づいた者はほとんどおらず、ようやく気づいたときにはすべてが終わっていた。そのため、この革命の最も重要な特徴についてゆっくりと考えている時間がなかった。その特徴とは、すべてのコンピュータがつながっているということである。

二〇世紀前半に子供時代を送った人たちの精神は、当時の個人主義的なサイエンスフィクションの英雄物語によって形作られていた。ヴェルナー・フォン・ブラウンやジャック・パーソンズ、あるいはセルゲイ・コロリョフもそうである。いずれも『フラッシュ・ゴードン』やジュール・ヴェルヌを読んで育ち、宇宙へ旅することを夢見て、大人になってからはその夢を実現することに人生を捧げた。それは容易に叶う夢ではなく、世界大戦というきっかけがなければ成し遂げられなかったものである。宇宙ロケットは、その双子のきょうだいである大陸間弾道ミサイルと一緒に生まれた。そのことが地政学的な影響をもたらした。

広島より前の政治と軍事はチェスのゲームに似ていた。王様《キング》は戦場の後方に控え、実際の戦闘からできる限り距離を置いている。ゲームに勝つには相手のキングを取らねばならない。だから、ほかのすべての駒は、そうした事態を招かないことだけを考えて動く。キングが奪われればゲームは終わり。勝利のために敵を根絶やしにする必要はなく、親玉の首さえ獲ればいい。

このルールは冷戦時代には通用しなかった。その気になれば、最初の一手で即座にキングを奪うことができるようになったのである。キングが前線からどれだけ離れて潜んでいようと関係がない。強力なロケットに核弾頭を搭載して、地球のどこにでも飛ばすことができるからだ。ホワイトハウスだろうが赤の広場だろうがその例外にはならず、簡単に壊滅させることができる。全軍がかすり傷一つ負っていなくても、ゲームに負ける可能性が出てきた。

この結果、階層的な権力構造を見直す必要に迫られる。従来は上位の者が命令を下すと、それが指揮命令系統に沿って下へと伝達されていった。部下はその命令を実行し、進捗状況を報告する。報告は指揮命令系統を上へ上へと伝えられていく。情報は上にも下にも移動することができたが、それ以外の方向に動くことはあまりなかった。

アメリカ軍は冷戦によってもたらされた新たな状況を受け、指揮命令中枢が核攻撃されて事実上首がなくなっても、作戦を続けられるような方法を模索し始めた。たどり着いた答えは、階層構造ではなくネットワークとして情報システムを設計すること。ネットワークを構成するあらゆる部分が、ほかの部分とつながれるようなシステムである。情報が一つの箇所から別の箇所へと伝わるときに、通り道となるインフラが仮にキノコ雲の下で消え失せても、その情報が別のルートを見つけて目的地にたどり着けるようにしておけばいい。

一九五八年、スプートニクに対する直接の反応として、アメリカは国防総省の内部に高等計画研究所（ARPA）を設立した。一九六〇年代に入ると、ARPAは「ARPANET（アーパネット）」と呼ばれるコンピュータネットワークの開発を始める。核攻撃を受けても作戦を遂行できるようにすることが当初の目的ではなかったものの、しだいにそういう目で見られるようになっていった。

ARPANETの基本的な仕組みは、コンピュータ間に流す情報を一定の長さに区切って小分けにすることにある。この小分けにされた単位を「パケット」という。各パケットには目的地を示す荷札がつけられているが、どういうルートをたどるかはあらかじめ設定されてはおらず、途中で遭遇する交通量の多さに応じて決まる。たとえばロサンゼルスからサンフランシスコに向けてメッセージを送る場合、まずメッセージがいくつものパケットに分けられ、それらが同時に出発してネットワークのなかに入る。ただし、すべてのパケットが同じルートを通って目的地に向かうわけではない。喩えるなら、最初は何台もの車両が車列を成して進んでいくものの、交通量の多い交差点に差しかかったらそこで分散し、各車両が別行動を取ってそれぞれが目的地に向かうようなものだ。すべてのパケットがサンフランシスコに到着したら、組み立て直して元のメッセージを再現する。情報の流れる速さはミリ秒（一〇〇〇分の一秒）単位なので、データの一部が大陸の反対側まで迂回したとしても影響はない。

ＡＲＰＡＮＥＴにとって、地理的な要素はまったく関係がなかった。大切なのは、ネットワークを構成する個々のノード（中継点）が、ほかのすべてのノードから接続可能な状態になっていることである。ＡＲＰＡはネットワークの効率や、パケットが迷子になるなどの問題を研究した。やがてＡＲＰＡＮＥＴは、私たちが今日知るインターネットへと進化していく。

一九九〇年代にはインターネットが軍事施設や研究機関を飛び出して、一般市民の家庭にやって来た。これを推し進める重要な要因となったのが、一九九五年にマイクロソフトのＷｉｎｄｏｗｓ95が発売されたことである。その結果、パソコンの販売がビジネスを越えた世界にまで拡大した。一つのソフトウェアの発売が、テクノロジー関係の専門誌以外でニュースになったのはＷｉｎｄｏｗｓ95が初めてである。発売時には大々的な広告キャンペーンが展開され、莫大なコストをかけたコマーシャル映像にはBGMでローリング・ストーンズのヒット曲「スタート・ミー・アップ」が流れた。Windows95はその前身であるWindows3.1より格段に操作しやすく、専門知識もそれほど必要としない。ゲームをするにも遥かに向いていた。

以後はあまりに目まぐるしい進展を見せたため、ほとんどの人はのちになるまで実際に何が起きていたのかに気づかなかった。Windows95から、その後継のWindows98が登場するまでの三年間で、現代とほぼ同じ特徴を備えたインターネットが社会の中央に躍り出た。まだ初期の段階とはいえ、すべての要素がそこにある。

たとえば電子メールも使えたし、IRC(インターネット・リレー・チャット)と呼ばれるチャット機能の一種もすでにあった。ウェブページはHTML言語で記述され、それをブラウザで読む。ディスカッションの場となるコミュニティも存在したし、探し方さえわかればmp3形式の音楽を聞くこともできた。想像に難くないだろうがポルノもたっぷりで、初のオンラインショップも誕生する。さらには、少数の人々が自分の日記をネット上に公開し始めたが、二〇世紀的なプライバシーの観念からするとこれは衝撃的なことに思えた。今でいうブログの走りである。RealAudio(リアルオーディオ)というソフトウェアのおかげで、一九九五年には音声がリアルタイムでストリーミング配信され、一九九七年には動画も続いた。FutureSplash Player(フューチャースプラッシュ・プレイヤー)が開発されると、対話型アニメーションがネット上に登場する。このソフトウェアがのちにAdobe Flash(アドビ・フラッシュ)へと進化した。

「透明性」の波

今の目で見れば、一九九〇年代のインターネットは信じがたいほどに遅く、粗削りである。しかし、私たちが新しい千年紀を迎えた頃には、現在のインターネット技術の背景となる概念はすでにすべて出揃っていた。私たちは、それがどれほどの影響をもたらすことになるかがわかっていなかっただけである。

あらゆるものがあらゆるものとつながり得るのだから、社会を情報がどう流れるかが必然的に変わった。もはや命令が上から下へ、報告が下から上へと進まなくてもよくなったのである。ネットワークを構成するメンバーは誰もが、自分の好きなように情報を流せるようになった。その結果、思いがけず「透明性」という波が生まれる。この波があらゆる公的機関に押し寄せ、それぞれの奥深くに隠された秘密を洗い出していった。

イギリスでこのプロセスが過熱するきっかけとなったのが、下院議員の支出を巡る不祥事である。それまでイギリスの下院議員のあいだでは不正支出が常態化していて、田園地帯の別宅に巡らせた堀を浚《さら》うコストや、一六四五ポンドのカモ小屋を建てる費用に国民の税金が使われてきた。このことが二〇〇九年にすっぱ抜かれて一大疑惑へと発展し、上院でも下院でも議員が停職させられたり、辞任を余儀なくされたり、刑事告発されたりした。このときに発覚した不正の規模は、過去の例に比べれば些細なものが多い。それでもこの事件から透けて見えるのは、市民がいかに権力に不信を抱いているか、そしていかに説明責任を求めているかである。一連の不正支出は、『デイリー・テレグラフ』紙が情報公開法を利用して暴いたものであり、当時は単に優れたスクープ報道と受け止められただけだった。ところが、これがもっと大きなうねりの始まりにすぎないことがまもなく明らかになる。

透明性の波は、社会の重要な機関を軒並み襲った。警察内部の不正も暴かれる。たとえばサウスヨークシャー州警察は、一九八九年にシェフィールドのヒルズボロ・スタジアムでサッカーの試合中に九六人が圧死した事故に関連して、自らの失態を取り繕うために何件もの目撃証言を改竄していたことがわかった。また、一九八四年に炭鉱労働者がストライキ中に暴動を起こして九五人が逮捕された際には、政治的な理由から、逮捕者の不利になるような証拠を捏造してもいた。こんなサウスヨークシャー州警察でさえ、まだしもクリーンに見えるほどひどかったのが、ロンドン警視庁である。一九九三年に一八歳の黒人少年スティーヴン・ローレンスが殺害された事件で、おとり捜査官を使ってローレンスの家族の名誉を傷つける工作をさせていたうえ、記者からたびたび賄賂を受け取ってもいたのだ。

新聞界・電話盗聴事件では、イギリスの新聞社（とくにニューズ・インターナショナル社傘下の新聞社）が組織レベルで不正を働いていた実態が暴露されている。当時、大衆紙『ニューズ・オブ・ザ・ワールド』紙の編集長だったレベッカ・ブルックスは、数名と共謀のうえ司法妨害したとして逮捕された。結局は嫌疑が晴れたものの、これほど影響力の大きな人物が裁判にかけられるを見るのはやはり衝撃的だった。さらには、数十年前からの小児性愛事件が突如として白日のもとにさらされてもいる。とりわけ注目を集めたのが、テレビ司会者などで活躍した故ジミー・サヴィルだ。生前のサヴィルは数十年にわたり、少年少女に性的虐待を加えていたのである。これが発覚したのを受けて警察が大規模な捜査に乗り出したところ、ほかにも大勢の有名芸能人や体制側の有力人物が、性的虐待に手を染めていたことが明らかになる。しかも、虐待の現場となった機関がその事実を隠蔽していたこともわかり、その機関にはＢＢＣや小児病院も含まれていた。

組織の不正を市民が暴くというのは、イギリスだけの現象ではない。カトリック教会は、聖職者による児童の性的虐待を隠していたことが明るみに出たが、その規模たるや、率直に言って想像を絶するものである。銀行業界にもごまかしが横行している。たとえば、複数のトレーダーが自分たちの利益になるよう、ロンドン銀行間取引金利（LIBOR）を平然と不正操作していたことが発覚した。その後も、企業の節税対策から臨床試験の結果まで、果ては国際サッカー連盟の組織運営に至るまで、あらゆる物事の透明性が求められるようになってきている。

二〇〇六年、ウェブサイト「ウィキリークス」が誕生した。当初はペルーの石油会社やスイスの銀行などの不正を告発していたが、やがてアメリカの戦時機密資料や外交公電を公開して、世界の政界に嵐を巻き起こした。どんな公的機関も、透明性の波に突如として呑み込まれるのを避けることはできない。この事実が如実に浮き彫りになったのが、アメリカ国家安全保障局（NSA）の元局員だったエドワード・スノーデンの事件である。スノーデンは安全保障関連の機密文書を一七〇〇万件も持ち出して公にした。そして、NSAやイギリスの政府通信本部（GCHQ）が適切な法的監督もないままに運営されている実態と、ほとんど誰彼かまわずひそかに監視していたことを暴露した。ウィキリークスの創始者であるジュリアン・アサンジと同様、スノーデンもネットワーク文化の申し子である。その文化のなかでは、政府機関が秘密を抱え持っていること自体がそれを暴く立派な理由になる。下院議員の不正支出疑惑のときもそうだが、不正を隠蔽しようとすることが、不正の内容そのものに負けず劣らず大きなダメージをもたらした。二一世紀に入って次から次へと公的機関の不祥事が明るみに出され、その波がついに世界で最も秘密情報が守られているはずの国家安全保障機関にまで及んだのだから、何か重大なことが起きているのは間違いなかった。

この透明性の波を引き起こしたのがネットワークの出現である。以前であれば、たとえばジミー・サヴィルに対して何らかの申し立てがなされたとしても、それはたった一つのデータにすぎなかった。しかもその内容は、サヴィルの名声やキャリアとは相容れないように思える。かねがね噂がつきまとっていたのは事実でも、一個の訴えだけでは関係当局を信じさせるほどの力はない。しかもサヴィルは慈善活動で知られ、大物と見なされていたわけだから、なおさらまともな捜査の対象にはなりにくい。だがネットワーク時代には、たった一つのデータであっても興味をそそられる人間がいれば、グーグルの検索機能を使って、それまではばらばらだったほかのデータを見つけ出すことができる。一人の子供がサヴィルの悪行を主張しただけでは、「何かの間違い」として片づけられやすい。だが、何の関連もない大勢の子供がよく似た訴えをしているとしたら、にわかに状況が違って見えてくる。すると、誰にも信じてもらえないと思って声を上げなかった被害者たちも、進んで名乗り出るようになる。ネットワーク文化の到来とともに何かが変わったことを知っているからだ。

もはやこの手の事件の調査は、報道機関や取締機関が主導する必要がなくなった。興味や恨みのある人間なら誰でも、こうしたばらばらの主張を突き合わせることができる。さらには、同じ問題について語りたがっている他者ともつながれるようになった。たとえば「エブリデイ・セクシズム・プロジェクト」は、女性が日々直面する性差別的な言動をネット上でリストアップしていくプロジェクトだ。こうしたサイトからわかるのは、なおざりにされがちな個々の事例をつなぎ合わせていくと、背後に重大で深刻なパターンが見えてくるということである。

インターネットは分裂する？

今や人は、どこに住んでいようが誰と知り合いであろうが、そんな制約には縛られなくてもよくなった。二〇世紀であれば、エドワード・スノーデンがグレン・グリーンウォルドに接触を図るのは難しかっただろう。なんといっても、スノーデンはハワイ在住のセキュリティシステム分析官。一方のグリーンウォルドはブラジルを拠点にするジャーナリストで、ロンドンの『ガーディアン』紙に寄稿する記事で知られていた。ところがインターネットのおかげで、連絡を取るには何の造作もいらなかった。

階層的な世界では、不正の文化は組織の内部に蓄積していく。情報の流れが制限されているせいで、関与する人間が外部の目に触れることがないからだ。今や情報はあらゆる方向に自由に流れるようになり、そうした不正の風土が白日のもとにさらされる。ウォーターゲートビルへの不法侵入にニクソン大統領が関わっていたことは、二〇世紀には大事件と見なされた。事件を処理するには、膨大な量の新聞報道と法的プロセスを要したものである。現在であれば、この程度のちっぽけな事件はたいした問題ではない。なにしろ公的機関の汚職事件は山ほどあって、報道機関や取締機関はあっぷあっぷしているのだ。

二〇世紀の個人主義によって、私たちは個人の自律と自由を手にした。それは二一世紀になった今も失われたわけではない。何が変わったのかと言えば、自分の行動がもたらした結果を避けて通れなくなったことだ。その点をまざまざと示す事件が、二〇一〇年八月にイギリスのコヴェントリーで起きている。四五歳の女性が、路上で足を止めて塀の上の猫を撫でていたときのこと。ふと魔が差したのか、自分でも説明のつかない感情が湧いてきて、女性は猫を掴んでゴミ箱のなかに落とした。この一部始終が防犯カメラに映っており、その動画がインターネット上に拡散すると、女性の身元はたちまち割れた。女性は起訴され、仕事を辞めざるを得なくなり、世界中の怒りと憎しみを一身に浴びることになる。フェイスブックでは「ヒトラーより恐ろしい」とまで非難された。これが二〇世紀だったら、こうしたことは何一つ起こらない。女性はゴミ箱から離れて、そのまま何食わぬ顔で生活を続けていけただろう。女性の行動からは何の結果も生じなかったはずだ。もちろん、猫の身に降りかかる結果は別だが。

ネットワークは、社会を巡る情報の流れ方を変えただけではない。私たちの文化にいくつものフィードバックループを置いた。自分の行為が人を苦しめたり怒らせたり、人に嫌悪を抱かせたりしたら、私たちはそれを知ることになる。かつては神や主人の懲罰を恐れて行動を律したものだが、今では大勢の人々の非難の嵐にさらされて身の振り方を改める。それでも、社会のなかでどういう道を通るかはまだ個人が自由に選ぶことができ、その自由度は皇帝の時代には絶対に叶わなかったものなのは間違いない。ただ、自分の選択に対しては責任を負わなくてはいけなくなった。これは、自由意志を徹底的に擁護する人々にとってはありがたくない話である。猫をゴミ箱に捨てるのは私たちの自由であって、そこにいかなる制約も加えられるべきではないと考えているからだ。だが、社会全体にとってはたぶん好ましい傾向だろう。

率直に言って、他者が何を考えているかがここまでオープンにされることには、ショックを禁じ得ない面もある。二〇世紀に成人になった人間は、ネット上で日々これほどまでの皮肉や残酷さや、憎悪に満ちた差別発言と遭遇することに慣れていない。そうした負の感情をネットワーク自体が増幅し、その反響効果で人々の対立を深めていると懸念する声は多い。反面、精神のネガティブな側面が明るみに出される度合いが増すにつれて、私たちはそれをあるがままに受け入れ、理解し、気づけるようになった。オンラインで育った若い世代はただ肩をすくめ、「悪く言う奴は何だって悪く言うものだ」という姿勢で、負の感情に吸い込まれるのを冷静に避けることができる。

こうした状況に歯止めをかけ、情報の流れを遮断しようとする動きがある。中国共産党やイスラム諸国、さらにはアメリカの企業など、さまざまな組織がインターネットを部分的に規制しようとしてきた。注目すべきは、それらの組織がすべてトップダウン型の階層的な構造を持つことである。自由にアクセスできて、どんなデータを運んでいようと関知しないというのが、インターネット本来のあり方だ。だが、もしかしてそれは、長くは続かないものなのかもしれない。かつて海洋は自由で、法律の縛りがなかったが、一八世紀に入ると皇帝たちの利益にかなうよう国際法や規制の対象となった。同様に、今あるかたちのインターネットはこの先バルカン半島化し、コントロールされた個別のネットワークへと分裂する可能性もある。

そういう未来が待っているのかどうか、現時点では定かではない。ネットワークを規制しようとする試みは、ネットワークの持つ透明性によって暴かれている。そのことが、コントロールしようとする側の正当性を減じる方向に働く結果にもつながっている。規制の動きをカムフラージュして、組織に秘密を押しつけたりすれば、組織内部の情報の流れはかならず変化する。それが組織の効率を低下させ、最終的に組織を傷つける。透明性の波を避けるのは容易ではないだろう。

他者の影響

この惑星に住むすべての人が、一個一個の光の点だと考えてみてほしい。夜空に散る星々のようなものだ。二〇世紀の幕が開く前の私たちは、この光の点々に窮屈な体制を押しつけ、点と点をつないで神や皇帝を頂点とする階層構造を作り上げていた。私たちはこの体制を通して自分が何物かを知り、自分の位置を決めた。この体制は数千年のあいだ続いた。不当で不公平だったかもしれないが、安定していたことは間違いない。

二〇世紀の始まりとともにその体制は崩れ去った。つながれていた光の点は解き放たれ、すべてがそれぞれの視点を持ったまま自由に漂うようになる。これが、個の寄り集まった相対的なポストモダンの世界だ。アレイスター・クロウリーの言葉を借りるなら、そこでは「男も女も一人ひとりが一個の星」なのである。これこそが、混沌たる二〇世紀の最も輝かしい特徴だったと言える。切り離されていて不協和ではあれ、人を奔放にし、束縛から解放した。

ところが、自由に漂っていた光の点には、思いがけないときに新しい体制が押しつけられることになる。デジタル技術が個々の点を結びつけ、ほかの誰とでもつながれる状態を作ったのだ。フィードバックループが生まれ、結果が感じられるようになる。もはや私たちは、単なる個人とは呼べない存在になった。他者とどの程度つながっているか、どれくらい他者から一目置かれているか、そしてどれほど他者への影響力を持っているか。そういった要素を新たに考慮しないと、何が起きているかを説明できなくなったのである。

金銭はいつの時代も重要だった。しかし、それがたった一つの重要なものとされていたのは二〇世紀だけである。それまではつねに、騎士道精神や義務や名誉といった社会通念があって、金銭だけではなし得ない圧力を個人に及ぼしていた。二一世紀になり、再びそうした状況が戻ってきている。今や金銭は、私たちのスキルや行動が生み出す一つの要素でしかなく、他者とのつながり、他者からの好意、他者への影響、他者からの評判と同列に捉えられるものになったのだ。

ニューエイジャーは自分自身を、個人であると同時により大きな全体の一部であると見なしていた。それと同様に今の私たちは、自分が何とつながっているかが自分自身の重要な一部だと認識するようになっている。目標を達成できるかどうかもそれによって左右される。数千人とつながっている人は、たった一人では実現できないようなことをやってのける。ネットワーク世代が、イヤホンの生み出す自分だけの空間に閉じこもったまま通りを歩いている姿は、他者と切り離されて孤独であるように見えるかもしれない。ところが、その同じ人間が一瞬にしてフラッシュモブ〔インターネットで呼びかけた日時・場所に有志が集まる即興パフォーマンス〕に加わることができるのだ。以前ならあり得なかったような方法で。

アメリカの社会物理学者アレックス・ペントランドはこう指摘している。「今こそ、合理的な行動を生む単位が個人だという虚構をかなぐり捨て、合理的行動がおおむね周囲の社会構造によって規定されることを認めるべきときだ。私たちは市場における個別の行為者などではない。他者と手を携える協力者として、何が公益にかなうかを決めているのだ」。ペントランドとその研究チームは、追跡ソフトウェアを搭載したスマートフォンをいろいろなコミュニティに配布し、大人数のグループが日々大量のデータをどうやり取りしているかを調べた。その結果、さまざまな問題（収入、肥満、選挙など）を解決するうえで最も重要な要素は、個人の自由意志ではなく他者の影響であることがわかった。つまり、ドーナツを食べるべきか否かを決めるうえで最も大事なのは、意志の力でも心掛けの良さでもなく、同じ職場のみんなが手に取ったかどうかなのである。この発見について、ペントランドはこう記している。「新しい行動を自分も取り入れるか否かを判断するうえで、最大の要因は仲間の行動だった。言葉を換えるなら、この暗黙の社会学習が及ぼす影響は、あなたの行動に対する遺伝子の効果や、学業に対する知能指数の影響にほぼ匹敵するくらい強い」

似たような話は、乳幼児の発達と脳神経に関する研究からも浮かび上がっている。赤ん坊は、生まれながらに言語や論理を身につけているわけではないし、社会でのふるまい方を理解しているわけでもない。そうした技術は他者から学ぶようにできている。生後およそ六か月以降というのは、他者とのやり取りの仕方を理解するうえで重要な時期であり、その時期に他者から引き離されると（ニコラエ・チャウシェスクの独裁政権下におけるルーマニアの孤児のように）、他者とのつながりを二度と取り戻すことができない。言ってみれば、「他者なんかいらないんだ」と自分に言い聞かせられるほど私たちが成長するためには、他者の存在が必要なのである。

私たちの行動を振り返ってみると、他者との関わりを勘定に入れて初めて理解できる部分が少なくない。たとえば、笑い声は人と人を結びつけ、集団内の絆を強くする働きがある。この奇妙な音を出す行為を進化が与えてくれたのは、それが私たち自身の直接的な利益になるからではない。それを思うと、インターネット上にこれほどユーモアが溢れているというのは注目すべきことである。

私たちは自分が、合理的な決断をする単一の存在だと考えている。しかしそれは、心が見せるまやかしにすぎないことを神経科学者は指摘してきた。脳波を測定する実験から明らかになったのは、ボタンを押すといった行為につながる心的なプロセスが、ボタンを押すという決断を脳が意識するかなり前に始まっていることである。これでは、合理的な個人が自由意志を行使しているとは言い難い。私たちの心は自由に意思決定をしているというより、むしろ偏った政治コメンテーターに近い。無意識のうちに起こした行動に対して、あとから都合のいい解釈を与えているのだ。カナダ生まれのイギリスの心理学者ブルース・フードはこう書いている。「私たち自身が経験したと感じているものは、脳が作り出した一個のモデルにすぎない。さまざまな要素が齟齬なく統合された、まとまりのあるモデルだ。そういうモデルを通さなければ、生きているあいだ中私たちの五感を襲ういくつもの経験を理解することはできない」

生物学の世界では、「個体」という言葉を定義するのがしだいに難しくなってきた。人体を例に取ってみても、その体内にはヒト以外の細胞が山ほど存在し、その数はヒト自体の細胞の一〇倍近くにもなる。免疫系であれ消化器系であれ、人体の仕組みを正しく理解したいなら、その両者の相互作用を突き止めなければ不十分だ。つまり、一人の人間を調べるには、その人間以外の何かを調べるしか手がないのである。

個人主義の思想のせいで、「自分の意志で動く他者と切り離された存在」として自己を捉える見方が私たちにはしみついている。だがそうした定義では、生物としてのヒトも、社会的動物としての人間も、あるいは私たちの心理や感情や文化も正しく説明できない。二〇世紀に大人になった者たちにとって、このことを受け入れるのは難しい。自由な個人であることを何より重視する政治信条の持ち主ならなおさらそうだ。個人主義を奨励することが、自分のアイデンティティの根幹に関わる問題であり、絶対に守らねばならないものだと信じる人はいる。なんとも皮肉な話だ。なぜって、その考え方はどこから来たのだろうか。自分自身で編み出したもの？　自分だけの専売特許？　いや、たいていの思想がそうであるように、それもまた通り過ぎていくだけのものなのである。

デジタル・パノプティコン

一八世紀末、イギリスの哲学者ジェレミー・ベンサムが、「パノプティコン（一望監視施設）」と呼ばれる新しいタイプの刑務所を設計した。中央に看守塔を置き、それを囲む円周に沿って独房を配置する。さらには独房の扉を工夫することで、囚人からは看守塔が見えないようにする。おかげで、看守がたった一人しかいなくても、誰でも好きな囚人を監視することができた。ということは、看守が誰か一人の囚人に注目しているときには、ほかの囚人は全員、監視の対象から外れていることになる。しかし、看守がどの囚人に目を向けているかを知るすべがないため、つねに自分が見張られているという前提で行動しなくてはならなかった。ベンサムにとって、パノプティコンのメリットは効率にあるのではない。絶えず見られているかもしれないという状況を作り出して、囚人の意識に影響を与えられることにあったのだ。

一九九〇年以降に生まれたデジタル世代は、集団内に作られた一種のパノプティコンのなかで成長してきた。それが彼らの行動様式を変え、その変わり方が親の世代にはなかなか理解できない。たとえば若者が「自撮り」に熱中するさまは、古い世代の目にはただのナルシシズムに映る。しかし自撮りの目的は、自分が自分の思う通りの自分であることを確認することだけではない。自撮りの写真は他者から見られるのを前提としており、それを他者に披露することでネットワーク内の結びつきが強くなる。自撮りの文化が、二〇世紀的な個人主義が生んだものに思えるとしたら、それは二〇世紀的な目で見ているからだ。自撮り写真は共有されて初めて意味を持つ。

サルトルが一九四三年に発表した哲学書『存在と無』(筑摩書房)のなかに、「まなざし」と題したセクションがある。ここでサルトルは、「他者」という存在が持つ性質を哲学的に考察するため、一つの場面を想定した(アインシュタインの相対性理論がもたらした複数の視点をうまく利用している)。その場面のなかでは、一人の人間が別の人間を部屋の鍵穴から覗いている。相手は見られていることに気づかず、覗いている人間はその行為にすっかり没頭している。すると突然、第三の人物が背後の部屋に入ったことに気づき、今度は自分が見られたことを知る。サルトルの主眼は、自己が他者に見られる対象となることがどういうものかを明らかにすることにあった。だが注目すべきは、見られているのに気づいたときの様子をサルトルがどう描写したかである。サルトルは、見られることによって恥ずかしさの感情が生まれる、と書いたのだ。

これをデジタル世代と比べてみれば、違いは歴然としている。ためしに、音楽祭の観客の様子を映した映像を見て、テレビカメラを向けられているのに気づいたときの反応に注目してほしい。彼らは決まって狂喜する。サルトルが指摘したような恥の感情など微塵もない。同様に、この世代の若者がソーシャルメディアを愛していることにも、ネット上のプライバシーに無頓着であるように思えることにも、その恥ずかしさは感じられない。だとすれば、サルトルの時代と現代とでは、文化によって刷り込まれる自己観というものがどこか変わったのだ。

ミレニアル世代は今、他者から注目されることで得られる力を手にしようと、世界中の人々と競い合っている。しかし彼らは、そうした場所に到達するには協力することが最善であるのを知っている。この世代は、誰に言われるでもなくゲーム理論の教訓を自分のものにしてきた。それは、一九八〇年代の人間には絶対にできなかったことだ。ミレニアル世代は、結果やつながりについて祖父母の世代より遥かに深く理解している。会社はいまだにないがしろにしているものの、彼らにはフィードバックループの大切さがわかる。この世代の人々が団結するとき、オキュパイやアノニマスのようにリーダーのいない構造を作るのはけっして偶然ではない。彼らが慣れている考え方で行けば、人々は特定の目的のために集まり、終わったら解散する。だから、「組織」と呼んでも何らおかしくないものを彼らが築いたとしても、それに正式な名前すらつけないことが多い。

現実政治的《レアルポリティーク》な個人主義の時代

過去の大規模な多国籍企業は、新しい発明をし、限られた天然資源をコントロールすることを事業の土台に据えていた。一方、もっと新しい時代の大企業、たとえばグーグルやフェイスブックなどは、一人の人間が椅子に座ってプログラムを書くことで誕生している。プログラミングは、実体のある物質を扱うわけではない。情報や指示といった、形のないものを操作する作業である。その言語や文法には形式や構造が存在するとはいえ、プログラミングにはつねに芸術や魔法の匂いがつきまとってきた。読み書きには、時間と空間を越えて情報を伝える力がある。だが、その情報はいわば凍っているも同然で、それ自体がただちに何かをすることはできない。プログラミングは、生きている言語で文章を綴るようなものだ。綴られたテキストは自らに働きかけ、作者が意図した通りの作業を実行する。プログラミングコードは疲れを知らず、驚くほど正確だ。魔法をかけられた言語なのだ。

人間はいつの時代も変化を余儀なくされてきた。しかし、どういう方向に向かってどのような変化をするかについて、私たちにどうこうできる余地は少なかった。プログラミングは情報を伝えるだけでなく、伝える情報に自らが働きかける。そのおかげで私たちは大きな力を手にすることができ、結果的に変化のスピードは劇的に速くなった。しかし、変化を方向づける力を得ることで、責任の問題が浮上する。責任を担う以上、私たちは「何をしようとしているのか」という目的を考えざるを得ない。これは、まったくの偶然や自然選択には必要のなかった心配事だ。

錬金術に「ソルヴェ・エト・コアグラ（ソルヴェとコアグラ）」という言葉がある。「ソルヴェ（Solve）」とは、還元主義や分解のプロセスを指す。つまり、それ以上小さくできない要素にまで物質を解体していくことだ。『易経』なら、二三番目の卦《け》である「剝《はく》」がこれあたる。たとえば懐中時計をばらばらに分解して、仕組みを完全に理解するようなものだと思えばいい。そして、この作業を行なわなければ、同じくらい重要なもう一つの段階には進めない。それが「コアグラ（Coagula）」だ。コアグラは、ばらばらにした懐中時計を再び組み立て直し、欠陥のない（少なくとも前より改善した）状態にすることを言う。ソルヴェが還元主義的ならコアグラは全体論的であり、ソルヴェの分解に対してコアグラは目的を持った統合のプロセスだ。

文化の面で考えると、二〇世紀の個人主義は、ソルヴェのプロセスをどこまでも推し進めていった当然の帰結と言える。すべてが他者と切り離され、切り離されている状態にあってこそ理解ができた。

ネットワークはコアグラのプロセスを可能にする。だから、物事は再び結びつけられつつある。ただしそれは、ソルヴェより前の時代にはなかった透明性と分別を備えている。自由がないわけではなく、個々の要素を再編すればまた「スーパーマリオブラザーズ」のような型破りのポストモダン文化を生むことができる。ただし今度はそれを、目的と意図をもって行なえる。以前はたぶんその二つが欠けていたのだ。

だからといって、過去の階級主義や二〇世紀の個人主義が死に絶えたわけではもちろんない。古い考え方はどれもそうだが、大人しく退場するのを拒むばかりか、自らを脅かすものを破壊しようとする。会社は依然として、富を貪り食う機械と化している。政界と財界は、世界中の科学者たちの叫び声に相変わらず耳を貸さない。西側世界以外の国々、とくにイスラム諸国は、階層的なモデルを拒否してこなかった。そのため、自由な個人主義という緩衝材なしにネットワークの到来を迎えてしまい、それにうまく対処できずにいる。イスラム国《イスラミック・ステート》（ＩＳ）やアルカイダのような組織は、ネットワークの技術と構造を利用していながらも、階級主義的で絶対主義的な世界観を捨てていない。彼らは個人主義というつらい時代を経験していないので、自分と違う物の見方をする人とどう向き合えばいいかを学んでいないのだ。そう考えると、世界がネットワーク化された今もなお絶対主義的な視点からの暴力が絶えないのは、避けがたいことなのかもしれない。

ネットワーク化された体制は今、試されている。強くなければ生き残れない。うまく生き残れるとしたら、この先どれだけ続いていくことになるだろうか。もしかしたらネットワークは、私たちが自分のありようを決めるモデルとして、帝国主義体制と同じくらい長く命脈を保てるかもしれない。そうなったとしたら、結果を顧みない個人が自由に漂っていた時代は、歴史のなかではほんの一瞬にすぎなかったことになる。息を吸ってから吐くまでの、ごくわずかな間《ま》だ。つまり、二〇世紀はじつに珍しい時代だったことになる。人類が束の間、その最悪の姿と最良の姿を見せた瞬間。「面白い時代を生きられますように」という、中国由来とされる呪いの言葉〔「面白い」という言葉に「多難で激動の」という皮肉なニュアンスを込めている〕が、これほど当てはまった時代はほかにないだろう。

二〇世紀に大人になった世代は、先行きを悲観しがちだ。ネットワークの自由を勝ち取るために闘うなど、無駄なことに思える。所詮、一握りのエリートだけが巨大な力を得て、ほかの全員が力を失うような体制が厳然としてできている。そんな状態で、格差の拡大に終止符を打って持続可能な世界を築くなど、どうすればできる？　強大な力を持ったＮＳＡやフェイスブックのような組織から、私たちが身を守るすべなどないではないか。奴らは自分たちの利益のために、私たちの生活や個人情報を監視しているのだ。

だが、ミレニアル世代は階層的な組織を違う目で見ている。そうした組織が正当なものだと、考えもなしに決めつけるような真似をしないのだ。世界がネットワーク化された現代にあっては、正当性を謳いたければそれを裏づける理由を示さなくてはならない。もはや、当然のこととして鵜呑みにしてはもらえないのだ。階層的な組織に力があるのは間違いないにせよ、正当性を持たない限り全能にはなれない。スイスのネスレ社がいい例だろう。発展途上国で粉ミルクを販売したことに関し、彼らに最も大きな打撃を与えたのは司法ではなかった。民衆の反応だ。ネットワーク時代には、こうした民衆の不満が爆発的に増幅される。一九七〇年代や八〇年代では考えられなかったほどに。

ポストモダン的な世界では、物事は他と切り離された状態でもそれ自体で意味をなした。ネットワークの世界では、すべてのものに前後関係や文脈がある。そういう世界をうまく進んでいくには、複数の視点を持つことが役に立つ。ネットワーク時代とは、現実政治《レアルポリティーク》的〔理念・先入観などに囚われずに、状況に応じた合理的な道を目指す〕な個人主義の時代なのだ。すでに見てきたように、システムのふるまい方は規模に応じて変化する。そのことが何より当てはまるのが、ネットワークの成長だ。

気候科学が説くことを曇りのない目で眺めたら、二一世紀は西側諸国の文明にとって最後から二番目の世紀になりそうに思える。なんとも困ったことだが、現在の傾向がこのまま続けばきっとそうなる。しかし、いずれは予期せぬ出来事や思いがけない発見があって、それが希望の種となるかもしれない。

さらには、二一世紀に生きる市民の特徴も考える必要がある。彼らが二〇世紀の個人と何ら変わらないのであれば、先行きにはほとんど期待が持てない。だがそうではないのだ。プライバシーがないことに古い世代が恐怖を抱いても、若者たちは「理解できない」とでも言いたげに肩をすくめる。そのことからもわかるように、生まれたときからパソコンがあった世代は、個人主義だけで自分を規定しようとは思っていない。個人主義というモデルに制約がありすぎるのを知っている。孤立した個を超えた存在が彼らなのだ。古い世代とは自己の捉え方が異なるのだから、彼らの行動の仕方も自ずと違ってくるだろう。一九九〇年代より前に生まれた私たちは、邪魔をせずに道を譲って、彼らの幸運を願うべきなのかもしれない。

ネットワークは首のない神だ。魂を分かち合う場だ。もうオンパロスはいらない。

振り落とされぬよう、しっかり掴まっておけ。

謝辞

計り知れぬほど貴重な手助けをしてくれたことに対し、以下の人々（順不同）に山ほどの感謝を。

ジョアン・マロン、ジェーソン・アーノップ、CJ・ストーン、スティーヴ・ムーア、アラン・ムーア、アリステア・フルイッシュ、ビー・ヘミング、ゾーイ・ロス、シャードコア、サラ・バラード、ジェニー・ブラッドショー、ゾーイ・パグナメンタ、ナタリー・グリンドルズ、リンダ・ショーネシー、ホリー・ハーリー、ゼンブレッツ、アリス・ウィットワム、マーガレット・ホールトン・エイミー・ミッチェル、ジョアン・ホーンズビー、リアン・オリヴァー、イラリア・タラスコーニ、ジョン・マーチャント、ジェイミー・リード、そしてマーク・ピルキントン。

◉第１章　相対性：世界のヘソが消えた

1894年のグリニッジ王立天文台爆破未遂事件については同天文台のウェブサイト（*Propaganda by Deed: The Greenwich Observatory Bomb of 1894*, ROG Learning Team, www.rmg.co.uk）を、当時の天候については英気象庁の月次気象通報アーカイブをそれぞれ参照した。コンラッドの文章は、氏の小説 *The Secret Agent*（『密偵』土岐恒二訳、岩波書店）からの引用である。「未来は均等に行き渡っていないだけ」というのは、ウィリアム・ギブスンが数々のインタビューで語ったことであり、1999年11月30日放送の米公共ラジオ（NPR）番組 *Talk of the Nation* での氏の発言もその一つだ。

一般にケルヴィン卿のものとされる言葉は、卿が1900年に英国科学振興協会で行なった講演のなかで語ったものと言われている。アルバート・マイケルソンの発言は、氏の著書 *Light Waves and Their Uses* の p.23から引いたもの。また、マックス・プランクがフィリップ・フォン・ヨリーから受けた助言は、Alan P. Lightman 著 *The Discoveries: Great Breakthroughs in Twentieth-Century Science* の p.8に引用されている。H・G・ウェルズのエッセイ 'Anticipations: An Experiment in Prophecy' は、1901年6月に *North American Review* Vol. 172, No. 535, pp.801-826に掲載されている。

アインシュタインの生涯については、主に Walter Isaacson による素晴らしい伝記 *Einstein: His Life and Universe* を参考にした。アインシュタインからコンラート・ハビヒトに宛てた手紙の文面（本書 p.27）と、章末のハイム・ヴァイツマンの言葉（本書 p.41）も、同書から引用した。

相対性理論自体に関する本章の解説は、アインシュタイン自身の著書 *Relativity, the Special and the General Theory: A Popular Exposition*（『特殊および一般相対性理論について』金子務訳、白揚社）を何度も何度も読み返した末にたどり着いたものだ。ポツダム広場がトラファルガー広場になり、さらにそれがタイムズスクエアへと変わる過程は、ドイツ語での原書（1917年）、英訳版（1920年）、およびプロジェクト・グーテンベルクの電子書籍で確認できる。

◉第２章　モダニズム：割れた視点

エルザ・フォン・フライターク＝ローリングホーフェン男爵夫人に対して近年関心が高まっているのは、2003年にカナダの研究者 Irene Gammel による伝記が刊行されたことと、2011年に男爵夫人の書簡と詩が発表されたことに拠るところが大きい。男爵夫人の生涯に関する本章の記述は、その Gammel の伝記 *Baroness Elsa* をベースにしている。ジョージ・ビドルの前でした男爵夫人のパフォーマンスは同書の pp.201-2に、またデュシャンの記事の切り抜きを使った即興パフォーマンスはやはり同書の p.173に記されている。男爵夫人に対するデュシャンのコメントは、Kenneth Rexroth 著 *American Poetry in the Twentieth Century* の p.77から引いた。

デュシャンの作品に関する本章の記述は、2013年にロンドンのバービカ

ン・センターで開催された展示会 *The Bride and the Bachelors: Duchamp with Cage, Cunningham, Rauschenberg and Johns* に触発されたところが大きい。『泉』に対する評価についてさらに知りたければ、2004 年 12 月 1 日付 BBC News の記事 'Duchamp's Urinal Tops Art Survey' を参照のこと。ジャスパー・ジョーンズの賛辞は、Pierre Cabanne 著 *Dialogues with Marcel Duchamp*（マルセル・デュシャン、ピエール・カバンヌ『デュシャンは語る』岩佐鉄男・小林康夫訳、筑摩書房）の pp.109-10 から引いた。芸術における鑑賞者の役割についてのデュシャンの言葉は、1957 年にテキサス州で開かれた米芸術連盟大会の講演 'Session on the Creative Act' のなかで氏が語ったものだ。エリック・リーヴァイが「主音のない奈落」と発言したのは、2013 年 2 月 12 日放映の BBC チャンネル 4 の番組 *The Sound and the Fury: A Century of Music* のなかである。*Ulysses*（ジェイムズ・ジョイス『ユリシーズ』柳瀬尚紀訳、河出書房新社）がダブリンを余すところなく描き出そうとしたことについては、Frank Bugden 著 *James Joyce and the Making of Ulysses*（フランク・バッジェン『『ユリシーズ』を書くジョイス』岡野浩史訳、近代文芸社）の第 4 章でジェームズ・ジョイスが説明している。ル・コルビュジェの言葉は、1925 年の氏の著書 *Urbanisme*（『ユルバニスム』樋口清訳、鹿島研究所出版会）から引用した。「自らの永遠性を失う」というジョイスの言葉は、Richard Ellmann 著 *James Joyce*（リチャード・エルマン『ジェイムズ・ジョイス伝』宮田恭子訳、みすず書房）から引用した。*Harper's* 誌の Max Eastman によるインタビューにジョイスが答えた言葉も、出典は同書である。

「至高体験」に関するコリン・ウィルソンの発言は、氏の著書 *Super Consciousness: The Quest for the Peak Experience* の p.171 が出典である。ウィリアム・ブレイクの言葉は、Thomas Butt に宛てた 1802 年 11 月 2 日付の書簡から取ったものであり、Geoffrey Keynes 編 *The Letters of William Blake* にその書簡が掲載されている。溶けたカマンベールチーズから着想を得たとするダリの主張は、氏の自伝 *The Secret Life of Salvador Dalí*（『わが秘められた生涯』足立康訳、新潮社）の p.317 に記されている。フリードリヒ・ニーチェの言葉は、氏の著書 *Human, All Too Human*（『人間的、あまりに人間的』池尾健一訳、筑摩書房）からの引用である。

●第 3 章　戦争：帝国の崩壊とテクノロジー

ジョシュア・ノートンの生涯に関する詳細とグレッグ・ヒルの嘆きの言葉は、Adam Gorightly 著 *Historia Discordia* を参照した。社会が帝国へと変化していく過程についての人類学的な考察は、ジャレド・ダイアモンド著 *Guns, Germs and Steel*（『銃・病原菌・鉄』倉骨彰訳、草思社）に詳しい。「見知らぬ人間を殺さないように」というダイアモンドの言葉も、同書の p.273 からの引用だ。

ジョー・アームストロングの言葉は、帝国戦争博物館による *Voices of the First World War* シリーズのインタビュー音声（http://www.1914.org/podcasts/podcast-8-over-by-christmas/）から取った。クリストファー・クラークの文章は、氏の著書 *Sleepwalkers*（『夢遊病者たち ── 第一次世界大戦はいかにして始まったか』小原淳訳、みすず書房）の p.562 および

p.561 からのものである。大公暗殺事件の詳細については、Tim Butcher 著 *The Trigger* を参考にした。

◉第４章　個人主義：男も女も一人ひとりが一個の星

アイワスやアイワスの声に関するアレイスター・クロウリーの描写は、氏の著書 *Magick*（『魔術――理論と実践』島弘之ほか訳、国書刊行会）（p.427 および p.435）から取ったものである。カイロ滞在中のクロウリーに関する記述は、主に Lawrence Sutin 著 *Do What Thou Wilt* の第４章を参考にした。クロウリー著 *The Book of the Law*（『法の書』島弘之・植村靖夫訳、国書刊行会）からの３つの引用文は、それぞれ第３章 60 行、第１章３行、第２章 23 行に記載されている。

ダン・ニールの文章は、2011 年７月１日付 BBC News の Tom Geoghegan による記事 'Is the British roundabout conquering the US?' から引用した。アイン・ランドの中編小説 *Anthem* の文章は、第 11 章から取ったものである。クロウリーの書簡は 1947 年３月 26 日付で Ethel Archer に宛てたものであり、Anthony Clayton 著 *Netherwood* に引用されている。*The Satanic Bible* の売上に関する情報は、Chris Mathews 著 *Modern Satanism* を参考にした。自分の作品は「アイン・ランドに装飾を施したもの」にすぎないというラヴェイの発言は、Jesper Aagaard Petersen 著 *Contemporary Religious Satanism*（p.2）から引いた。ポール・ライアンのスピーチは、http://www.prweb.com/releases/2012/4/prweb9457144.htm に保存されている。ヨーロッパで礼拝参加者が減少していることについて、具体的な数値は http://viaintegra.wordpress.com/european-church-attendance を参照のこと。「隣人を自分のように愛しなさい」という言葉は、新約聖書〔新共同訳〕「マタイによる福音書」22 章 39 節にある。

ムッソリーニの言葉は、Henry Babcock Veatch 著 *Rational Man* に記されている。自由意志に関するクロウリーの発言は、氏の著書 *The Message of the Master Therion (Liber II)* から引用した。*Book of the Law* からの引用文の出典は、第２章 21 行と第２章 58 行である。2011 年イギリスの国勢調査については国家統計局のデータを参照したものであり、詳細は http://www.ons.gov.uk/ons/guide-method/census/2011/index.html で確認できる。

◉第５章　イド：操られる無意識

セルゲイ・グリゴリエフの言葉は、Thomas Forrest Kelly 著 *First Nights: Five Musical Premieres*（p.317）からの引用である。また、警察の報告書が見当たらないという点は、2013 年５月 29 日付 BBC News Magazine の Ivan Hewett による記事 'Did The Rite of Spring really spark a riot?' (http://www.bbc.co.uk/news/magazine-22691267) を参照した。

ジャン・コクトーの引用文の出典は、氏の 1918 年の著書 *Le Coq et l'Arlequin* であり、フローラン・シュミットの暴言は Alex Ross 著 *The Rest Is Noise*（アレックス・ロス『20 世紀を語る音楽』柿沼敏江訳、みすず書房）の p.82 から引用した。本章で言及している「当時の新聞記事を調べた結果」というのは、Truman Campbell Bullard による 1971 年の博士論文 'The first performance of Igor Stravinsky's Sacre du Printemps' を参考に

したものだ。レナード・バーンスタインによる『春の祭典』評は、*The Rite of Spring at 100* から引用した。ストラヴィンスキーが曲の着想を得たという幻については、1936 年に刊行された氏の自伝（ストラヴィンスキー『ストラヴィンスキー自伝』塚谷晃弘訳 全音楽譜出版社）に記されている。サシャ・ヴァルツの言葉は、2013 年 5 月 27 日付 *Guardian* 紙の Kim Willsher による記事 'Rite that caused riots' から取ったものだ。ストラヴィンスキーとディアギレフの会話は、Alex Ross 著 *The Rest Is Noise* から引いた。

「夢は無意識への王道である」というジークムント・フロイトの有名な言葉は、氏の 1899 年の著書 *The Interpretation of Dreams*（『夢解釈』金関猛訳、中央公論新社）からの引用である。ルイス・ブニュエルによる第三者の視点を借りた発言は、元は氏のエッセイ *Notes on the making of Un Chien Andalou* に記されたものであり、英国映画協会発売の『黄金時代』ブルーレイ版のなかにも収録されている。ダリとブニュエルの見た夢の話は、元は Robert Short のエッセイ *Un Chien Andalou: L'Âge d'or* が出典であり、やはり同じブルーレイ版に収録されている。「それで映画になる。さっそく作ってみよう」というブニュエルの言葉は、Meredith Etherington-Smith によるダリの伝記 *The Persistence of Memory*（メレディス・イスリントン - スミス『ダリ』野中邦子訳、文藝春秋）(p.94) から取った。*Le Figaro* 紙に『黄金時代』評が掲載されたのは、1930 年 12 月 7 日版である。当時のドレスを作るのに生地がどれくらい必要だったかは、Bill Bryson 著 *One Summer*（ビル・ブライソン『アメリカを変えた夏 1927 年』伊藤真訳、白水社）を参照した。ドロシー・ダンバー・ブロムリーの言葉は、Joshua Zeitz 著 *Flapper* からの引用である。

マルキ・ド・サドの言葉は、2013 年 1 月 22 日付 *New York Times* 紙の Elaine Sciolino による記事 'It's a Sadistic Story, and France Wants It' (p.C1) から引用した。ダリの性癖に関しては、Clifford Thurlow 著 *Sex, Surrealism, Dalí and Me* に詳しい。性的不能に関するダリの発言は、Ian Gibson 著 *The Shameful Life of Salvador Dalí* に記されている。ダリに対するフロイトの賛辞は、ダリの自伝 *The Secret Life of Salvador Dalí*（サルバドール・ダリ『わが秘められた生涯』足立康訳、新潮社）の序文に登場する。ヘンリー・ミラーのダリ評は、ミラーの肉筆の文章からのものであり、http://www.openculture.com/2013/09/Dalí-is-the-biggest-prick-of-the-20th-century.html でその画像を見ることができる。

第二次世界大戦中に殺されたユダヤ人の数は、Lucy Dawidowicz 著 *The War against the Jews*（ルーシー・S. ダビドビッチ『ユダヤ人はなぜ殺されたか』大谷堅志郎訳、明石書店）を参照した。ヒトラーがヘンリー・フォードの写真を飾っていたという話は、Antony Beevor 著 *The Second World War*（アントニー・ビーヴァー『第二次世界大戦 1939-45』平賀秀明訳、白水社）から引いたものである。

◉第 6 章　不確定性：生きていると同時に死んでいる猫

バートランド・ラッセルが友人の Helen Thomas に宛てた書簡は、William R. Everdell 著 *The First Moderns* の p.179 に引用されている。「足元から地面が引き抜かれたかのよう」というアインシュタインの言

葉は、Paul Arthur Schilpp 著 *Albert Einstein: Philosopher-Scientist, Volume II* に記されている。リチャード・ファインマンの発言は、1964年にファインマンがコーネル大学で行なった講義 *The Character of Physical Law*（『物理法則はいかにして発見されたか』江沢洋訳、岩波書店）のなかで語られたものだ。ダグラス・アダムズの言葉は、氏の著書 *Mostly Harmless*（『ほとんど無害』安原和見訳、河出書房新社）から引用した。「神はサイコロ遊びをしない」という趣旨のアインシュタインの言葉は、William Hermanns 著 *Einstein and the Poet*（ウィリアム・ヘルマンス『アインシュタイン、神を語る――宇宙・科学・宗教・平和』神保圭志訳、工作舎）のp.58をはじめ、さまざまな文献で確認することができる。スティーヴン・ホーキングのエッセイ *Does God Play Dice?* は、氏のウェブサイト内 http://www.hawking.org.uk/does-god-play-dice.html で読むことができる。

「シェリー酒を一～二杯引っかけた」という言葉は、Peter Byrne による *Scientific American* 誌2007年12月号の記事 'The Many Worlds of Hugh Everett' から取ったものだ。レオン・ローゼンフェルトの発言は、Stefano Osnaghi, Fabio Freitas and Freire Olival Jr による2008年の論文 'The Origin of the Everettian Heresy' からの引用である。同論文は http://stefano.osnaghi.free.fr/Everett.pdf で読める。デイヴィッド・ドイッチュの言葉の出典は、氏の著書 *The Fabric of Reality*（『世界の究極理論は存在するか――多宇宙理論から見た生命、進化、時間』林一訳、朝日新聞社〕である。原子の大きさに関する比喩は、Marcus Chown 著 *Quantum Theory Cannot Hurt You*（マーカス・チャウン『量子論で宇宙がわかる』林一訳、集英社）を参考にした。

●第7章 サイエンス・フィクション：単一神話から複雑な物語へ

アレハンドロ・ホドロフスキーの言葉は、Frank Pavich 監督による2013年のドキュメンタリー映画『ホドロフスキーのDUNE』から取った。ケン・キャンベルの言葉は、ケンの娘 Daisy Eris Campbell から著者に語られたものである。J・G・バラードの見解と、トム・スイフトに対するアラン・ムーアのコメントは、*Dodgem Logic #4* の2010年6月／7月号に掲載されたムーアのエッセイ 'Frankenstein's Cadillac' が出典である。UFOに関するカール・ユングの言葉は、1959年の氏の著書 *Flying Saucers*（C.G. ユング『空飛ぶ円盤』松代洋一訳、筑摩書房）から引用した。

ジーン・ロッデンベリーの言葉は、『スター・トレック』オリジナルシリーズ DVD (CBS DVD PHE 1021) に収録された *The Birth of a Timeless Legacy* から取った。エリック・ホブズボームの文章は、氏の著書 *Fractured Times*（『破断の時代――20世紀の文化と社会』木畑洋一ほか訳、慶應義塾大学出版会）のp.288が出典である。映画が誕生した経緯については、Mark Cousins 著 *The Story of Film* を参考にした。『コーベット対フィッツシモンズ戦』は、1897年に Enoch Rector が監督した映画である。ジョーゼフ・キャンベルの文章は、氏の著書 *The Hero with a Thousand Faces*（『千の顔をもつ英雄』倉田真木・藤静代・関根光宏訳、早川書房）の序文から引いた。「英雄の旅」に関するフィリップ・サンディファーの見解は、氏のウェブサイト http://www.philipsandifer.com/2011/12/pop-between-realities-home-in-time-for.html〔リンク切れ〕

から取ったものである。

◉第８章　虚無主義：生は絶望の向こう側で始まる

脚本家イーニアス・マッケンジーの言葉は、『カサブランカ』ブルーレイ版 (BDY79791) に収録された歴史家 Rudy Behlmer の解説のなかで語られている。アレグザンダー・トロッキ著 *Cain's Book* からの３つの引用文は、それぞれ p.47、p.56、pp.29-30 から取ったものである。*Waiting for Godot*（サミュエル・ベケット『ゴドーを待ちながら』〜『新訳ベケット戯曲全集1 ゴドーを待ちながら / エンドゲーム』岡室美奈子訳、白水社に所収）は、1999 年に英国立劇場が実施した投票で、英語による戯曲 800 作品のなかから最も重要な作品に選ばれた。この作品はもともとフランス語で書かれていたが、ベケットが自ら手がけた英訳版があったために、投票の対象となった。この戯曲に関するヴィヴィアン・メルシエの評論は、1956 年２月 18 日付 *Irish Times* 紙に掲載されたものである。

アルベール・カミュの文章は、氏の 1952 年のエッセイ *Return to Tipasa* からの引用である。*Endgame*（サミュエル・ベケット『エンドゲーム』〜『新訳ベケット戯曲全集 1 ゴドーを待ちながら / エンドゲーム』岡室美奈子訳、白水社に所収）に対するコリン・ウィルソンの批判は、氏の 2009 年の著書 *Super Consciousness* から引いた。ウィリアム・ブレイクの言葉は、1803 年頃の氏の詩 'The Mental Traveller' が出典である。「ビート・ジェネレーション」という言葉がどのように誕生したかは、Nigel Rees 著 *Brewer's Famous Quotations* に詳しい。グレゴリー・コーソのコメントは、Richard Lerner および Lewis MacAdams が監督した 1986 年の映画 *What Happened to Kerouac?* から取ったものである。

◉第９章　宇宙：人類は月へ行き、地球を見つけた

ウィリアム・ベインブリッジのコメントは、George Pendle 著 *Strange Angel* (p.15) に記されている。Forest Ray Moulton 著の 1931 年の教科書 *Astronomy* からの引用文も、同書の p.14 から取ったものだ。固体燃料ロケットの分野でジャック・パーソンズが果たした功績に関するジョン・カーターの言葉は、氏の著書 *Sex and Rockets* の p.195 からの引用である。ほかにも、ジョン・スチュアートの見解（p.47）、母親の飼い犬との性行為ビデオが存在する噂（p.183）、貸し部屋広告（p.103）、ならびにオカルト的儀式（p.84）について、同書を参考にした。

ナチスの科学者がどれくらいの高さにまでロケットを飛ばしていたかについては、Deborah Cadbury 著 *Space Race* (p.11) を参照にした。パーソンズの詩は、George Pendle 著 *Strange Angel* の p.218 に引用されている。パーソンズとハバードに関するクロウリーの言葉は、John Carter 著 *Sex and Rockets* の p.150 から、またハバードの警告は同書 p.177 からそれぞれ取った。

A4 ロケットに対するヒトラーの反応は、Deborah Cadbury 著 *Space Race* (p.5) に記されている。幼い頃に V2 ロケットの空爆に遭遇したボブ・ホルマンの談話は、2014 年９月８日付 *Guardian* 紙の記事 'I saw the devastation of war 70 years ago. It was not glorious' から引用した。ブー

ヘンヴァルト強制収容所から囚人労働者を連行することにフォン・ブラウンが関わっていた件については、Deborah Cadbury 著 *Space Race* (p.343) に詳しい。広島と長崎での推定犠牲者数は、イェール・ロー・スクールの「アバロン・プロジェクト」http://avalon.law.yale.edu/20th_century/mp10.asp を参照した。アイゼンハワーの言葉は、自伝 *The White House Years*（『転換への負託 ──1953-1956』仲晃・佐々木謙一訳、みすず書房）(pp.312-3) から引用した。フォン・ノイマンがゲーム理論を根拠にソ連に一方的な核攻撃を仕掛けようとしたことは、Paul Strathern 著 *Dr Strangelove's Game* に解説されている。

セルゲイ・コロリョフの物語は、Deborah Cadbury 著 *Space Race* に綴られている。コロリョフが蝶を見た話（p.87）も同書から取ったものであり、ユーリイ・ガガーリンの飛行成功の一報に接した NASA の反応（p.246）も同書に詳しい。フォン・ブラウンは、*Walt Disney's Wonderful World of Colour: Man in Space* (1955)、*Man and the Moon* (1955)、ならびに *Mars and Beyond* (1957) という 3 本のテレビシリーズで司会を務めた。ケネディ大統領による議会演説の完全な文字起こしは、http://www.jfklink.com/speeches/jfk/publicpapers/1961/jfk205_61.html〔リンク切れ〕で見ることができる。

◉第 10 章 セックス：女性を解放しなかった性革命

マリー・ストープスの生涯については、Ruth Hall による伝記 *Marie Stopes* を参照した。直接行動を擁護する母の言い分は同書の p.54 を、父親の手紙は p.21 をそれぞれ参考にしている。ストープスが 29 歳になるまで同性愛と自慰を知らなかったという話は、ストープスの著書 *Sex and the Young* に記されている。

1911 年と 2011 年における一家庭当たりの子供の数の平均は、国家統計局の数値を使用した。聖公会ランベス会議での発言は、1920 年の *Lambeth Conference Report* 決議 70 号を参照した。ヘイズ大司教の言葉は、もともと 1921 年 12 月 18 日付 *New York Times* 紙に掲載されたもので、Ruth Hall 著 *Marie Stopes* の p.162 にも引用されている。氏名不詳の鉄道員からの手紙は、同書の p.257 から取ったものだ。

スムート上院議員の言葉は、*Time* 誌 1930 年 3 月 31 日号の記事 'National Affairs: Decency Squabble' から引用した。裁判時の発言は、Ruth Hall 著 *Marie Stopes* の p.216 が出典である。本章で言及した『ドクター・フー』のエピソードは、1965 年 1 月に BBC チャンネル 1 で放映された 'The Romans' である。ピーター・ウィンガードの歌「レイプ」は、1970 年に RCA Victor から発売されたアルバム『ピーター・ウィンガード』に収録されている。「性の解放」は間違った呼称だとするベティ・フリーダンの言葉は、*Playboy* 誌による 1992 年のインタビューのなかでフリーダンが語ったものである。

◉第 11 章 ティーンエイジャー：反逆者のジレンマ

「トゥッティ・フルッティ」が「世界を変えたレコード・ベスト 100」の 1 位に選ばれたのは、*Mojo* 誌 2007 年 8 月号である。1956 年版『ブリタニカ国際年鑑』の文章は、Ken Goffman and Dan Joy 著 *Counterculture*

through the Ages (p.225) から取った。「ルイルイ」に対するFBIの捜査の詳細とリロイ・ニューの言葉は、2014年1月23日付 *Guardian* 紙の Alexis Petridis による記事 '"Louie Louie": The Ultimate Rock Rebel Anthem' を参照した。「トゥッティ・フルッティ」の元の歌詞については、Charles White 著 *The Life and Times of Little Richard* から引用した。「ザ・ワゴン」はダイナソー Jr. の1990年のシングル曲で、アルバム『グリーン・マインド』のオープニング曲である。

キース・リチャーズとアーカンソー州司法当局との揉め事については、氏の自伝 *Life*（『ライフ──キース・リチャーズ自伝』棚橋志行訳、楓書店）を参照した。ビートルズが「彼氏になりたい」をローリング・ストーンズ向けに書いたこと（p.158）や、「俺たちにはしたいことをする必要があった」というリチャーズの言葉（p.123）も、同書から取っている。ウィリアム・リース＝モッグの記事は、1967年7月1日付 *The Times* 紙に掲載された。ポール・マッカートニーが「あなたの得る愛はあなたの与える愛に等しい」と歌ったのは、アルバム『アビイ・ロード』に収録された「ジ・エンド」である。マーガレット・サッチャーのインタビューは、http://www.margaretthatcher.org/document/106689 に保存されている。

思春期前の子供と思春期の若者の脳神経学的な違いについては、*Journal of Child Psychology and Psychiatry* 47:3/4 (2006), pp.296-312 に掲載された Sarah-Jayne Blakemore and Suparna Choudhury の論文 'Development of the Adolescent Brain: Implications for Executive Function and Social Cognition' を参照した。カウンターカルチャーが、攻撃の対象であるはずの消費文化をかえって勢いづかせているという点は、Joseph Heath and Andrew Potter 著 *The Rebel Sell: How the Counterculture Became Consumer Culture*（ジョセフ・ヒース、アンドルー・ポター『反逆の神話──カウンターカルチャーはいかにして消費文化になったか』栗原百代訳、NTT出版）を参考にした。「十代の苦悩は十分に報われたが」とカート・コバーンが歌ったのは、ニルヴァーナの1993年のアルバム『イン・ユーテロ』のオープニング曲「サーヴ・ザ・サーヴァンツ」である。ケン・ゴフマンの文章は、氏の著書 *Counterculture through the Ages* (p.xvi) から引用した。

◉第12章　カオス：自然は予測不能で美しい

フォン・ノイマンが気象をコントロールしようとした話は、Paul Strathern 著 *Dr Strangelove's Game* (p.303) に記されている。オーウェン・パターソンが気候変動についておかしな理解をしていたことは、さまざまなメディアで報道された。一例として、2013年9月30日付 *Guardian* 紙の Rajeev Syal による記事 'Global warming can have a positive side, says Owen Paterson' を参照のこと。

ローレンツとマンデルブロの研究内容については、James Gleick 著 *Chaos*（ジェイムズ・グリック『カオス──新しい科学をつくる』大貫昌子訳、上田睆亮監修、新潮社）を参考にした。ローレンツの画期的な論文 'Deterministic Nonperiodic Flow' は *Journal of Atmospheric Sciences* (1963) に掲載されている。マザー・テレサの言葉は、ジェームズ・ラヴロックの著書 *The Revenge of Gaia*（『ガイアの復讐』竹村健一訳、中央公論新社）の第1章か

ら引用した。カール・セーガンの文章は、氏の著書 *Pale Blue Dot*（『惑星へ』森暁雄監訳、朝日新聞社）(pp.xv-xvi) が出典である。アラン・ビーンの言葉は、氏の作品を紹介する公式ウェブサイト（http://www.astronautcentral.com/BEAN/LTD/WayWayUp.html）から取ったものだ。地球に帰艦するときに宇宙飛行士が宇宙船のどの位置にいたかと、後年彼らがスピリチュアルなものに傾倒する度合いとに相関関係が見られることが、Andrew Smith の著書 *Moondust: In Search of the Men who Fell to Earth*（アンドリュー・スミス『月の記憶 ── アポロ宇宙飛行士たちの「その後」』鈴木彩織訳、ヴィレッジブックス）のなかで指摘されている。

◉第 13 章　成長：経済と環境がぶつかるとき

20 世紀に絶滅のペースが上昇していることに関しては（自然状態の 100 ～ 1000 倍だとする推定も含む）、2011 年 5 月 11 日付 BBC News の Howard Falcon-Lang による記事 'Anthropocene: Have humans created a new geological age?'（http://www.bbc.co.uk/news/science-environment-13335683）で概要が確認できる。世界総生産の数字は 1990 年の合衆国ドルの価値をベースにしており、J. Bradford DeLong の 1998 年の論文 'Estimating World GDP 1 Million BC - Present' から引いたものである。世界のエネルギー消費量の数字は、2012 年 2 月 16 日付のオンライン記事 'World Energy Consumption - Beyond 500 Exajoules'（http://www.theoildrum.com/node/8936）を参照した。

合衆国憲法修正第 14 条を利用した会社の数についての統計は、マーク・アクバーおよびジェニファー・アボット監督による 2003 年のドキュメンタリー映画『ザ・コーポレーション』から取った。国家の規模と会社の規模の比較については、政策問題研究所の Sarah Anderson and John Cavanagh による 2000 年 12 月 4 日付の論文 'Top 200: The Rise of Corporate Global Power' を参照のこと。米司法省が HSBC 銀行を訴追できなかった件については、さまざまなメディアで報道された。一例として、2013 年 2 月 14 日付 *Rolling Stone* 誌の Matt Taibbi による記事 'Gangster Bankers: Too Big to Jail' を参照のこと。ボパール毒ガス事故の概要については、2008 年 12 月 3 日付 *Wired* 誌の Tony Law による記事 'Bhopal, "Worst Industrial Accident in History"' が短いながら参考になる。ウォー・オン・ウォントに対してネスレ社が起こした訴訟については、1976 年 7 月 12 日付 *Time* 誌の記事 'The Formula Flap' を参照のこと。

平均寿命の数字は、*American Journal of Clinical Nutrition* (1992) に掲載された Kevin G. Kinsella の 'Changes in Life Expectancy 1900-1990' から取った。ミレニアル世代の今後の暮らし向きについては、Elliot Blair Smith による 2012 年 12 月 21 日付ブルームバーグ・レポート 'American Dream Fades for Generation Y Professionals' を参照のこと。寿命の低下については、2012 年 9 月 20 日付 *New York Times* 紙の Sabrina Tavernise による記事 'Life Spans Shrink for Least-Educated Whites in the U.S.' に詳しい。

世界で最も裕福な 80 人の富の合計が、最貧層 35 億人の富の合計と等しいという件は、オックスファム〔貧困と不正の根絶を目指して世界規模で活動する団体〕の報告書 *Wealth: Having It All and Wanting More* を参考にし

た。同報告書はオンラインでも読める（http://www.oxfam.org/sites/www.oxfam.org/files/file_attachments/ib-wealth-having-all-wanting-more-190115-en.pdf)。デリバティブ市場の規模については、2012年4月12日付*Economist*誌の記事'Clear and Present Danger'を参照のこと。ウォーレン・バフェットの言葉は、氏による2002年*Berkshire Hathaway Annual Report*から引いた。原油価格とGDPの関連については、Rebeca Jiménez-Rodriguez and Marcelo Sánchezによる欧州銀行の2004年の報告書*Oil Price Shocks and Real GDP Growth: Empirical Evidence for Some OECD Countries*を参照のこと。ボリビアの水道問題については、2005年2月14日付*The Nation*誌のJim Shultzによる記事'The Politics of Water in Bolivia'が参考になる。

「成長の限界」に対するフォローアップ研究の例としては、2009年*American Scientist*誌のC. Hall and J. Dayによる論文'Revisiting the Limits to Growth after Peak Oil'や、メルボルン大学のGraham Turnerが2014年8月に発表した論文'Is Global Collapse Imminent? An Updated Comparison of the Limits to Growth with Historical Data'などがある。社会の格差が環境問題を悪化させているとする研究については、2014年3月14日付*Guardian*紙のNafeez Ahmedによる記事'NASA-funded study: industrial civilisation headed for "irreversible collapse"?'に詳しい。マーガレット・サッチャーによる1898年の国連総会での演説の内容は、http://www.margaretthatcher.org/document/107817で確認できる。

◉第14章　ポストモダン：「知の底なし沼」から「確かさ戦争」へ

マリオ誕生の経緯については、David Sheff著*Game Over: Nintendo's Battle to Dominate an Industry*（デヴィッド・シェフ『ゲーム・オーバー——任天堂帝国を築いた男たち』篠原慎訳、角川書店）を参考にした。古今を通じて最も優れたビデオゲームを決めるIGNの投票結果は、http://uk.top100.ign.com/2005/001-010.html〔リンク切れ〕で確認できる。

*New York Times*紙でジャック・デリダの死亡記事を書いたのはJonathan Kandellであり、2004年10月10日に掲載された。意味がないように思えるポストモダンの論考の例としてリチャード・ドーキンスが挙げた文章は、1998年7月9日付*Nature*誌の'Postmodernism Disrobed'から引用した。ドーキンスが取り上げた文章を書いたのは、フランスの精神分析医フェリックス・ガタリである。カール・ユングの言葉は、氏がPeter Baynesに送った1940年8月12日付の私信から取った。「アクエリアス」の歌詞に関するニール・スペンサーの指摘は、氏の著書*True as the Stars Above*のp.124から引用した。

文化の相対性についてのドーキンスの発言は、2007年5月28日付*Guardian*紙に掲載された'Richard Dawkins' Christmas Card List'から引いた。ローマ教皇ベネディクト16世の言葉の出典は、2005年6月6日の演説'Address of His Holiness Benedict XVI to the Participants in the Ecclesial Diocesan Convention of Rome'である。マーティン・ルーサー・キング・ジュニアの言葉は、1954年2月28日にキングがデトロイトの第2バプテスト教会で行なった説教から引用した。ロジャー・スクルートンの

発言は、氏の著書 *Modern Philosophy* の p.32 から取ったものだ。

◉第 15 章　ネットワーク：他者とつながる力の未来

2000 年問題の影響が「一夜明けて」何もなかったときの状況については、BBC News の記事 'Y2K Bug Fails to Bite' (http://news.bbc.co.uk/1/hi/sci/tech/585013.stm) を参照のこと。「エブリディ・セクシズム・プロジェクト」の URL は http://everydaysexism.com/ である。猫をゴミ箱に入れた女性がその後どうなったかについては、2010 年 10 月 19 日付 *Guardian* 紙の記事 'Cat Bin Woman Mary Bale Fined £250' に詳しい。

アレックス・ペントランドの文章は、2014 年 4 月 5 日付 *New Scientist* 誌に掲載された氏の論文 'The death of individuality' からのものである。ブルース・フードの文章は、氏の著書 *The Self Illusion* から引用した。人体内にすむ細菌細胞の数については、Melinda Wenner による 2007 年 11 月 30 日付 *Scientific American* 誌の記事 'Humans Carry More Bacterial Cells than Human Ones' に詳しい。

Abbott, Edwin Abbott, *Flatland: A Romance of Many Dimensions* (Seely & Co., 1884) エドウィン・アボット・アボット『フラットランド――たくさんの次元のものがたり』(竹内薫訳、講談社)
Adams, Douglas, *Mostly Harmless* (William Heinemann, 1992) D・アダムス『ほとんど無害』(安原和見訳、河出書房新社)
Azerrad, Michael, *Our Band Could Be Your Life: Scenes from the American Indie Underground, 1981–1991* (Little, Brown and Company, 2001)

Bayly, C.A., *The Birth of the Modern World 1780–1914* (Blackwell Publishing, 2004)
Beevor, Antony, *The Second World War* (Weidenfeld & Nicolson, 2012) アントニー・ビーヴァー『第二次世界大戦 1939-45』(平賀秀明訳、白水社)
Bishop, Patrick, *Battle of Britain* (Quercus, 2009)
Bryson, Bill, *One Summer: America 1927* (Doubleday, 2013) ビル・ブライソン『アメリカを変えた夏 1927 年』(伊藤真訳、白水社)
Bugden, Frank, *James Joyce and the Making of Ulysses* (Oxford University Press, 1934) フランク・バッジェン『『ユリシーズ』を書くジョイス』(岡野浩史訳、近代文芸社)
Butcher, Tim, *The Trigger: Hunting the Assassin Who Brought the World to War* (Chatto & Windus, 2014)

Cabanne, Pierre, *Dialogues with Marcel Duchamp* (Da Capo, 1988) マルセル・デュシャン、ピエール・カバンヌ『デュシャンは語る』(岩佐鉄男・小林康夫訳、筑摩書房)
Cadbury, Deborah, *Space Race: The Battle to Rule the Heavens* (Fourthestate, 2005)
Campbell, Joseph, *The Hero with a Thousand Faces* (Pantheon, 1949) ジョーゼフ・キャンベル『千の顔をもつ英雄』(倉田真木・藤静代・関根光宏訳、早川書房)
Carter, John, *Sex and Rockets: The Occult World of Jack Parsons* (Feral House, 2004)
Chan, Stephen, *The End of Certainty: Towards a New Internationalism* (Zed Books, 2010)
Chown, Marcus, *Quantum Theory Cannot Hurt You: A Guide to the Universe* (Faber & Faber, 2007) マーカス・チャウン『量子論で宇宙がわかる』(林一訳、集英社)
Clark, Christopher, *The Sleepwalkers: How Europe Went to War in 1914* (Penguin, 2012) クリストファー・クラーク『夢遊病者たち――第一次世界大戦はいかにして始まったか』(小原淳訳、みすず書房)

Clayton, Anthony, *Netherwood: Last Resort of Aleister Crowley* (Accumulator Press, 2012)
Cocteau, Jean, *Le Coq et l'Arlequin* (Éditions de la Sirène, 1918)
Conrad, Joseph, *The Secret Agent* (MeThuen & Co., 1907) ジョゼフ・コンラッド『密偵』(土岐恒二訳、岩波書店)
Le Corbusier (Charles-Édouard Jeanneret-Gris), *Urbanisme* (Éditions Flammarion, 1925) ル・コルビュジェ『ユルバニスム』(樋口清訳、鹿島研究所出版会)
Cousins, Mark, *The Story of Film* (Pavilion, 2011)
Crowley, Aleister, *The Book of the Law* (Ordo Templi Orientis, 1938) アレイスター・クロウリー『法の書』(島弘之・植村靖夫訳、国書刊行会)
Crowley, Aleister, *Magick: Liber ABA, Book 4* (Red Wheel/Weiser, 1998) アレイスター・クロウリー『魔術——理論と実践』(島弘之ほか訳、国書刊行会)

Dalí, Salvador, *The Secret Life of Salvador Dalí* (Dial Press, 1942) サルバドール・ダリ『わが秘められた生涯』(足立康訳、新潮社)
Davis, Stephen, *Hammer of the Gods: Led Zeppelin Unauthorised* (Sidgwick & Jackson, 1985)
Dawidowicz, Lucy, *The War against the Jews* (Holt, Rinehart and Winston, 1975) ルーシー・S. ダビドビッチ『ユダヤ人はなぜ殺されたか』(大谷堅志郎訳、明石書店)
Dawkins, Richard, *The Selfish Gene* (Oxford University Press, 1976) リチャード・ドーキンス『利己的な遺伝子』(日高敏隆ほか訳、紀伊國屋書店)
Debord, Guy, *Society of the Spectacle* (Black & Red, 1970) ギー・ドゥボール『スペクタクルの社会』(木下誠訳、筑摩書房)
Deutsch, David, *The Fabric of Reality: The Science of Parallel Universes and Its Implications* (Penguin, 1998) デイヴィッド・ドイッチュ『世界の究極理論は存在するか——多宇宙理論から見た生命、進化、時間』(林一訳、朝日新聞社)
Diamond, Jared, *Guns, Germs and Steel: The Fates of Human Societies* (W.W. Norton, 1997) ジャレド・ダイアモンド『銃・病原菌・鉄』(倉骨彰訳、草思社)
Douds, Stephen, *The Belfast Blitz: The People's Story* (Blackstaff, Press, 2011)

Einstein, Albert, *Relativity, the Special and the General Theory: A Popular Exposition* (MeThuen & Co., 1920) アルバート・アインシュタイン『特殊および一般相対性理論について』(金子務訳、白揚社)
Eisenhower, Dwight D., *Mandate For Change, 1953–1956: The White House Years* (Doubleday, 1963) アイゼンハワー『転換への負託——1953-1956』(仲晃・佐々木謙一訳、みすず書房)
Ellmann, Richard, *James Joyce* (Oxford Paperbacks, 1984) リチャード・エルマン『ジェイムズ・ジョイス伝』(宮田恭子訳、みすず書房)

Etherington-Smith, Meredith, *The Persistence of Memory: A Biography of Dalí* (Da Capo, 1995) メレディス・イスリントン - スミス『ダリ』(野中邦子訳、文藝春秋)
Everdell, William R., *The First Moderns: Profiles in the Origins of Twentieth-Century Thought* (University of Chicago, 1997)

Fitzgerald, F. Scott, *The Great Gatsby* (Charles Scribner's Sons, 1925) F・スコット・フィッツジェラルド『偉大なギャツビー』(野崎孝訳、集英社)
Freud, Sigmund, *The Interpretation of Dreams* (Macmillan, 1899) ジークムント・フロイト『夢解釈』(金関猛訳、中央公論新社)
Friedan, Betty, *The Feminine Mystique* (W.W. Norton, 1963) ベティ・フリーダン『新しい女性の創造』(三浦冨美子訳、大和書房)

Gammel, Irene, *Baroness Elsa: Gender, Dada and Everyday Modernity* (MIT Press, 2003)
Gibson, Ian, *The Shameful Life of Salvador Dalí* (Norton & Co., 1997)
Gleick, James, *Chaos: Making a New Science* (Sphere, 1987) ジェイムズ・グリック『カオス――新しい科学をつくる』(大貫昌子訳、上田睆亮監修、新潮社)
Goffman, Ken and Joy, Dan, *Counterculture through the Ages: From Abraham to Acid House* (Villard, 2005)
Gorightly, Adam (editor), *Historia Discordia: The Origins of the Discordian Society* (RVP Press, 2014)
Graeber, David, *Debt: The First 5000 years* (Melville House, 2011) デヴィッド・グレーバー『負債論――貨幣と暴力の 5000 年』(高祖岩三郎・佐々木夏子訳、以文社)
Greer, Germaine, *The Female Eunuch* (Harper Perennial, 1970) ジャーメイン・グリア『去勢された女』(日向あき子・戸田奈津子訳、ダイヤモンド社)

Hall, Ruth, *Marie Stopes: A Biography* (André Deutsch, 1977)
Heath, Joseph and Potter, Andrew, *The Rebel Sell: How the Counterculture Became Consumer Culture* (Capstone, 2005) ジョセフ・ヒース、アンドルー・ポター『反逆の神話――カウンターカルチャーはいかにして消費文化になったか』(栗原百代訳、NTT 出版)
Heller, Joseph, *Catch 22* (Jonathan Cape, 1962) ジョーゼフ・ヘラー『キャッチ =22』(飛田茂雄訳、早川書房)
Hermanns, William, *Einstein and the Poet: In Search of the Cosmic Man* (Branden Publishing, 1983) ウィリアム・ヘルマンス『アインシュタイン、神を語る――宇宙・科学・宗教・平和』(神保圭志訳、工作舎)
Higgs, John, *I Have America Surrounded: The Life of Timothy Leary* (The Friday Project, 2006)
Hobsbawm, Eric, *The Age of Empire: 1875–1914* (Abacus, 1989) E.J. ホブズボーム『帝国の時代――1875-1914』(野口建彦・野口照子訳、みすず書房)

Hobsbawm, Eric, *The Age of Extremes: 1914–1991* (Abacus, 1995) エリック・ホブズボーム『20 世紀の歴史――両極端の時代』(大井由紀訳、筑摩書房)
Hobsbawm, Eric, *Fractured Times: Culture and Society in the Twentieth Century* (Little, Brown, 2013) エリック・ホブズボーム『破断の時代――20 世紀の文化と社会』(木畑洋一ほか訳、慶應義塾大学出版会)
Hood, Bruce, *The Self Illusion: Why There Is No 'You' Inside Your Head* (Constable, 2013)
Huxley, Aldous, *Brave New World* (Chatto & Windus, 1932) オルダス・ハクスリー『すばらしい新世界』(大森望訳、早川書房)

Isaacson, Walter, *Einstein: His Life and Universe* (Thorndike Press, 2007)

Johnson, Paul, *Modern Times: The World from the Twenties to the Nineties* (HarperCollins, 1991)
Joyce, James, *Ulysses* (Odyssey Press, 1932) ジェイムズ・ジョイス『ユリシーズ』(柳瀬尚紀訳、河出書房新社)
Judt, Tony with Snyder, Timothy, *Thinking the Twentieth Century* (Vintage, 2013) トニー・ジャット著、ティモシー・スナイダー聞き手『20 世紀を考える』(河野真太郎訳、みすず書房)
Jung, C.G., *Flying Saucers: A Modern Myth of Things Seen in the Skies* (Princeton University Press, 1959) C.G. ユング『空飛ぶ円盤』(松代洋一訳、筑摩書房)
Jung, C.G., *Memories, Dreams, Reflections* (Fontana, 1967) C.G. ユング『ユング自伝――思い出・夢・思想』(河合隼雄・藤縄昭・出井淑子訳、みすず書房)
Jung, C.G., *Synchronicity: An Acausal Connecting Principle* (Princeton University Press, 1973)

Kelly, Thomas Forrest, *First Nights: Five Musical Premieres* (Yale University Press, 2001)
Keynes, Geoffrey (editor), *The Letters of William Blake* (Macmillan, 1956)
Korzybski, Alfred, *Science and Sanity: An Introduction to Non-Aristotelian Systems and General Semantics*, second edition (Institute of General Semantics, 2010)
Kripal, Jeffrey J., *Esalen: America and the Religion of No Religion* (University of Chicago Press, 2007)
Kumar, Manjit, *Quantum: Einstein, Bohr and the Great Debate over the Nature of Reality* (Icon Books, 2009) マンジット・クマール『量子革命――アインシュタインとボーア、偉大なる頭脳の激突』(青木薫訳、新潮社)

Lachman, Gary Valentine, *Turn Off Your Mind: The Mystic Sixties and the Dark Side of the Age of Aquarius* (Sidgwick & Jackson, 2001)
Lawrence, D.H., *Lady Chatterley's Lover* (Tipografi a Giuntina, 1928) D.H. ロレンス『チャタレー夫人の恋人』(木村政則訳、光文社)

Leary, Timothy, *Confessions of a Hope Fiend* (Bantam, 1973)
Lightman, Alan P., *The Discoveries: Great Breakthroughs in Twentieth Century Science* (Random House, 2005)
Lovelock, James, *The Revenge of Gaia* (Penguin, 2006) ジェームズ・ラブロック『ガイアの復讐』(竹村健一訳、中央公論新社)

Marcus, Greil, *Lipstick Traces: A Secret History of the Twentieth Century* (Faber & Faber, 2001)
Markoff, John, *What the Dormouse Said: How the 60s Counterculture Shaped the Personal Computer Industry* (Viking, 2005) ジョン・マルコフ『パソコン創世「第3の神話」――カウンターカルチャーが育んだ夢』(服部桂訳、NTT 出版)
Marr, Andrew, *A History of Modern Britain* (Macmillan, 2007)
Marr, Andrew, *The Making of Modern Britain: From Queen Victoria to VE Day* (Macmillan, 2009)
Mathews, Chris, *Modern Satanism: Anatomy of a Radical Subculture*(Greenwood Publishing Group, 2009)
McLuhan, Marshall, and Fiore, Quentin, *The Medium is the Massage: An Inventory of Effects* (Hardwired, 1967) M・マクルーハン、Q・フィオーレ『メディアはマッサージである――影響の目録』(門林岳史訳、河出書房新社)
Michelson, Albert, *Light Waves and Their Uses* (University of Chicago, 1903)
Moulton, Forest Ray, *Astronomy* (Macmillan, 1931)

Nietzsche, Friedrich, *Human, All Too Human* (Cambridge University Press, 1878) フリードリッヒ・ニーチェ『人間的、あまりに人間的』(池尾健一訳、筑摩書房)

Packer, George, *The Unwinding: An Inner History of the New America* (Faber & Faber, 2013) ジョージ・パッカー『綻びゆくアメリカ――歴史の転換点に生きる人々の物語』(須川綾子訳、NHK 出版)
Pendle, George, *Strange Angel: The Otherworldly Life of Rocket Scientist John Whiteside Parsons* (Weidenfeld & Nicolson, 2005)
Petersen, Jesper Aagaard, *Contemporary Religious Satanism: A Critical Anthology* (Ashgate, 2009)

Rand, Ayn, *Anthem* (Cassell, 1938)
Rees, Nigel, *Brewer's Famous Quotations: 5000 Quotations and the Stories Behind Them* (Chambers, 2009)
Rexroth, Kenneth, *American Poetry in the Twentieth Century* (Herder and Herder, 1973)
Richards, Keith, with Fox, James, *Life* (Weidenfeld & Nicolson, 2010) キース・リチャーズ『ライフ――キース・リチャーズ自伝』(棚橋志行訳、楓書店)

Roberts, Andy, *Albion Dreaming: A Popular History of LSD in Britain*(Marshall Cavendish, 2012)
Ross, Alex, *The Rest Is Noise: Listening to the Twentieth Century*(Fourthestate, 2007) アレックス・ロス『20世紀を語る音楽』(柿沼敏江訳、みすず書房)
Rushkoff, Douglas, *Program or be Programmed: Ten Commandments for a Digital Age* (Soft Skull Press, 2010)

Sagan, Carl, *Pale Blue Dot: A Vision of the Human Future in Space* (Ballantine, 1994) カール・セーガン『惑星へ』(森暁雄監訳、朝日新聞社)
Schilpp, Paul Arthur (editor), *Albert Einstein: Philosopher-Scientist, Volume II* (Harper, 1951)
Scruton, Roger, *Modern Philosophy: An Introduction and Survey* (Penguin, 1996)
Sheff, David, *Game Over: Nintendo's Battle to Dominate an Industry* (Random House, 1993) デヴィッド・シェフ『ゲーム・オーバー——任天堂帝国を築いた男たち』(篠原慎訳、角川書店)
Smith, Andrew, *Moondust: In Search of the Men who Fell to Earth* (Bloomsbury, 2009) アンドリュー・スミス『月の記憶——アポロ宇宙飛行士たちの「その後」』(鈴木彩織訳、ヴィレッジブックス)
Spencer, Neil, *True as the Stars Above: Adventures in Modern Astrology* (Orion, 2000)
Stopes, Marie C., *Sex and the Young* (Putnam, 1926)
Strathern, Paul, *Dr Strangelove's Game: A Brief History of Economic Genius* (Penguin, 2002)
Strausbaugh, John, *E: Reflections of the Birth of the Elvis Faith* (Blast Books, 1995)
Stravinsky, Igor, *An Autobiography* (W.W. Norton, 1936) ストラヴィンスキー『ストラヴィンスキー自伝』(塚谷晃弘訳、全音楽譜出版社)
Sutin, Lawrence: *Do What Thou Wilt: A Life of Aleister Crowley* (St Martin's Griffin, 2000)

Thompson, Hunter S., *Fear and Loathing on the Campaign Trail '72* (Flamingo, 1973)
Thurlow, Clifford, *Sex, Surrealism, Dalí and Me: A biography of Salvador Dalí* (Razor Books, 2000)
Trocchi, Alexander, *Cain's Book* (Grove Atlantic, 1960)

Vallée, Jacques, *The Network Revolution: Confessions of a Computer Scientist* (And/Or Press, 1982)
Veatch, Henry Babcock, *Rational Man: A Modern Interpretation of Aristotelian Ethics* (Indiana University Press, 1962)

Warncke, Carsten-Peter, *Picasso* (Border Press, 1998) カーステン＝ペー

ター・ヴァルンケ『パブロ・ピカソ――1881-1973』(Mariko Nakano 訳、Taschen)
Watson, Peter, *A Terrible Beauty: The People and Ideas that Shaped the Modern World* (Weidenfeld & Nicolson, 2000)
White, Charles, *The Life and Times of Little Richard: The Quasar of Rock* (Da Capo, 1984)
Wilson, Colin, *Super Consciousness: The Quest for the Peak Experience* (Watkins, 2009)
Wilson, Robert Anton and Shea, Robert, *The Illuminatus! Trilogy* (Dell, 1975) ロバート・シェイ、ロバート・A. ウィルスン『ピラミッドからのぞく目』(小川隆訳、集英社)
Woolf, Virginia, *A Room of One's Own* (Hogarth Press, 1929) ヴァージニア・ウルフ『自分ひとりの部屋』(片山亜紀訳、平凡社)

Yeats, W.B., *The Complete Poems of W.B. Yeats* (Wordsworth editions, 2000)

Zeitz, Joshua, *Flapper: A Madcap Story of Sex, Style, Celebrity, and the Women who made America Modern* (Three Rivers Press, 2007)

歴史が未来を映し出す鏡であるなら、二〇世紀は私たちに何を見せてくれるだろう？　本書はとくに人類の意識・精神が、この激動の世紀にどのように変容したのかを描き出す。かつてない破壊と解放をもたらした二〇世紀——科学・アート・文化などを横断しつつ、知られざる歴史の分岐や小径も見逃さない旅。ロックミュージックやビデオゲーム、ＳＦや魔術思想などが、経済や政治の大きな転機とともに浮かび上がるだろう。

さて、二〇世紀初頭の大変動から、旅は始まる。当時、世界には秩序・体系のヘソ（軸）となる「オンパロス」が残っていた。たとえば一九世紀末、アナーキストのブルダンが世界の標準時を定めるグリニッジ王立天文台の爆破を試みたように。ところが、科学ではアインシュタインが「相対性理論」を発表し、ニュートンによる絶対的な時空間をひっくり返す。時空は観測者の運動状態などによって伸び縮みする相対的なものとなったのだ。

アートでも同様のできごとが進む。既存の枠組みを問い直し、一つの絶対的な視点ではなく、複数の多角的な視点から事物を捉えるような「モダニズム」の流れが現れる。デュシャンによる概念芸術、割れた視点のキュビスム、あるいは映画のモンタージュ、ジョイスらの文学や、シェーンベルクらの無調音楽。確固たる軸・視点が失われる一方で、より高次の枠組みを求める革新的な試みが続く。それにしても、デュシャンに先立ち『泉』のアイデアを実現していたらしいエルザ男爵夫人の生き様そのものが、まさにモダンである。

政治・社会は、どうだろうか？　二〇世紀初頭にはまだ権勢を保っていた帝国は、第一次世界大戦後にほとんど姿を消す。皇帝・君主を戴く帝国は、階層秩序に基づく支配体制だった。しかし、テクノロジーの進展による戦争の工業化が、人間性を奪い取る大量殺戮をもたらした焼け跡で、「王」の首は飛んだ。民主主義による複数の視点、個人の手へと権力は受け渡されたのだ。

個人の権利と自由を尊重する「個人主義」は、二人の強力な導き手を得る。アレイスター・クロウリーとアイン・ランドである。日本ではそれほど知られていないが、二〇世紀の精神に大きな影響を与えた。クロウリーは魔術思想家であり、その教えの核心は「汝の意志することをなせ」。さらに「自由を邪魔する者を殺す権利を持つ」とまで説く。世界で最も邪悪な男と呼ばれたが、キリスト教的な倫理観・父なる神や父権主義が持つ服従感を吹っ飛ばす破壊力（道教やニーチェ哲学、魔術を取り合わせたような）は、ロックミュージックやカウンターカルチャーに麻薬のように取り込まれていった。一方のアイン・ランドは、ロシア生まれのアメリカの作家。自己の幸福を求める「利己主義の美徳」を掲げ、レーガン元大統領やアラン・グリーンスパンも信奉者だった（驚くことではないが、ドナルド・トランプも然り）。

個人の力が台頭する一方で、人間の心の世界への探究も深まっていく。フロイトは私たちの意識の底に、不可解な「無意識」が潜んでいることを明かした。その影響を強く受けたシュルレアリスムは、不合理な夢のような世界を表現していく。また、マスメディアは大衆の無意識を操る術を磨いていった。

解き放たれた個人や集団は、けっして合理的で理性的な者などではなかった。無意識によって揺れ動く危うく不確かな存在だったのだ。

この世界の確かさの土台として、数学や物理ほど強固さが求められるものはない。1＋1＝2でなかったり、カップに注いでいる紅茶が逆流したりしたら、私たちの日常は成り立たなくなってしまう。ところが、数学も物理もその根元はぐらぐらであることが暴かれる。数学の土台はラッセルのパラドックスやゲーデルの不完全性定理によって、論理的な矛盾を持つことが証される。物質の根源は、量子物理学によって、きまぐれで不確定な摩訶不思議ワールドであることが分かった。私たちが自覚している「世界」は、広大で不可知な領域《ゾーン》に囲まれた小さな泡に過ぎなかったのだ。

神もなく、理性にも信を置けない世界は、アウシュヴィッツとヒロシマによって底が抜けた。そんな世界で、いったい人間の生にどのような意味がある？　アレグザンダー・トロッキはヘロインを常習しつつ究極の孤独を描き出し、サルトルの『嘔吐』の主人公はマロニエの根に接して不条理な「剥き出しの存在」に覚醒する（刊行は戦前だが戦後に熱烈に支持）。ベケットの戯曲では、二人の浮浪者の男が会ったこともないゴドーをいつまでも待ち続ける。こうした虚無的な色合いの濃いヨーロッパの作家たちとは異なり、アメリカではビート・ジェネレーションの作家たちが東洋的な神秘主義を加味した作品を発表していた。小さな自己が、内なる大きななにものかとつながる境地（悟り・至福）が語られているのだ。それは個人主義がもたらす孤立や虚無を避けながら、いかに人間の自由を保つかという模索の道でもあった。

自由を求める抑圧からの解放は、性的解放にも結びつく。ブニュエルの映画『黄金時代』は、女性の性的欲望をあからさまに描いて一大スキャンダルを巻き起こした。もっとも、開かれていく性意識が、そのまま女性の性的解放をもたらしたわけではない。女性の抑圧を解くには根強くはびこる差別・偏見を突き崩さねばならなかった。マリー・ストープス（古植物学者で、女性の性的充足・避妊を奨励）、ベティ・フリーダン（『新しい女性の創造』の著者）、ジャーメイン・グリア（大ベストセラー『去勢された女』の著者）などの奮闘や影響力なしに、女性解放は成し得なかった。そして、今日でもその闘いは続いている。

セックス、ドラッグ、ロックンロール——ティーンエイジャーを陶酔させる熱源であり、〝ワッボップ・ルモッパ・ロッパンバン！〟なのだ。「ティーンエイジャー」という言葉が生まれたのは四〇年代である。戦後のベビーブームによって、この年代の若者がぐんと増え、新たな文化の担い手となった。世界的な好景気も始まり、個人の自由を愛する若者たちの黄金時代がやってくる。この子供でも大人でもないティーンエイジ文化は、二〇世紀後半を牽引する主流となっていく。一方でそれは大人の体制に反抗的だった若者たちが、消費社会・資本主義経済に絡め取られることも意味していた。

折しもサッチャーは、新自由主義的な経済政策を導入。福祉・公共サービスを抑え、規制緩和による市場競争、個人の自助努力を促した（サッチャリズム。ミック・ジャガーはサッチャーを称賛していた）。こうした新自由主義はレーガンにも受け継がれ（レーガノミックス）、その後のグローバル資本主義へと雪崩れ込む。人間ならばサイコパスだと言える「法人」（会社）による熾烈な競争は、さまざまな問題を引き起こす。ベビーブーマーの黄金期が去り、ミレニアル世代が生まれる頃には、貧富の格差が広がり「大分岐」が始まる。社会の持続可能性《サステナビリティ》が問われ、もはや気候変動などの環境問題も無視できなくなった。

普遍的な基準・真理を持たない相対性は、「ポストモダン」によって極まる。建築・思想・文学・アート・デザイン……多くの領域でブームとも呼べる潮流が起こるのだ。スーパーマリオも、この流れのなかに捉えられる。また、「ニューエイジ」（洋の東西を問わずスピリチュアルな伝統・実践を混ぜ合わせた）は、ポストモダンの裏側にあった。一元的な原理や二項対立を批判し、複数性や差異を唱えるポストモダン思想は、曖昧、難解、非科学的などという批判も招いてきた。「ソーカル事件」が、こうした批判を後押しする痛打となる。とはいえ、ポストモダン的なるものはすでに私たちの日常に浸透しており、その反動としての「確かさ戦争」や、「多モデル型不可知論」を含め、多くの課題を残したままだ。

そして、いよいよネットワーク・エイジがやってくる。インターネットは、ばらばらな個人をつなげるとともに、「他者」に対する感受性を変えた。たとえば、個人の情報・活動が瞬時にデータとなり見も知らぬアルゴリズムによって利用される「システム監視（あるいは「システムとの共生」）」。また、個人が他者の視線や評価・リアクションなどをつねに意識下に置く「フィードバック型自己」。これらは「デジタル・パノプティコン」の現代における「自己」の特色だ。ネットワークは会ったこともない多くの人々を動かす強い力になると同時に、分かり合える者たちだけで籠もる小さな泡にもなる。こうした時代には、複数の視点をもつ実践的な「現実政治的《レアルポリティーク》な個人主義」が注目されるだろう。

私たちの足元には、ばらけた個人の誰もに共通する土台がある。地球だ。人類は二〇世紀中半、その重力を振り切ろうとしていた。米ソ冷戦が、軍事利用向けの宇宙ロケットの開発競争をもたらしたのだ。ロケット科学を発展させた主役たちは、皆どこか変わっている。固体燃料ロケットの草分けとなったジャック・パーソンズは、クロウリーに心酔し、黒ミサも執り行うオカルティストだった。アメリカ宇宙開発の父と呼ばれたフォン・ブラウンは、ナチス親衛隊少佐でV２ロケットの開発者だったが、渡米後にはディズニーの子ども向け番組で宇宙への夢を大衆に語った。ソ連の天才、コロリョフは強制収容所に入れられ死にかけたが、やがて復帰し、世界初の人工衛星や有人宇宙飛行などの快挙を成し遂げた。しかし、人類の意識にとって決定的だったのは、有人月着陸を目指し実現したアポロ計画である。人類は初めて地球の軌道を離れ、宇宙へと飛び出した。そして、広大な漆黒の宇宙に浮かぶ、青く輝く儚《はかな》げな故郷を発見するのだ。

地球は自己調節機能を持つ一個の生命体（ガイア仮説）だとしたのは、ＮＡＳＡにも勤務していた科学者ジェームズ・ラブロックと、共同研究者のリン・マーギュリスである。地球は途方もない複雑さを抱えながら、みずから安定した状態を生み出している。ラブロックはＮＡＳＡで地球の大気の変動などを研究していた。この大気の変動が極めて複雑なシステムであることを最初に発見したのは、気象学者エドワード・ローレンツだった。気象のパターンは初期値が少し変わるだけで、大きく違ってしまい予測不可能だ。まるで「蝶の羽ばたきが竜巻を起こす」かのようだが、これが「カオス」と呼ばれる現象である。

ところが、自然界で多く見られる不規則な変動（カオス）には、図形化してみるとある種の秩序が潜んでいることが分かってきた。部分と全体が互いに相似なこの図形は、マンデルブロによって研究され「フラクタル」と名づけられる。自然は予測不能で複雑なカオスでありながら、美しい秩序を併せ持っているのだ。

本書出版プロデューサー　真柴隆弘

著者
ジョン・ヒッグス John Higgs
ライター。文化史家。『ガーディアン』、『インディペンデント』、『デイリーミラー』、『モジョ（音楽誌）』などに寄稿。既刊書は『The KLF：ハウス・ミュージック伝説のユニットはなぜ100万ポンドを燃やすにいたったのか』（河出書房新社）、『*The Future Starts Here*』、『*Watling Street*』、『*I Have America Surrounded*』など。ブライトン（イングランド）在住。

訳者
梶山 あゆみ
翻訳家。訳書は、イアン・スチュアート『自然界の秘められたデザイン』、ピーター・ウォード&ジョゼフ・カーシュヴィンク『生物はなぜ誕生したのか』、マーク・ジョンソン&キャスリーン・ギャラガー『10億分の1を乗りこえた少年と科学者たち』、オリバー・ストーン&ピーター・カズニック『オリバー・ストーンが語る もうひとつのアメリカ史 1』（共訳）など多数。

人類の意識を変えた20世紀
アインシュタインからスーパーマリオ、ポストモダンまで

2019年9月20日　第1刷発行

著者　ジョン・ヒッグス
訳者　梶山 あゆみ
発行者　宮野尾 充晴
発行　株式会社 インターシフト
〒156-0042　東京都世田谷区羽根木1-19-6
電話 03-3325-8637　FAX 03-3325-8307
発売　合同出版 株式会社
〒101-0051　東京都千代田区神田神保町1-44-2
電話 03-3294-3506　FAX 03-3294-3509

印刷・製本　シナノ印刷
装丁　織沢 綾
カバー・オビ イラスト：vassileva_t, kontur-vid© (Shutterstock.com)
本文：ドット丸 K1r1 © (Shutterstock.com)

Printed in Japan　ISBN 978-4-7726-9565-7　C0010　NDC100　188x131